개정 8판

일반경비원 신임교육

고광남 · 김경태 · 김성조 · 김태민
이덕희 · 정보성 · 정세종 · 정연완 · 최선우

도서출판 **진 영 사**

개정8판

일반경비원 신임교육

고광남 · 김경태 · 김성조 · 김태민 · 이덕희 · 정보성 · 정세종 · 정연완 · 최선우

2011년	05월 18일	초판		인쇄
2018년	07월 10일	개정 2판 2쇄		발행
2020년	07월 24일	개정 3판		발행
2021년	02월 09일	개정 4판		발행
2021년	12월 31일	개정 5판		발행
2023년	05월 17일	개정 6판		발행
2024년	01월 04일	개정 7판		발행
2025년	02월 03일	개정 8판		발행

발행인 박 진 영

발행처 도서출판 진영사
      인천광역시 부평구 주부토로 236 인천테크노밸리 U1 지식산업센터 B동 1507호
      전화 : 032)505-4207
      팩스 : 032)505-4206
      E-mail : 0183734207@hanmail.net
      등록 : 제2007-000001호

ISBN 978-89-6541-683-8 93350
값 20,000원

개정판 서문

오늘날 민간경비(Private Security)는 하나의 산업으로 성장·발전하여 범죄와 무질서 대응에 있어서 많은 역할을 하고 있음은 주지의 사실이다. 그런데 민간경비가 양적으로 크게 확대됨에 따라 한편으로는 이들에 의한 전문성 및 윤리문제가 제기되고 있다. 민간경비가 안고 있는 이러한 문제점을 해결하기 위한 일환으로 현행 경비업법에서는 민간경비원들에 대한 일정한 교육훈련을 의무화하고 있다. 물론, 현행 민간경비원들에 대한 교육훈련이 경비업무의 현실과 근무여건을 충분히 반영하지 못하여, 교육훈련의 실효성에 의문을 제기하기도 한다. 그러나 단기적인 관점에서 현행 문제점을 예단하기보다는 장기적인 관점에서 관련 문제점들을 서서히 개선·보완시켜 나아갔을 때, 민간경비의 치안활동 성과는 보다 극대화시켜 줄 것이라고 확신한다.

이 책은 이상과 같은 문제 인식하에 신규채용 된 민간경비원들에게 필요한 이론적·실무적 교육훈련을 위한 목적으로 만들어졌다. 여러 저자들이 공동으로 작업하다 보니 경우에 따라서는 일관되게 정리되지 못한 부분도 남아 있다. 이 부분에 대해서는 지속적인 수정작업을 통하여 보완하고자 한다. 그리고 공동저자에 포함되어 있지 않지만 개정판 작업에 많은 기여를 해주신 손봉선교수님, 곽용필교수님, 김정규교수님, 이훈재교수님 등 여러 교수님들의 노고에 진심으로 감사를 드린다. 바라건대, 이 책을 통해 경비업무를 담당하는 민간경비원들의 전문성이 향상될 수 있는 계기가 되기를 기원한다. 끝으로 이 책을 발간하는데 물심양면으로 도움을 주신 박진영사장님과 편집부에도 감사의 마음을 전한다.

2025년 1월 공저자 일동

1

차 례

제1장 경비업법

제2장 범죄예방론

제3장 시설경비 실무

제4장 호송경비 실무

제5장 신변보호 실무

제6장 기계경비 실무

제7장 혼잡·교통유도경비 실무

제8장 사고 예방대책

제9장 체포 · 호신술

제10장 장비 사용법

제11장 직업윤리 및 인권보호

제**1**장

경비업법

제1절 경비업법의 의의

1. 경비업의 의의

1) 민간경비의 기본논의

민간경비는 말 그대로 공적차원이 아닌 민간차원에서 이루어지는 안전 내지 보호활동이라고 할 수 있다. 사실, 현대와 구별되는 전통적 사회의 민간경비는 크게 두 가지 차원에서 논의될 수 있다. 하나는 개인 및 이웃 주민들 스스로가 지키는 자경주의 개념이고, 다른 하나는 오늘날과 다른 신분구조 속에서 지배계층의 재산과 권력보호를 위한 경비 및 보호활동 개념으로 접근할 수 있다. 그러나 당시의 지배계층과 경비원들의 상호의존관계는 오늘날과 상이하다. 또 전문가주의 차원에서 볼 때에도 당시의 민간경비는 오늘날과 차이가 있다. 특히 현대사회에서 민간경비가 하나의 산업으로 등장한 현 시점에서는 이에 대한 보다 체계적인 접근이 필요하다고 본다.

사실, 현대적 의미의 민간경비는 '산업'과 밀접한 관련성을 갖는다. 서구에서는 19세기 산업혁명 이후, 그리고 우리나라에서는 1950년대 이후에 민간경비는 하나의 산업으로 성장·발달하여 개인과 기업 그리고 공공기관의 안전과 관련하여 일정한 역할을 수행해 왔다.

그리고 민간경비의 활동이 다른 산업분야와 결합되어 나타나는 현상도 증가하고 있다. 자산보호, 보안서비스, 출입통제, 환경설계 등에 이르기까지 확대되고 있다. 또 기업의 아웃소싱에 의한 경비·보안과 청소, 그리고 건물관리가 하나의 관리시스템에 의해 이루어지기도 한다. 아울러 주택내의 경비·보안과 냉난방, 화재예방, 심지어는 개인의 질병점검까지 하나의 관리시스템에 의해 이루어지기도 한다.[1]

2) 경비업의 개념

경비업이란 여러 가지 위해로부터 개인의 이익이나 생명, 재산 등을 보호하기 위하여 특정한 의뢰자인 고객으로부터 받은 보수에 따른 경비서비스를 개인, 단체, 영리기업 등이 제공하는 업무를 의미한다.[2] 경비업무와 관련된 제반사항을 법으로 규정한「경비업법」제2조에서는 "경비업이란 시설경비업무, 호송경비업무, 신변보호업무, 기계경비업무, 특수경비업무의 전부 또는 일부를 도급받아 행하는 영업을 말한다"고 규정하고 있다.

3) 경비업의 발전

경비산업은 1960년대 초 미8군부대의 경비를 담당하면서 시작되었고, 1976년「용역경비업법」이 제정되면서 법적·제도적 기틀을 마련하게 되었다.[3] 이후, 경제성장과 함께 10여 개에 불과하던 경비업체는 86아시안게임과 88서울올림픽, 2002 한일월드컵 등 각종 국제행사를 치르면서 급성장하였으며, 질적인 면에서도 인력위주의 단순 경비에서 첨단장비 및 기술을 활용한 복합적인 형태로 발전하였다.

경찰에서는 사회 전반의 범죄대응역량을 강화하기 위해 경비업을 적극 지도·육성하고 있다. 또한 민간경비 교육기관을 지정(일반경비원 신임교육, 특수경비원 신임교육, 경비지도사 기본교육)하여 민간경비 교육을 내실화·활성화하고 경비지도사 및 경비원의 자질향상을 도모하고 있다.

〈표 1-1〉 경비업법의 연혁

개정순서	제정·개정일	법률	주요 개정 내용
제 정	1976. 12. 31	제2946호	- 용역경비업법을 제정함
제1차 개정	1981. 02. 14	제3372호	- 경비원 연령 상한을 연장
제2차 개정	1983. 12. 30	제3678호	- 용역경비업자의 불필요한 신고의무를 완화하고, 벌칙을 현실에 맞게 조정함

---

1) 최선우(2024), 민간경비론, 서울: 진영사, pp. 22-23.
2) 김두현·김정현(2002), 민간경비론, 서울: 백산출판사, p. 32.
3) 용역경비업법에 근거하여 1977년 6월 30일 대통령령으로 용역경비업법 시행령이 제정되었으며, 1977년 11월 22일에는 내무부령으로 용역경비업법 시행규칙이 제정되었다.

제3차 개정	1989. 12. 27	제4148호	– 경비원의 자격연령을 연장하고, 용역경비업자의 손해배상보장제도를 개선
제4차 개정	1991. 05. 31	제4369호	– 경찰법의 개정에 따른 일부개정
제5차 개정	1995. 12. 30	제5124호	– 신변보호업무 추가, 경비지도사제도 신설, 용역경비업에 대한 경찰청장의 허가권한을 법인의 주사무소의 소재지를 관할하는 지방경찰청장에게 이양함
제6차 개정	1997. 12. 13	제5453호	– 행정절차법의시행에 따른 공인회계사법등의 정비에 관한 법률의 개정에 따른 일부개정
제7차 개정	1999. 03. 31	제5940호	– 경비업법으로 법령이 변경됨. 행정규제기본법에 의한 규제정비계획에 따라 경비지도사의 자격 등과 관련된 규정을 합리적으로 조정함. – 설립과 가입이 강제되던 용역경비협회 관련 규정을 정비하는 등 과도한 규제를 개선·완화
제8차 개정	2001. 04. 07	제6467호	– 특수경비업무, 기계경비업무 추가
제9차 개정	2002. 12. 18	제6787호	– 2002년 4월 25일 헌법재판소의 위헌결정에 따라 겸업금지를 특수경비업자로 한정함
제10차 개정	2005. 05. 31	제7544호	– 법률의 위임근거 없이 시행령에 규정되어 있던 사항을 법률에 직접 규정함
제11차 개정	2005. 08. 04	제7671호	– 경비업무의 범위를 벗어난 행위를 하거나 이를 하게 한 자에 대하여 형사 처분을 할 수 있도록 함 – 배치 24시간 전 배치신고 규정을 신설함
제12차 개정	2008. 02. 29	제8852호	– 정부조직법 개정
제13차 개정	2008. 02. 29	제8872호	– 대통령 등의 경호에 관한 법률의 개정에 따라 일부개정
제14차 개정	2008. 12. 26	제9192호	– 법인대표자나 법인 또는 기타의 사람이 제28조의 위반행위를 하면 그 행위자를 벌하는 외에 그 법인 또는 개인에게도 해당 조문의 벌금형 과함
제15차 개정	2009. 04. 01	제9579호	– 특수경비원 연령상한을 58세에서 60세로 연장
제16차 개정	2013. 03. 23	제11690호	– 정부조직법 개정

제17차 개정	2013. 06. 07	제11872호	- 경비업의 허가요건을 강화 및 경비원의 폭력이 문제가 되는 노사분규·재개발 현장 등 집단민원현장을 법률에 명확히 규정, 불법적 행위에 대한 규제 및 처벌을 강화
제18차 개정	2014. 11. 19	제12844호	- 정부조직법 개정
제19차 개정	2014. 12. 30	제12911호	- 경비업체의 임원·경비지도사 및 경비원의 결격사유에서 금치산자 또는 한정치산자를 피성년후견인 또는 피한정후견인으로 대체함 - 성범죄 전력이 있는 사람이 경비업에 종사할 수 없는 기간을 5년에서 10년으로 상향함 - 경비지도사 자격정지 기간 중 선임되어 활동했을 경우 경비지도사 자격을 취소할 수 있는 규정을 신설함
제20차 개정	2015. 07. 20	제13397호	- 경비업무를 도급하려는 자가 경비업자의 경비원 채용시 무자격자·부적격자 등을 채용하도록 관여하거나 영향력을 행사할 수 없도록 하고, 위반시 징역 또는 벌금에 처하도록 함 - 경비협회의 공제사업 범위를 확대하여 입찰보증·계약보증·하도급보증을 위한 공제사업, 경비원의 복지향상 등을 위한 공제사업 등을 할 수 있도록 하고, 금융위원회와의 협의 및 금융감독원의 원장에 대한 검사 요청 근거를 마련함 - 지방경찰청장 또는 관할 경찰관서장은 경비업무 장소가 집단민원현장으로 판된되는 경우 경비원 배치허가를 받도록 48시간 이내에 경비업자에게 고지하도록 함
제21차 개정	2016. 01. 06	제13718호	- 타법 개정
제22차 개정	2016. 01. 06	제13718호	- 타법 개정
제23차 개정	2016. 01. 26	제13814호	- 현행법에 따르면 경비업자는 경비원으로 하여금 경비원 신임교육을 받게 하도록 하고 있으나, 누구든지 경비원으로 채용되기 전에도 개인적으로 일반경비원 신임교육을 받을 수 있도록 하고, 대통령령으로 정하는 바에 따라 일반경비원을 신임교육의 대상에서 제외할 수 있도록 하려는 것임

제24차 개정	2017. 07. 26	제14839호	- 타법개정
제25차 개정	2017. 10. 24	제14909호	- 국민의 경비지도사 자격 취득 기회를 최대한 보장하기 위하여 경비지도사시험은 매년 1회 이상 시행하도록 규정 - 1년 이내에 경비 도급실적이 없는 경비업자의 경우 매년 폐업 후 다시 허가를 받아야 하는 불편을 해소하기 위하여 경비 도급실적의 산정기간을 1년에서 2년으로 연장 - 불법행위에 대하여 법률마다 행정형벌의 편차가 큰 것을 개선하기 위하여 특수경비원이 국가중요시설의 정상적인 운영을 해치는 장해를 일으킨 경우 7년 이하의 징역을 5년 이하의 징역으로 하향조정하고자 함
제26차 개정	2019. 04. 16	제16316호	- 경비지도사의 시험 및 교육에 관한 업무를 위탁받은 기관 또는 단체의 임직원은 그 업무를 수행함에 있어 공무원과 유사한 정도의 공정성과 청렴성이 요구되므로 「형법」 제129조부터 제132조까지의 규정에 따른 벌칙을 적용할 때 공무원으로 의제하려는 것임
제27차 개정	2020. 12. 22	제17689호	- 경찰법전부를 국가경찰과 자치경찰의 조직 및 운영에 관한 법률로 개정함
제28차 개정	2021. 01. 12	제17894호	- 피후견인 결격조항 정비관련 경비업법 내용일부를 개정함
제29차 개정	2022. 11. 15	제19021호	- 시설경비업 허가요건 중 경비원수를 10명으로 하향조정함 - 특수경비원의 당연퇴직 요건을 규정함
제30차 개정	2024. 01. 13	제20152호	- 경비업무의 종류에 혼잡·교통유도경비업무를 추가하고, 혼잡·교통유도경비업무를 일반경비원의 업무로 규정함.
제31차 개정	2024. 02. 13	제20266호	- 경비지도사 보수교육제도를 신설하여 그 교육을 이수하지 않은 경우 과태료를 부과할 수 있도록 하고, 경비지도사 및 경비원에 대한 교육기관을 지정할 수 있는 근거를 마련하며, 경비업자가 경비지도사를 선임 또는 해임할 때 관할 시·도경찰청장 등에게 신고하도록 하는 등 현행 제도의 운영상 나타난 일부 미비점을 개선·보완함.

2. 경비업법의 의의와 구성

1) 의의

경비업법은 산업시설·공공시설·사무소 등 기타 경비를 요하는 시설물의 경비업을 할 수 있도록 용역경비에 관한 사항을 정하여 용역경비업무의 실시에 적정을 기하기 위하여 1976년 12월 31일 법률 제2946호로 제정되어, 2024년 2월 13일 제31차 개정이 이루어졌다.

그리고, 2024년 1월 30일에 경비업법이 개정(시행 2025. 1월 31일)되어 경비업의 종류에 혼잡·교통유도경비가 새롭게 신설된 것에 주목할 필요가 있다.

2) 구성

① 제1장 총칙

경비업법의 목적과 경비업법에서 기본적으로 사용하는 용어의 정의를 규정하고 있다.

② 제2장 경비업의 허가 등

경비업의 허가대상 및 요건을 규정하고 허가 후 경비업자로서 신고해야 할 기본적인 사항 등을 규정하고 있다.

③ 제3장 기계경비업무

기계경비업무의 특수성 및 전문성을 감안하여 기계경비업무를 별도의 장으로 분리하여 규정하고 있고 기계경비업자의 대응역량 및 오경보 방지를 위하여 준수해야 할 사항을 규정하고 있다.

④ 제4장 경비지도사 및 경비원

경비지도사와 경비원의 자격요건과 경비지도사의 선발, 선임, 의무를 규정하고 있고 경비원의 배치, 배치폐지, 교육 등을 규정하고 있으며 특히 특수경비원의 직무 및 무기사용과 의무에 대하여 규정하고 있다.

⑤ 제5장 행정처분 등

경비업자의 허가와 관련된 허가취소, 영업정지 등과 경비지도사의 자격취소, 자격정지 등의 사유와 행정처분절차를 규정하고 있다.

⑥ 제6장 경비협회

경비협회의 설립에 관련한 사항과 협회의 업무 등을 규정하고 있다.

⑦ 제7장 보칙

경찰의 감독권의 범위와 행사방법, 경비업자의 손해배상책임 등을 규정하고 있다.

⑧ 제8장 벌칙

형사처벌에 관한 사항과 특별히 형이 가중되는 경우 등을 규정하고 있고 과태료에 관한 사항 등을 함께 규정하고 있다.[4]

제2절 경비업법 총칙

1. 경비업법의 목적

경비업법은 경비업의 육성 및 발전과 그 체계적 관리에 관하여 필요한 사항을 정함으로써 경비업의 건전한 운영에 이바지함을 목적으로 한다.

2. 용어의 정의

1) 경비업

경비업은 다음에 해당하는 업무의 전부 또는 일부를 도급받아 행하는 영업을 말한다(경비업법 제2조 제1호 각목).

(1) 시설경비업무

경비를 필요로 하는 시설 및 장소에서의 도난·화재 그 밖의 혼잡 등으로 인한 위험발생을 방지하는 업무를 말한다. 시설경비는 단순히 출입관리만이 아니라 대상시설의 안전과 평온을 유지하고 유효한 기능을 보전하기 위해 방범, 방화, 방재는 물론 시설, 설비의 감시·점검, 기타 접수, 안내 등 여러 가지 보안서비스업무가 포함된다.[5]

---

4) 홍용연(2009), 경비지도사 경비업법, 서울: 폴리티아, pp. 30-31.

(2) 호송경비업무

운반중에 있는 현금·유가증권·귀금속·상품 그 밖의 물건에 대하여 도난·화재 등 위험발생을 방지하는 업무를 말한다. 호송경비업무를 수행하기 위하여 관할경찰서의 협조를 얻고자 하는 때에는 현금 등의 운반을 위하여 출발 전일까지 출발지의 경찰서장에게 호송경비통지서를 제출하여야 한다.

(3) 신변보호업무

사람의 생명이나 신체에 대한 위해의 발생을 방지하고 그 신변을 보호하는 업무를 말한다. 신변보호라는 것은 '경호대상자의 절대적 신변안전을 확보하기 위하여 사용가능한 모든 수단과 방법을 동원하여 직·간접적인 위해요소를 사전에 방지·제거하기 위한 제반 활동'이라고 정의할 수 있다.[6]

(4) 기계경비업무

경비대상시설에 설치한 기기에 의하여 감지·송신된 정보를 그 경비대상시설 외의 장소에 설치한 관제시설의 기기로 수신하여 도난·화재 등 위험발생을 방지하는 업무를 말한다. 기계경비는 인력경비에 대응되는 경비형태로서 기존의 인력에 의존하던 경비방식에서 벗어나 각종 기계적 장치에 의해 경비목적을 달성하는 것을 말한다.[7]

(5) 특수경비업무

공항(항공기 포함) 등 대통령령이 정하는 국가중요시설의 경비 및 도난·화재 그 밖의 위험발생을 방지하는 업무를 말하며, 대통령령이 정하는 국가중요시설이라 함은 공항·항만, 원자력발전소 등의 시설 중 국가정보원장이 지정하는 국가보안목표시설과 통합방위법의 규정에 의하여 국방부장관이 지정하는 국가중요시설[8]을 말한다.

---

5) 안황권(2009), 시설경비론, 서울: 진영사, p. 18.
6) 최선우(2019), 앞의 책, p. 648.
7) 위의 책, p. 300.
8) 국가중요시설이란 공공기관, 공항·항만, 주요 산업시설 등 적에 의하여 점령 또는 파괴되거나 기능이 마비될 경우 국가안보와 국민생활에 심각한 영향을 주게 되는 시설을 말한다.

(6) 혼잡·교통유도경비업무

도로에 접속한 공사현장 및 사람과 차량의 통행에 위험이 있는 장소 또는 도로를 점유하는 행사장 등에서 교통사고나 그 밖의 혼잡 등으로 인한 위험발생을 방지하는 업무를 말한다.

2) 경비지도사

경비원을 지도·감독 및 교육하는 자를 말하며 일반경비지도사와 기계경비지도사로 구분한다. 일반경비지도사는 시설경비업무, 호송경비업무, 신변보호업무, 특수경비업무에 종사하는 경비원을 지도·감독 및 교육하는 경비지도사를 말하며, 기계경비지도사는 기계경비업무에 종사하는 경비원을 지도·감독 및 교육하는 경비지도사를 말한다.

3) 경비원

경비업의 허가를 받은 법인이 채용한 고용인으로서 일반경비원은 시설경비업무 내지 기계경비업무를 수행하는 자를 말하며, 특수경비원은 특수경비업무를 수행하는 자를 말한다.

4) 무기

인명 또는 신체에 위해를 가할 수 있도록 제작된 권총·소총 등을 말한다.

5) 집단민원현장

① 「노동조합 및 노동관계조정법」에 따라 노동관계 당사자가 노동쟁의 조정신청을 한 사업장 또는 쟁의행위가 발생한 사업장
② 「도시 및 주거환경정비법」에 따른 정비사업과 관련하여 이해대립이 있어 다툼이 있는 장소
③ 특정 시설물의 설치와 관련하여 민원이 있는 장소
④ 주주총회와 관련하여 이해대립이 있어 다툼이 있는 장소
⑤ 건물·토지 등 부동산 및 동산에 대한 소유권·운영권·관리권·점유권 등 법적 권리에 대한 이해대립이 있어 다툼이 있는 장소

⑥ 100명 이상의 사람이 모이는 국제·문화·예술·체육 행사장
⑦ 「행정대집행법」에 따라 대집행을 하는 장소

제3절 경비업의 허가

1. 경비업의 허가

1) 허가의 대상 및 범위

① 경비업을 영위하고자 하는 법인은 도급받아 행하고자 하는 경비업무를 특정하여 그 법인의 주사무소의 소재지를 관할하는 시·도경찰청장의 허가를 받아야 한다. 도급받아 행하고자 하는 경비업무를 변경하는 경우에도 또한 같다.

② 허가를 받고자 하는 법인은 대통령령이 정하는 경비인력·자본금·시설 및 장비를 갖추어야 한다.

〈표 1-2〉 경비업의 시설 등의 기준(경비업법 시행령 제3조 제2항)

시설등 기준 업무별	경비인력	자본금	시설	장비 등
시설경비업무	·일반경비원 10명 이상 ·경비지도사 1명 이상	1억 원 이상	·기준 경비인력 수 이상을 동시에 교육할 수 있는 교육장	·기준 경비인력 수 이상의 경비원 복장 및 경적, 단봉, 분사기
호송경비업무	·무술유단자인 일반경비원 5명 이상 ·경비지도사 1명 이상	1억 원 이상	·기준 경비인력 수 이상을 동시에 교육할 수 있는 교육장	·호송용 차량 1대 이상 ·현금호송백 1개 이상 ·기준 경비인력 수 이상의 경비원 복장 및 경적, 단봉, 분사기
신변보호업무	·무술유단자인 일반경비원 5명 이상 ·경비지도사 1명 이상	1억 원 이상	·기준 경비인력 수 이상을 동시에 교육할 수 있는 교육장	·기준 경비인력 수 이상의 무전기 등 통신장비 ·기준 경비인력 수 이상의 경적, 단봉, 분사기
기계경비	·전자·통신 분야 기술자	1억 원	·기준 경비인력	·감지장치·송신장치 및

시설등 기준 업무별	경비인력	자본금	시설	장비 등
업무	격증소지자 5명을 포함한 일반경비원 10명 이상 ·경비지도사 1명 이상	이상	수 이상을 동시에 교육할 수 있는 교육장 ·관제시설	수신장치 ·출장소별로 출동차량 2대 이상 ·기준 경비인력 수 이상의 경비원 복장 및 경적, 단봉, 분사기
특수경비 업무	·특수경비원 20명 이상 ·경비지도사 1명 이상	3억 원 이상	·기준 경비인력 수 이상을 동시에 교육할 수 있는 교육장	·기준 경비인력 수 이상의 경비원 복장 및 경적, 단봉, 분사기
혼잡· 교통유도 경비업무	·일반경비원 10명 이상 ·경비지도사 1명 이상	1억 원 이상	·기준 경비인력 수 이상을 동시에 교육할 수 있는 교육장	·기준 경비인력 수 이상의 경비원 복장 및 경적, 단봉, 분사기, 무전기, 경광봉

출처 : 법제처 홈페이지(http://www.moleg.go.kr/)

2) 신고사유

경비업의 허가를 받은 법인은 다음에 해당하는 때에는 시·도경찰청장에게 신고하여야 한다.

① 영업을 폐업하거나 휴업한 때
② 법인의 명칭이나 대표자·임원을 변경한 때
③ 법인의 주사무소나 출장소를 신설·이전 또는 폐지한 때
④ 기계경비업무의 수행을 위한 관제시설을 신설·이전 또는 폐지한 때
⑤ 특수경비업무를 개시하거나 종료한 때
⑥ 그 밖에 대통령령이 정하는 중요사항을 변경한 때

2. 임원의 결격사유

1) 결격사유

다음에 해당하는 자는 경비업을 영위하는 법인의 임원이 될 수 없다.

① 피성년후견인
② 파산선고를 받고 복권되지 아니한 자
③ 금고 이상의 형의 선고를 받고 그 형이 실효되지 아니한 자
④ 경비업법 또는 「대통령 등의 경호에 관한 법률」에 위반하여 벌금형의 선고를 받고 3년이 지나지 아니한 자
⑤ 이 법(제19조 제1항 제2호 및 제7호는 제외) 또는 이 법에 의한 명령에 위반하여 허가가 취소된 법인의 허가취소 당시의 임원이었던 자로서 그 취소 후 3년이 지나지 아니한 자
⑥ 제19조 제1항 제2호[9] 및 제7호[10]의 사유로 허가가 취소된 법인의 허가취소 당시의 임원이었던 자로서 허가가 취소된 날부터 5년이 지나지 아니한 자

3. 허가의 유효기간

1) 유효기간

① 경비업 허가의 유효기간은 허가받은 날부터 5년으로 한다.
② 유효기간이 만료된 후 계속하여 경비업을 하고자 하는 법인은 행정안전부령이 정하는 바에 의하여 갱신허가를 받아야 한다.

2) 허가 갱신

① 경비업의 갱신허가를 받으려는 자는 허가의 유효기간 만료일 30일 전까지 경비업 갱신허가신청서에 허가증 원본 및 정관을 첨부하여 법인의 주사무소를 관할하는 시·도경찰청장 또는 해당 시·도경찰청 소속의 경찰서장에게 제출하여야 한다.
② 경비업 갱신허가신청서를 제출받은 경찰서장은 이를 지체없이 관할 시·도경찰청장에게 보내야 한다.
③ 신청서를 제출받은 시·도경찰청장은 「전자정부법」에 따른 행정정보의 공동

---

9) 제19조 제1항 제2호(제7조 제5항: 경비업자는 허가받은 경비업무외의 업무에 경비원을 종사하게 하여서는 아니된다)의 규정에 위반하여 허가받은 경비업무외의 업무에 경비원을 종사하게 한 때.
10) 동조 7호(제15조의2 제2항: 누구든지 경비원으로 하여금 경비업무의 범위를 벗어난 행위를 하게 하여서는 아니된다)을 위반하여 소속 경비원으로 하여금 경비업무의 범위를 벗어난 행위를 하게 한 때.

이용을 통하여 법인의 등기사항증명서를 확인하여야 한다.

④ 시·도경찰청장은 갱신허가를 하는 때에는 유효기간이 만료되는 허가증을 회수한 후 허가증을 교부하여야 한다.

4. 경비업자의 의무

① 경비업자는 경비대상시설의 소유자 또는 관리자의 관리권의 범위 안에서 경비업무를 수행하여야 하며, 다른 사람의 자유와 권리를 침해하거나 그의 정당한 활동에 간섭하여서는 아니된다.

② 경비업자는 경비업무를 성실하게 수행하여야 하고, 도급을 의뢰받은 경비업무가 위법 또는 부당한 것일 때에는 이를 거부하여야 한다.

③ 경비업자는 불공정한 계약으로 경비원의 권익을 침해하거나 경비업의 건전한 육성과 발전을 해치는 행위를 하여서는 아니된다.

④ 경비업자의 임·직원이거나 임·직원이었던 자는 다른 법률에 특별한 규정이 있는 경우를 제외하고는 그 직무상 알게 된 비밀을 누설하거나 다른 사람에게 제공하여 이용하도록 하는 등 부당한 목적을 위하여 사용하여서는 아니된다.

⑤ 경비업자는 허가받은 경비업무 외의 업무에 경비원을 종사하게 하여서는 아니된다.

⑥ 경비업자는 집단민원현장에 경비원을 배치하는 때에는 경비지도사를 선임하고 그 장소에 배치하여 행정안전부령으로 정하는 바에 따라 경비원을 지도·감독하게 하여야 한다.

⑦ 특수경비업무를 수행하는 경비업자 특수경비업무의 개시신고를 하는 때에는 국가중요시설에 대한 특수경비업무의 수행이 중단되는 경우 시설주의 동의를 얻어 다른 특수경비업자 중에서 경비업무를 대행할 자를 지정하여 허가관청에 신고하여야 한다. 경비대행업자의 지정을 변경하는 경우에도 또한 같다.

⑧ 특수경비업자는 국가중요시설에 대한 특수경비업무를 중단하게 되는 경우에는 미리 이를 경비대행업자에게 통보하여야 하며, 경비대행업자는 통보받은 즉시 그 경비업무를 인수하여야 한다. 이 경우 제7항의 규정은 경비대행업

자에 대하여 이를 준용한다.

⑨ 특수경비업자는 이 법에 의한 경비업과 경비장비의 제조·설비·판매업, 네
트워크를 활용한 정보산업, 시설물 유지관리업 및 경비원 교육업 등 대통령
령이 정하는 경비관련업 외의 영업을 하여서는 아니된다.

〈표 1-3〉 특수경비업자가 할 수 있는 경비관련업(경비업법 시행령 제7조의2 제1항)

분야	해당 영업
금속가공제품 제조업 (기계 및 가구 제외)	· 일반철물 제조업(자물쇠제조 등 경비 관련 제조업에 한정한다) · 금고 제조업
그 밖의 기계 및 장비제조업	· 분사기 및 소화기 제조업
전기장비 제조업	· 전기경보 및 신호장치 제조업
전자부품, 컴퓨터, 영상, 음향 및 통신장비 제조업	· 전자카드 제조업 · 통신 및 방송 장비 제조업 · 영상 및 음향기기 제조업
전문직별 공사업	· 소방시설 공사업 · 배관 및 냉·난방 공사업 (소방시설 공사 등 방재 관련 공사에 한정한다) · 내부 전기배선 공사업 · 내부 통신배선 공사업
도매 및 상품중개업	· 통신장비 및 부품 도매업
통신업	· 전기통신업
부동산업	· 부동산 관리업
컴퓨터 프로그래밍, 시스템 통합 및 관리업	· 컴퓨터 프로그래밍 서비스업 · 컴퓨터시스템 통합 자문, 구축 및 관리업
건축기술, 엔지니어링 및 관련기술 서비스업	· 건축설계 및 관련 서비스업 (소방시설 설계 등 방재 관련 건축설계에 한정한다) · 건물 및 토목엔지니어링 서비스업 (소방공사 감리 등 방재 관련 서비스업에 한정한다)
사업시설 관리 및 조경 서비스업	· 사업시설 유지관리 서비스업 · 건물 산업설비 청소 및 방제 서비스업
사업지원 서비스업	· 인력공급 및 고용알선업 · 경비, 경호 및 탐정업

분야	해당 영업
교육서비스업	• 직원훈련기관 • 그 밖의 기술 및 직업훈련학원(경비 관련 교육에 한정한다)
수리업	• 일반 기계 수리업 • 전기, 전자, 통신 및 정밀기기 수리업
창고 및 운송 관련 서비스업	• 주차장 운영업

출처 : 법제처 홈페이지(http://www.moleg.go.kr/)

5. 기계경비업자의 의무

1) 대응체제

① 기계경비업무를 수행하는 경비업자는 경비대상시설에 관한 경보를 수신한 때에는 신속하게 그 사실을 확인하는 등 필요한 대응조치를 취하여야 하며, 이를 위한 대응체제를 갖추어야 한다.

② 기계경비업무를 수행하는 경비업자는 관제시설 등에서 경보를 수신한 때에는 경보를 수신한 때부터 늦어도 25분 이내에는 도착시킬 수 있는 대응체제를 갖추어야 한다.

2) 오경보의 방지

(1) 관리의무

① 기계경비업자는 경비계약을 체결하는 때에는 오경보를 막기 위하여 계약상 대방에게 기기사용요령 및 기계경비운영체계 등에 관하여 설명하여야 하며, 각종 기기가 오작동 되지 아니하도록 관리하여야 한다.

② 기계경비업자는 대응조치 등 업무의 원활한 운영과 개선을 위하여 대통령령이 정하는 바에 따라 관련 서류를 작성·비치하여야 한다.

(2) 오경보 방지를 위한 설명

기계경비업자가 계약상대방에게 하여야 하는 설명은 다음의 사항을 기재한 서면 또는 전자문서를 교부하는 방법에 의한다.

① 당해 기계경비업무와 관련된 관제시설 및 출장소의 명칭·소재지
② 기계경비업자가 경비대상시설에서 발생한 경보를 수신한 경우에 취하는 조치
③ 기계경비업무용 기기의 설치장소 및 종류와 그 밖의 기계장치의 개요
④ 오경보의 발생원인과 송신기기의 유지·관리방법

(3) 관리 서류

기계경비업자는 대응조치 등 업무의 원활한 운영과 개선을 위하여 다음 사항을 기재한 관련 서류를 작성·비치하여야 하고, 규정에 의한 사항을 기재한 서류는 당해 경보를 수신한 날부터 1년간 보관하여야 한다.
① 경비대상시설의 명칭·소재지 및 경비계약기간
② 기계경비지도사의 명단·배치일자·배치장소와 출동차량의 대수
③ 경보의 수신 및 현장 도착일시와 조치의 결과
④ 오경보인 경우 오경보가 발생한 경비대상시설 및 그 오경보에 대한 조치의 결과

제4절 경비지도사 및 경비원

1. 결격사유

1) 경비지도사 및 일반경비원의 결격사유

① 만 18세 미만인 자, 피성년후견인
② 파산선고를 받고 복권되지 아니한 자
③ 금고 이상의 실형의 선고를 받고 그 집행이 종료되거나 집행이 면제된 날부터 5년이 지나지 아니한 자
④ 금고 이상의 형의 집행유예선고를 받고 그 유예기간 중에 있는 자
⑤ 다음 각 목의 어느 하나에 해당하는 죄를 범하여 벌금형을 선고받은 날부터 10년이 지나지 아니하거나 금고 이상의 형을 선고받고 그 집행이 종료된(종료된 것으로 보는 경우를 포함한다) 날 또는 집행이 유예·면제된 날부터 10년이 지나지 아니한 자
　　가. 「형법」 제114조의 죄

나. 「폭력행위 등 처벌에 관한 법률」 제4조의 죄

다. 「형법」 제297조, 제297조의2, 제298조부터 제301조까지, 제301조의2, 제302
조, 제303조, 제305조, 제305조의2의 죄

라. 「성폭력범죄의 처벌 등에 관한 특례법」 제3조부터 제11조까지 및 제15조
(제3조부터 제9조까지의 미수범만 해당한다)의 죄

마. 「아동·청소년의 성보호에 관한 법률」 제7조 및 제8조의 죄

바. 다목부터 마목까지의 죄로서 다른 법률에 따라 가중처벌되는 죄

⑥ 다음 각 목의 어느 하나에 해당하는 죄를 범하여 벌금형을 선고받은 날부터
5년이 지나지 아니하거나 금고 이상의 형을 선고받고 그 집행이 유예된 날
부터 5년이 지나지 아니한 자

가. 「형법」 제329조부터 제331조까지, 제331조의2 및 제332조부터 제343조까
지의 죄

나. 가목의 죄로서 다른 법률에 따라 가중처벌되는 죄

⑦ 제5호 다목부터 바목까지의 어느 하나에 해당하는 죄를 범하여 치료감호를
선고받고 그 집행이 종료된 날 또는 집행이 면제된 날부터 10년이 지나지
아니한 자 또는 제6호 각 목의 어느 하나에 해당하는 죄를 범하여 치료감호
를 선고받고 그 집행이 면제된 날부터 5년이 지나지 아니한 자

⑧ 이 법이나 이 법에 따른 명령을 위반하여 벌금형을 선고받은 날부터 5년이
지나지 아니하거나 금고 이상의 형을 선고받고 그 집행이 유예된 날부터 5
년이 지나지 아니한 자

2) 특수경비원의 결격사유

① 18세 미만이거나 60세 이상인 사람 또는 피성년후견인

② 심신상실자, 알코올 중독자 등 대통령령으로 정하는 정신적 제약이 있는 자[11]

③ 제1항 제2호부터 제8호까지의 어느 하나에 해당하는 자

---

11) 심신상실자, 알코올 중독자 등 대통령령으로 정하는 정신적 제약이 있는 자는 다음 각 호의 사람을
말한다. 1. 심신상실자, 2. 마약·대마·향정신성의약품 또는 알코올 중독자, 3. 「치매관리법」 제2조
제1호에 따른 치매, 조현병·조현정동장애·양극성정동장애(조울병)·재발성우울장애 등의 정신질환
이나 정신 발육지연, 뇌전증 등이 있는 사람. 다만, 해당 분야 전문의가 특수경비원으로서 적합하다
고 인정하는 사람은 제외한다(경비업법 시행령 제10조의2, 2021.7.13. 신설).

④ 금고 이상의 형의 선고유예를 받고 그 유예기간 중에 있는 자

⑤ 행정안전부령으로 정하는 신체조건에 미달되는 자

3) 특수경비원의 당연퇴직

특수경비원이 경비업법 제10조 제2항에 따른 결격사유에 해당하게 될 때에는 당연 퇴직된다. 다만, 다음의 요건에 해당되는 경우 당연 퇴직된다.

① 제10조 제2항 제1호는 나이가 60세가 되어 퇴직하는 경우에는 60세가 된 날이 1월부터 6월 사이에 있으면 6월 30일에, 7월부터 12월 사이에 있으면 12월 31일에 각각 당연 퇴직된다.

② 제10조 제2항 제3호 중 제10조 제1항 제2호는 파산선고를 받은 사람으로서 「채무자 회생 및 파산에 관한 법률」에 따라 신청기한 내에 면책신청을 하지 아니하였거나 면책불허가 결정 또는 면책 취소가 확정된 경우만 해당한다.

③ 제10조 제2항 제4호는 「성폭력범죄의 처벌 등에 관한 특례법」 제2조, 「아동・청소년의 성보호에 관한 법률」 제2조 제2호 및 직무와 관련하여 「형법」 제355조 또는 제356조에 규정된 죄를 범한 사람으로서 금고 이상의 형의 선고유예를 받은 경우만 해당한다(이상 경비업법 제10조의2, 본조 신설 2022. 11. 15).

4) 특수경비원의 신체조건

① 팔과 다리가 완전

② 두 눈의 맨눈시력 각각 0.2 이상 또는 교정시력 각각 0.8 이상

2. 경비지도사의 시험

1) 시험과 교육

① 경비지도사는 경찰청장이 시행하는 경비지도사 시험에 합격하고 행정안전부령이 정하는 교육을 받은 자이어야 한다.

② 경찰청장은 규정에 의한 교육을 받은 자에게 행정안전부령이 정하는 바에 따라 경비지도사자격증을 교부하여야 한다.

③ 경비지도사시험은 매년 1회 이상 시행하며, 시험과목, 시험공고, 시험의 일부가 면제되는 자의 범위 그 밖에 경비지도사시험에 관하여 필요한 사항은 대통령령으로 정한다.

2) 시험과목

① 시험은 필기시험의 방법에 의하되, 제1차 시험과 제2차 시험으로 구분하여 실시한다. 이 경우 경찰청장이 필요하다고 인정하는 때에는 제1차 시험과 제2차 시험을 병합하여 실시할 수 있다.

② 제1차 시험 및 제2차 시험은 각각 선택형으로 하되, 제2차 시험에 있어서는 선택형 외에 단답형을 추가할 수 있다.

〈표 1-4〉 경비지도사의 시험과목(경비업법 시행령 제12조 제3항)

구분	1차시험	2차시험
	선택형	선택형 또는 단답형
일반경비지도사	• 법학개론 • 민간경비론	• 경비업법(청원경찰법을 포함한다) • 소방학·범죄학 또는 경호학 중 1과목
기계경비지도사		• 경비업법(청원경찰법을 포함한다) • 기계경비개론 또는 기계경비기획 및 설계 중 1과목

출처 : 법제처 홈페이지(http://www.moleg.go.kr/)

3) 시행 및 공고

① 경찰청장은 법 제11조제1항의 규정에 따른 경비지도사시험(이하 "시험"이라 한다)의 실시계획을 매년 수립하여야 한다.

② 경찰청장은 위의 규정에 의한 시험의 실시계획에 따라 시험을 실시하고자 하는 때에는 응시자격·시험과목·시험일시·시험장소 및 선발예정인원 등을 시험시행일 90일 전까지 공고하여야 한다.

③ 위의 규정에 의한 공고는 관보게재와 각 시·도경찰청 게시판 및 인터넷 홈페이지에 게시하는 방법에 의한다.

4) 시험의 일부면제

① 「경찰공무원법」에 따른 경찰공무원으로 7년 이상 재직한 사람
② 「대통령 등의 경호에 관한 법률」에 따른 경호공무원 또는 별정직공무원으로 7년 이상 재직한 사람
③ 「군인사법」에 따른 각 군 전투병과 또는 군사경찰병과 부사관 이상 간부로 7년 이상 재직한 사람
④ 「경비업법」에 따른 경비업무에 7년 이상(특수경비업무의 경우에는 3년 이상) 종사하고 행정안전부령으로 정하는 교육과정을 이수한 사람
⑤ 「고등교육법」에 따른 대학 이상의 학교를 졸업한 사람으로서 재학 중 제12조 제3항에 따른 경비지도사 시험과목을 3과목 이상을 이수하고 졸업한 후 경비업무에 종사한 경력이 3년 이상인 사람
⑥ 「고등교육법」에 따른 전문대학을 졸업한 사람으로서 재학 중 제12조 제3항에 따른 경비지도사 시험과목을 3과목 이상을 이수하고 졸업한 후 경비업무에 종사한 경력이 5년 이상인 사람
⑦ 일반경비지도사의 자격을 취득한 후 기계경비지도사의 시험에 응시하는 사람 또는 기계경비지도사의 자격을 취득한 후 일반경비지도사의 시험에 응시하는 사람
⑧ 「공무원임용령」에 따른 행정직군 교정직렬 공무원으로 7년 이상 재직한 사람

5) 경비지도사 교육

경비지도사 시험에 합격한 자는 소정의 교육을 받아야 하며, 교육에 소요되는 비용은 경비지도사의 교육을 받은 자의 부담으로 한다.

〈표 1-5〉 경비지도사 교육의 과목 및 시간(경비업법 시행규칙 제9조 제1항)

구분 (교육시간)	과목	시간
공통교육 (24시간)	경비업법, 경찰관직무집행법, 도로교통법 등 관계 법령 및 개인정보 보호법에 따른 개인정보 보호지침 등	4
	실무 I	4
	실무 II	3

구분 (교육시간)	과목		시간
	범죄·테러·재난 대응 요령 및 화재대처법		2
	응급처치법		2
	직업윤리 및 인권교육		2
	체포·호신술		2
	입교식, 평가 및 수료식		3
자격의 종류별 교육 (16시간)	일반경비 지도사	시설경비	3
		호송경비	2
		신변보호	2
		특수경비	2
		혼잡·다중운집 인파 관리	2
		교통안전관리	2
		일반경비현장실습	5
	기계경비 지도사	기계경비 운용관리	4
		기계경비 기획 및 설계	4
		인력경비 개론	3
		기계경비 현장실습	5
계			40

비고: 다음 각 호의 사람이 기본교육을 받는 경우 공통교육은 면제한다.
1. 일반경비지도사 자격을 취득한 후 3년 이내에 기계경비지도사 시험에 합격한 사람
2. 기계경비지도사 자격을 취득한 후 3년 이내에 일반경비지도사 시험에 합격한 사람
   출처 : 법제처 홈페이지(http://www.moleg.go.kr/)

3. 경비지도사의 선임

1) 경비지도사의 선임

경비업자는 대통령령이 정하는 바에 따라 경비지도사를 선임하여야 하며, 선임

된 경비지도사의 직무는 다음과 같다.

① 경비원의 지도 · 감독 · 교육에 관한 계획의 수립 · 실시 및 그 기록의 유지

② 경비현장에 배치된 경비원에 대한 순회점검 및 감독

③ 경찰기관 및 소방기관과의 연락방법에 대한 지도

④ 집단민원현장에 배치된 경비원에 대한 지도 · 감독

⑤ 그 밖에 대통령령이 정하는 직무

2) 경비지도사의 선임 · 배치

① 경비업자는 대통령령이 정하는 바에 따라 경비지도사를 선임 · 배치하여야 한다.

② 경비업자는 위의 규정에 의하여 선임 · 배치된 경비지도사에 결원이 있거나 자격정지 등의 사유로 그 직무를 수행할 수 없는 때에는 15일 이내에 경비지도사를 새로이 충원하여야 한다.

〈표 1-6〉 경비지도사의 선임 · 배치기준(경비업법 시행령 제16조 제1항)

1. 경비업자는 경비원을 배치하여 영업활동을 하고 있는 지역을 관할하는 시 · 도경찰청의 관할구역별로 경비원 200명까지는 경비지도사 1명을 선임 · 배치하고, 경비원이 200명을 초과하는 경우 200명을 초과하는 경비원 100명 단위로 경비지도사 1명씩을 추가로 선임 · 배치해야 한다.

2. 제1호에 따라 경비지도사가 선임 · 배치된 시 · 도경찰청의 관할구역과 경계를 맞닿아 인접한 시 · 도경찰청의 관할구역에 배치된 경비원이 30명 이하인 경우에는 제1호에도 불구하고 경비지도사를 따로 선임 · 배치하지 않을 수 있다. 이 경우 제주특별자치도경찰청과 전라남도경찰청은 경계를 맞닿아 인접한 것으로 본다.

3. 제2호에 따라 경비지도사를 따로 선임 · 배치하지 않는 경우 경비지도사 1명이 지도 · 감독 및 교육할 수 있는 경비원의 총수(경계를 맞닿아 인접한 시 · 도경찰청의 관할구역에 배치된 경비원의 수를 합산한다)는 200명을 초과할 수 없다.

※ 비고

1. 시설경비업무 · 호송경비업무 · 신변보호업무 · 특수경비업무 또는 혼잡 · 교통유도경비업무를 하는 경비업자는 일반경비지도사를 선임 · 배치하고, 시설경

> 비업무·호송경비업무·신변보호업무·특수경비업무 또는 혼잡·교통유도경
> 비업무 중 둘 이상의 경비업무를 하는 경우에는 각 경비업무에 종사하는 경
> 비원의 수를 합산한 인원을 기준으로 경비지도사를 선임·배치해야 한다. 다
> 만, 특수경비업무를 수행하는 경비업자는 제19조제1항에 따른 특수경비원 신
> 임교육을 이수한 일반경비지도사를 선임·배치해야 한다.
> 2. 기계경비업무를 하는 경비업자는 기계경비지도사를 선임·배치해야 한다.

출처 : 법제처 홈페이지(http://www.moleg.go.kr/)

3) 경비지도사의 직무 및 준수사항

① 경비지도사의 직무 중 그 밖에 대통령령이 정하는 직무라 함은 다음의 직무
  를 말한다.
  ㉠ 기계경비업무를 위한 기계장치의 운용·감독(기계경비지도사의 경우에 한
    한다)
  ㉡ 오경보방지 등을 위한 기기관리의 감독(기계경비지도사의 경우에 한한다)
② 경비지도사는 법 제12조 제3항에 따라 같은 조 제2항 제1호·제2호의 직무
  및 제1항 각 호의 직무를 월 1회 이상 수행하여야 한다.
③ 경비지도사는 법 제12조 제2항 제1호에 따라 경비원에 대한 교육을 실시하
  고, 행정안전부령으로 정하는 경비원 직무교육 실시대장에 그 내용을 기록
  하여 2년간 보존하여야 한다.

4. 경비원의 교육

경비업자는 경비업무를 적정하게 실시하기 위하여 경비원으로 하여금 대통령령
으로 정하는 바에 따라 경비원 신임교육 및 직무교육을 받게 하여야 하며, 특수경
비업자는 대통령령으로 정하는 바에 따라 특수경비원으로 하여금 특수경비원신임
교육과 정기적인 직무교육을 받게 하여야 하고, 특수경비원 신임교육을 받지 아니
한 자를 특수경비업무에 종사하게 하여서는 아니 된다.

또한 특수경비원의 교육시 관할경찰서 소속 경찰공무원이 교육기관에 입회하여
대통령령이 정하는 바에 따라 지도·감독하여야 한다.

1) 일반경비원 교육

① 신임교육

㉠ 대상과 교육기관

경비업자는 일반경비원을 채용한 경우 법 제13조 제1항에 따라 해당 일반경비원에게 경비업자의 부담으로 다음 각 호의 기관 또는 단체에서 실시하는 일반경비원 신임교육을 받도록 하여야 한다. 또한 신임교육의 과목 및 시간, 직무교육의 과목 등 일반경비원의 교육 실시에 필요한 사항은 행정안전부령으로 정한다.

- 법 제22조 제1항에 따른 경비협회
- 「경찰공무원 교육훈련규정」 제2조 제3호에 따른 경찰교육기관
- 경비업무 관련 학과가 개설된 대학 등 경비원에 대한 교육을 전문적으로 수행할 수 있는 인력과 시설을 갖춘 기관 또는 단체 중 경찰청장이 지정하여 고시하는 기관 또는 단체

㉡ 신임교육 대상의 예외

- 일반경비원 신임교육을 받은 사람으로서 채용 전 3년 이내에 경비업무에 종사한 경력이 있는 사람
- 「경찰공무원법」에 따른 경찰공무원으로 근무한 경력이 있는 사람
- 「대통령 등의 경호에 관한 법률」에 따른 경호공무원 또는 별정직공무원으로 근무한 경력이 있는 사람
- 「군인사법」에 따른 부사관 이상으로 근무한 경력이 있는 사람
- 경비지도사 자격이 있는 사람

㉢ 일반인의 신임교육 이수 가능성

한편, 경비원이 되려는 사람은 대통령령으로 정하는 교육기관에서 미리 일반경비원 신임교육을 받을 수 있도록 하고 있다.

② 직무교육

경비업자는 법 제13조 제1항에 따라 소속 일반경비원에게 법 제12조에 따라 선임한 경비지도사가 수립한 교육계획에 따라 매월 행정안전부령으로 정하는 시간(2시간) 직무교육을 받도록 하여야 한다.

③ 신임교육과 직무교육의 과목 및 시간

제1항에 따른 신임교육의 과목 및 시간, 제3항에 따른 직무교육의 과목 등 일반
경비원의 교육 실시에 필요한 사항은 행정안전부령으로 정한다.

〈표 1-7〉 일반경비원 신임교육의 과목 및 시간(경비업법 시행규칙 제12조 제1항)

구분 (교육시간)	과목	시간
이론교육 (4시간)	「경비업법」 등 관계 법령	2
	범죄예방론	2
실무교육 (19시간)	시설경비 실무	3
	호송경비 실무	2
	신변보호 실무	2
	기계경비 실무	2
	혼잡·교통유도경비 실무	2
	사고 예방대책	2
	체포·호신술	2
	장비 사용법	2
	직업윤리 및 인권보호	2
기타(1시간)	입교식, 평가 및 수료식	1
계		24

출처 : 법제처 홈페이지(http://www.moleg.go.kr/)

2) 특수경비원 교육

① 신임교육

㉠ 특수경비교육대상과 교육기관

특수경비업자는 특수경비원을 채용한 경우 법 제13조 제2항에 따라 해당 특
수경비원에게 특수경비업자의 부담으로 다음 각 호의 기관 또는 단체에서
실시하는 특수경비원 신임교육을 받도록 하여야 한다.
• 「경찰공무원 교육훈련규정」 제2조 제3호에 따른 경찰교육기관
• 행정안전부령으로 정하는 기준에 적합한 기관 또는 단체 중 경찰청장이

지정하여 고시하는 기관 또는 단체

ⓛ 특수경비교육대상의 제외

제1항에도 불구하고 특수경비업자는 채용 전 3년 이내에 특수경비업무에 종사하였던 경력이 있는 사람을 특수경비원으로 채용한 경우에는 해당 특수경비원을 특수경비원 신임교육 대상에서 제외할 수 있다.

② **직무교육**

특수경비업자는 법 제13조제2항에 따라 소속 특수경비원에게 법 제12조에 따라 선임한 경비지도사가 수립한 교육계획에 따라 매월 행정안전부령으로 정하는 시간(3시간) 직무교육을 받도록 하여야 한다.

③ **신임교육과 직무교육의 과목 및 시간**

제1항에 따른 신임교육의 과목 및 시간, 제3항에 따른 직무교육의 과목 등 특수경비원의 교육 실시에 필요한 사항은 행정안전부령으로 정한다.

〈표 1-8〉 특수경비원 신임교육의 과목 및 시간(경비업법 시행규칙 제15조 제1항)

구분 (교육시간)	과목	시간
이론교육 (15시간)	「경비업법」 및 「경찰관직무집행법」 등 관계 법령	8
	「헌법」 및 형사법	4
	범죄예방론	3
실무교육 (61시간)	테러 및 재난 대응요령	4
	폭발물 처리요령	6
	화재대처법	3
	응급처치법	3
	장비 사용법	3
	출입통제 요령	3
	직업윤리 및 인권보호	2
	기계경비실무	3
	혼잡·교통유도경비 업무	4
	정보보호 및 보안업무	6
	시설경비요령	4

구분 (교육시간)	과목	시간
	민방공	4
	총기조작	3
	사격	6
	체포·호신술	4
	관찰·기록기법	3
기타(4시간)	입교식, 평가 및 수료식	4
계		80

출처 : 법제처 홈페이지(http://www.moleg.go.kr/)

5. 특수경비원의 직무 및 무기사용

1) 특수경비원의 직무

① 특수경비업자는 특수경비원으로 하여금 배치된 경비구역 안에서 관할 경찰서장 및 공항경찰대장 등 국가중요시설의 경비책임자와 국가중요시설의 시설주의 감독을 받아 시설을 경비하고 도난·화재 그 밖의 위험의 발생을 방지하는 업무를 수행하게 하여야 한다.

② 특수경비원은 국가중요시설에 대한 경비업무 수행 중 국가중요시설의 정상적인 운영을 해치는 장해를 일으켜서는 아니된다.

2) 특수경비원의 무기사용

(1) 무기 휴대

① 시·도경찰청장은 국가중요시설에 대한 경비업무의 수행을 위하여 필요하다고 인정하는 때에는 시설주의 신청에 의하여 무기를 구입한다. 이 경우 시설주는 그 무기의 구입대금을 지불하고, 구입한 무기를 국가에 기부채납하여야 한다.

② 시·도경찰청장은 국가중요시설에 대한 경비업무의 수행을 위하여 필요하다고 인정하는 때에는 관할 경찰관서장으로 하여금 시설주의 신청에 의하여

시설주로부터 국가에 기부채납된 무기를 대여하게 하고, 시설주는 이를 특수경비원으로 하여금 휴대하게 할 수 있다. 이 경우 특수경비원은 정당한 사유 없이 무기를 소지하고 배치된 경비구역을 벗어나서는 아니된다.

③ 시설주가 대여받은 무기에 대하여 시설주 및 관할 경찰관서장은 무기의 관리책임을 지고, 관할 경찰관서장은 시설주 및 특수경비원의 무기관리상황을 대통령령이 정하는 바에 따라 지도·감독하여야 한다.

④ 관할 경찰관서장은 무기의 적정한 관리를 위하여 위의 ②의 규정에 의하여 무기를 대여 받은 시설주에 대하여 필요한 명령을 발할 수 있다.

⑤ 시설주로부터 무기의 관리를 위하여 지정받은 책임자는 다음 규정에 의하여 이를 관리하여야 한다.

  ㉠ 무기출납부 및 무기장비운영카드를 비치·기록하여야 한다.

  ㉡ 무기는 관리책임자가 직접 지급·회수하여야 한다.

⑥ 특수경비원은 국가중요시설의 경비를 위하여 무기를 사용하지 아니하고는 다른 수단이 없다고 인정되는 때에는 필요한 한도 안에서 무기를 사용할 수 있다. 다만, 다음에 해당하는 때를 제외하고는 사람에게 위해를 끼쳐서는 아니된다.

  ㉠ 무기 또는 폭발물을 소지하고 국가중요시설에 침입한 자가 특수경비원으로부터 3회 이상 투기 또는 투항을 요구받고도 이에 불응하면서 계속 항거하는 경우 이를 억제하기 위하여 무기를 사용하지 아니하고는 다른 수단이 없다고 인정되는 때

  ㉡ 국가중요시설에 침입한 무장간첩이 특수경비원으로부터 투항을 요구받고도 이에 불응한 때

(2) 무기휴대의 절차

① 시설주는 특수경비원이 휴대할 무기를 대여 받고자 하는 때에는 무기대여신청서를 관할경찰서장 및 공항경찰대장 등 국가중요시설의 경비책임자를 거쳐 시·도경찰청장에게 제출하여야 한다.

② 시설주는 관할경찰관서장으로부터 대여받은 무기를 특수경비원에게 휴대하게 하는 경우에는 관할경찰관서장의 사전승인을 얻어야 한다.

③ 사전승인을 함에 있어서 관할경찰관서장은 국가중요시설에 총기 또는 폭발

물의 소지자나 무장간첩 침입의 우려가 있는지의 여부 등을 고려하는 등 특수경비원에게 무기를 지급하여야 할 필요성이 있는지의 여부에 관하여 판단하여야 한다.

④ 시설주는 무기지급의 필요성이 해소되었다고 인정되는 때에는 특수경비원으로부터 즉시 무기를 회수하여야 한다.

⑤ 특수경비원이 휴대할 수 있는 무기종류는 권총 및 소총으로 한다.

⑥ 「위해성 경찰장비의 사용기준 등에 관한 규정」 제18조 및 별표 2의 규정은 법 제14조 제9항의 규정에 의한 안전검사의 기준에 관하여 이를 준용한다.

⑦ 시설주, 관리책임자와 특수경비원은 행정안전부령이 정하는 무기관리수칙을 준수하여야 한다.

(3) 무기의 관리수칙

① 무기의 관리

㉠ 무기의 관리를 위한 책임자를 지정하고 관할경찰관서장에게 이를 통보할 것

㉡ 무기고 및 탄약고는 단층에 설치하고 환기·방습·방화 및 총가 등의 시설을 할 것

㉢ 탄약고는 무기고와 사무실 등 많은 사람을 수용하거나 많은 사람이 오고 가는 시설과 떨어진 곳에 설치할 것

㉣ 무기고 및 탄약고에는 이중 시건장치를 하여야 하며, 열쇠는 관리책임자가 보관하되, 근무시간 이후에는 열쇠를 당직책임자에게 인계하여 보관시킬 것

㉤ 관할 경찰관서장이 정하는 바에 의하여 무기의 관리 실태를 매월 파악하여 다음 달 3일까지 관할 경찰관서장에게 통보할 것

㉥ 대여받은 무기를 빼앗기거나 대여 받은 무기가 분실·도난 또는 훼손되는 등의 사고가 발생한 때에는 관할 경찰관서장에게 그 사유를 지체 없이 통보할 것

㉦ 대여받은 무기를 빼앗기거나 대여받은 무기가 분실·도난 또는 훼손된 때에는 경찰청장이 정하는 바에 의하여 그 전액을 배상할 것. 다만, 전시·사변, 천재·지변 그 밖의 불가항력의 사유가 있다고 시·도경찰청장이 인정한 때에는 그러하지 아니하다.

◎ 시설주는 자체계획을 수립하여 보관하고 있는 무기를 매주 1회 이상 손질할 수 있게 할 것

② **교체 · 징계 등의 조치**

시설주 또는 관리책임자는 고의 또는 과실로 무기를 빼앗기거나 무기가 분실 · 도난 또는 훼손되도록 한 특수경비원에 대하여 특수경비업자에게 교체 또는 징계 등의 조치를 요청할 수 있다. 이 경우 특수경비업자는 특별한 사유가 없는 한 이에 응하여야 한다.

③ **무기의 출납**

㉠ 관할 경찰관서장이 무기를 회수하여 집중적으로 관리하도록 지시하는 경우 또는 출납하는 탄약의 수를 증감하거나 출납을 중지하도록 지시하는 경우에는 이에 따를 것

㉡ 탄약의 출납은 소총에 있어서는 1정당 15발 이내, 권총에 있어서는 1정당 7발 이내로 하되, 생산된 후 오래된 탄약을 우선적으로 출납할 것

㉢ 무기를 지급받은 특수경비원으로 하여금 무기를 매주 1회 이상 손질하게 할 것

㉣ 수리가 필요한 무기가 있는 때에는 그 목록과 무기장비운영카드를 첨부하여 관할 경찰관서장에게 수리를 요청할 것

④ **특수경비원의 무기관리**

㉠ 무기를 지급받거나 반납하는 때 또는 무기의 인계인수를 하는 때에는 반드시 "앞에 총"의 자세에서 "검사 총"을 할 것

㉡ 무기를 지급받은 때에는 별도의 지시가 없는 한 탄약은 무기로부터 분리하여 휴대하여야 하며, 소총은 "우로 어깨걸어 총"의 자세를 유지하고, 권총은 "권총집에 넣어 총"의 자세를 유지할 것

㉢ 지급받은 무기를 다른 사람에게 보관 · 휴대 또는 손질시키지 아니할 것

㉣ 무기를 손질 또는 조작하는 때에는 총구를 반드시 공중으로 향하게 할 것

㉤ 무기를 반납하는 때에는 손질을 철저히 한 후 반납하도록 할 것

㉥ 근무시간 이후에는 무기를 시설주에게 반납하거나 교대근무자에게 인계할 것

⑤ **특수경비원의 무기회수**

㉠ 형사사건으로 인하여 조사를 받고 있는 사람

㉡ 사의를 표명한 사람

㉢ 정신질환자

㉣ 그 밖에 무기를 지급하기에 부적합하다고 인정되는 사람

⑥ **시설주의 통보**

시설주는 무기를 수송하는 때에는 출발하기 전에 관할 경찰서장에게 그 사실을 통보하여야 하며, 통보를 받은 관할 경찰서장은 1인 이상의 무장경찰관을 무기를 수송하는 자동차 등에 함께 타도록 하여야 한다.

6. 경비원의 의무

1) 특수경비원의 의무

(1) 명령복종의무

특수경비원은 직무를 수행함에 있어 시설주·관할 경찰관서장 및 소속상사의 직무상 명령에 복종하여야 한다.

(2) 이탈금지의무

특수경비원은 소속상사의 허가 또는 정당한 사유없이 경비구역을 벗어나서는 아니된다.

(3) 쟁의행위 금지의무

특수경비원은 파업·태업 그 밖에 경비업무의 정상적인 운영을 저해하는 일체의 쟁의행위를 하여서는 아니된다.

(4) 무기 안전사용수칙 의무

특수경비원이 무기를 휴대하고 경비업무를 수행하는 때에는 다음에 정하는 무기의 안전사용수칙을 지켜야 한다.

① 특수경비원은 사람을 향하여 권총 또는 소총을 발사하고자 하는 때에는 미

리 구두 또는 공포탄에 의한 사격으로 상대방에게 경고하여야 한다. 다만, 다음에 해당하는 경우로서 부득이한 때에는 경고하지 아니할 수 있다.

㉠ 특수경비원을 급습하거나 타인의 생명·신체에 대한 중대한 위험을 야기하는 범행이 목전에 실행되고 있는 등 상황이 급박하여 경고할 시간적 여유가 없는 경우

㉡ 인질·간첩 또는 테러사건에 있어서 은밀히 작전을 수행하는 경우

② 특수경비원은 무기를 사용하는 경우에 있어서 범죄와 무관한 다중의 생명·신체에 위해를 가할 우려가 있는 때에는 이를 사용하여서는 아니된다. 다만, 무기를 사용하지 아니하고는 타인 또는 특수경비원의 생명·신체에 대한 중대한 위협을 방지할 수 없다고 인정되는 때에는 필요한 최소한의 범위 안에서 이를 사용할 수 있다.

③ 특수경비원은 총기 또는 폭발물을 가지고 대항하는 경우를 제외하고는 14세 미만의 자 또는 임산부에 대하여는 권총 또는 소총을 발사하여서는 아니된다.

2) 경비원 등의 의무

① 경비원은 직무를 수행함에 있어 타인에게 위력을 과시하거나 물리력을 행사하는 등 경비업무의 범위를 벗어난 행위를 하여서는 아니된다.

② 누구든지 경비원으로 하여금 경비업무의 범위를 벗어난 행위를 하게 하여서는 아니된다.

7. 복장·장비

1) 경비원의 복장

① 경비업자는 경찰공무원 또는 군인의 제복과 색상 및 디자인 등이 명확히 구별되는 소속 경비원의 복장을 정하고 이를 확인할 수 있는 사진을 첨부하여 주된 사무소를 관할하는 시·도경찰청장에게 행정안전부령으로 정하는 바에 따라 신고하여야 한다.

② 경비업자는 경비업무 수행 시 경비원에게 소속 경비업체를 표시한 이름표를 부착하도록 하고, 제1항에 따라 신고된 동일한 복장을 착용하게 하여야 하

며, 복장에 소속 회사를 오인할 수 있는 표시를 하거나 다른 회사의 복장을 착용하게 하여서는 아니 된다. 다만, 집단민원현장이 아닌 곳에서 신변보호업무를 수행하는 경우 또는 경비업무의 성격상 부득이한 사유가 있어 관할 경찰관서장이 허용하는 경우에는 그러하지 아니하다.

③ 시·도경찰청장은 제1항에 따라 제출받은 사진을 검토한 후 경비업자에게 복장 변경 등에 대한 시정명령을 할 수 있다.

④ 제3항에 따른 시정명령을 받은 경비업자는 이를 이행하여야 하고, 시·도경찰청장에게 행정안전부령으로 정하는 바에 따라 이행보고를 하여야 한다.

⑤ 그 밖에 경비원의 복장 등에 필요한 사항은 행정안전부령으로 정한다.

2) 경비원의 장비

① 경비원이 휴대할 수 있는 장비의 종류는 경적·단봉·분사기 등 행정안전부령으로 정하되, 근무 중에만 이를 휴대할 수 있다.

② 경비업자가 경비원으로 하여금 분사기를 휴대하여 직무를 수행하게 하는 경우에는 「총포·도검·화약류 등의 안전관리에 관한 법률」에 의하여 미리 분사기의 소지허가를 받아야 한다.

3) 출동차량

① 경비업자는 출동차량 등의 도색 및 표지를 경찰차량 및 군차량과 명확히 구별될 수 있게 하여야 한다.

② 경비업자는 출동차량 등의 도색 및 표지를 정하고 이를 확인할 수 있는 사진을 첨부하여 주된 사무소를 관할하는 시·도경찰청장에게 행정안전부령으로 정하는 바에 따라 신고하여야 한다.

③ 시·도경찰청장은 제2항에 따라 제출받은 사진을 검토한 후 경비업자에게 도색 및 표지 변경 등에 대한 시정명령을 할 수 있다.

④ 제3항에 따른 시정명령을 받은 경비업자는 이를 이행하여야 하고, 시·도경찰청장에게 행정안전부령으로 정하는 바에 따라 이행보고를 하여야 한다.

⑤ 그 밖에 출동차량 등에 필요한 사항은 행정안전부령으로 정한다.

8. 결격사유자의 확인 및 통보

1) 결격사유자의 확인

① 범죄경력조회

경찰청장, 시·도경찰청장 또는 관할 경찰관서장은 직권으로 또는 제2항에 따른 범죄경력조회 요청이 있는 경우에는 경비업자의 임원, 경비지도사 또는 경비원이 제5조 제3호·제4호, 제10조 제1항 제3호부터 제8호까지 또는 같은 조 제2항 제2호·제3호에 따른 결격사유에 해당하는지를 확인하기 위하여 「형의 실효 등에 관한 법률」 제6조에 따른 범죄경력조회를 할 수 있다.

② 범죄경력조회 요청

경비업자는 선출·선임·채용 또는 배치하려는 임원, 경비지도사 또는 경비원이 제5조 제3호·제4호, 제10조 제1항 제3호부터 제8호까지 또는 같은 조 제2항 제2호·제3호에 따른 결격사유에 해당하는지를 확인하기 위하여 주된 사무소, 출장소 또는 배치장소를 관할하는 시·도경찰청장 또는 경찰관서장에게 「형의 실효 등에 관한 법률」 제6조에 따른 범죄경력조회를 요청할 수 있다.

2) 결격사유자의 통보

① 범죄경력조회 요청을 받은 시·도경찰청장 또는 관할 경찰관서장은 경비업자에게 그 결과를 통보할 때에는 경비업자의 임원, 경비지도사 또는 경비원이 제5조 제3호·제4호, 제10조 제1항 제3호부터 제8호까지 또는 같은 조 제2항 제2호·제3호에 따른 결격사유에 해당하는지 여부만을 통보하여야 한다.

② 시·도경찰청장 또는 관할 경찰관서장은 경비업자의 임원, 경비지도사 또는 경비원이 제5조 각 호, 제10조 제1항 각 호 또는 제2항 각 호의 결격사유에 해당하는 사실을 알게 되거나 이 법 또는 이 법에 따른 명령을 위반한 때에는 경비업자에게 그 사실을 통보하여야 한다.

③ 시·도경찰청장 또는 경찰관서장은 경비원이 결격사유에 해당하게 된 사실을 알게 되거나 이 법 또는 이 법에 의한 명령에 위반한 때에는 경비업자에게 그 사실을 통보하여야 한다.

9. 경비원의 명부와 배치

1) 경비원 명부의 작성 · 비치

① 경비업자는 행정안전부령이 정하는 바에 따라 경비원의 명부를 작성 · 비치하여야 한다. 다만, 집단민원현장에 배치되는 일반경비원의 명부는 그 경비원이 배치되는 장소에도 작성 · 비치하여야 한다.

② 경비업자가 경비원을 배치하거나 배치를 폐지한 경우에는 행정안전부령이 정하는 바에 따라 관할 경찰관서장에게 신고하여야 한다. 다만, 다음 제1호의 경우에는 경비원을 배치하기 48시간 전까지 행정안전부령으로 정하는 바에 따라 배치허가를 신청하고, 관할 경찰관서장의 배치허가를 받은 후에 경비원을 배치하여야 하며(제2호 및 제3호의 경우에는 경비원을 배치하기 전까지 신고하여야 한다), 이 경우 관할 경찰관서장은 배치허가를 함에 있어 필요한 조건을 붙일 수 있다.

    ㉠ 시설경비업무 또는 신변보호업무 중 집단민원현장에 배치된 일반경비원

    ㉡ 집단민원현장이 아닌 곳에서 신변보호업무를 수행하는 일반경비원

    ㉢ 특수경비원

③ 관할 경찰관서장은 제2항 각 호 외의 부분 단서에 따른 배치허가 신청을 받은 경우 다음 각 호의 사유에 해당하는 때에는 배치허가를 하여서는 아니 된다. 이 경우 관할 경찰관서장은 다음 각 호의 사유를 확인하기 위하여 소속 경찰관으로 하여금 그 배치장소를 방문하여 조사하게 할 수 있다

2) 경비원의 명부

경비업자는 법 제18조제1항에 따라 다음 각 호의 장소에 별지 제14호서식의 경비원 명부(제2호 및 제3호의 경우에는 해당 장소에 배치된 경비원의 명부를 말한다)를 작성 · 비치하여 두고, 이를 항상 정리하여야 한다.

    1. 주된 사무소

    2. 영 제5조제3항에 따른 출장소

    3. 집단민원현장

3) 경비원의 배치 및 배치폐지의 신고

① 경비업자는 경비업무를 수행하기 위하여 20일 이상 경비원을 배치하거나 그 기간을 연장하려는 때에는 경비원을 배치한 후 7일 이내에 별지 제15호서식의 경비원 배치신고서를 배치지를 관할하는 경찰관서장에게 제출하여야 한다. 다만, 법 제18조 제2항 제2호 및 제3호에 해당하는 경비원을 배치하는 경우에는 경비원을 배치하는 기간과 관계없이 경비원을 배치하기 전까지 제출하여야 한다.

② 경비원의 배치신고를 한 경비업자가 경비원의 배치를 폐지한 때에는 배치폐지를 한 날부터 7일 이내에 별지 제15호 서식의 경비원 배치폐지신고서(전자문서로 된 신고서를 포함한다)를 배치지의 관할 경찰관서장에게 제출하여야 한다. 다만, 경비원 배치신고시에 기재한 배치폐지 예정일에 경비원의 배치를 폐지한 경우에는 그러하지 아니하다.

10. 경비협회

1) 경비협회의 설립

① 경비업자는 경비업무의 건전한 발전과 경비원의 자질향상 및 교육훈련 등을 위하여 대통령령이 정하는 바에 따라 경비협회를 설립할 수 있다.
② 경비협회는 법인으로 한다.

2) 경비협회의 업무

① 경비업무의 연구
② 경비원 교육·훈련 및 그 연구
③ 경비원의 후생·복지에 관한 사항
④ 경비진단에 관한 사항
⑤ 그 밖에 경비업무의 건전한 운영과 육성에 관하여 필요한 사항

3) 공제사업의 내용

① 경비협회는 경비업자의 손해배상책임을 보장하기 위하여 대통령령이 정하는

바에 따라 공제사업을 할 수 있다.

② 경비협회는 공제사업을 하고자 하는 때에는 공제규정을 제정하여야 한다.

③ 공제규정에는 공제사업의 범위, 공제계약의 내용, 공제금, 공제료 및 공제금에 충당하기 위한 책임준비금 등 공제사업의 운영에 관하여 필요한 사항을 정하여야 한다.

4) 공제사업의 규정

① 협회는 공제사업을 하는 경우 공제사업의 회계는 다른 사업의 회계와 구분하여 경리하여야 한다.

② 협회는 경비업자의 손해배상책임의 보장 외의 목적으로 공제사업을 운영하여서는 아니된다.

제5절 행정처분

1. 경비업 허가의 취소

1) 허가취소

① 허위 그 밖의 부정한 방법으로 허가를 받은 때

② 허가받은 경비업무 외의 업무에 경비원을 종사하게 한 때

③ 경비업 및 경비관련업 외의 영업을 한 때

④ 정당한 사유없이 허가를 받은 날부터 2년 이내에 경비 도급실적이 없거나 계속하여 1년 이상 휴업한 때

⑤ 정당한 사유없이 최종 도급계약 종료일의 다음 날부터 2년 이내에 경비 도급실적이 없을 때

⑥ 영업정지처분을 받고 계속하여 영업을 한 때

⑦ 소속 경비원으로 하여금 경비업무의 범위를 벗어난 행위를 하게 한 때

⑧ 관할 경찰관서장의 배치폐지 명령에 따르지 아니한 때

2) 허가 취소 또는 6개월 이내의 영업정지

① 시·도경찰청장의 허가 없이 경비업무를 변경한 때
② 도급을 의뢰받은 경비업무가 위법한 것임에도 이를 거부하지 아니한 때
③ 경비지도사를 집단민원현장에 선임·배치하지 아니한 때
④ 경비대상 시설에 관한 경보 대응체제를 갖추지 아니한 때
⑤ 관련 서류를 작성·비치하지 아니한 때
⑥ 결격사유에 해당하는 경비원을 배치하거나 결격사유에 해당하는 경비지도사를 선임·배치한 때
⑦ 경비업자가 대통령령이 정하는 바를 위반하여 경비지도사를 선임한 때
⑧ 경비원으로 하여금 교육을 받게 하지 아니한 때
⑨ 경비원의 복장 등에 관한 규정을 위반한 때
⑩ 경비원의 장비 등에 관한 규정을 위반한 때
⑪ 경비원의 출동차량 등에 관한 규정을 위반한 때
⑫ 집단민원현장에 일반경비원 명부를 작성·비치하지 아니한 때
⑬ 배치허가를 받지 아니하고 경비원을 배치하거나 경비원 명단 및 배치일시·배치장소 등 배치허가 신청의 내용을 거짓으로 한 때
⑭ 결격사유에 해당하는 일반경비원을 집단민원현장에 배치한 때
⑮ 감독상 명령에 따르지 아니한 때
⑯ 손해를 배상하지 아니한 때

3) 행정처분의 기준

행정처분의 기준은 〈표 1-9〉와 같다.

〈표 1-9〉 행정처분기준(경비업법 시행령 제24조)

1. 일반기준

가. 제2호에 따른 행정처분이 영업정지인 경우에는 위반행위의 동기, 내용 및 위반의 정도 등을 고려하여 가중하거나 감경할 수 있다.

나. 위반행위가 2 이상인 경우로서 그에 해당하는 각각의 처분기준이 다른 경우에는 그 중 중한 처분기준에 따르며, 2 이상의 처분기준이 동일한 영업정지인 경우에는 중한 처분기준의 2분의 1까지 가중할 수 있다. 다만, 가중하는 경우에도 각 처분기준을 합산한 기간을 초과할 수 없다.

다. 위반행위의 횟수에 따른 행정처분 기준은 최근 2년간 같은 위반행위로 행정처분을 받은 경우에 적용한다. 이 경우 기준 적용일은 위반행위에 대한 행정처분일과 그 처분 후의 위반행위가 다시 적발된 날을 기준으로 한다.

라. 영업정지처분에 해당하는 위반행위가 적발된 날 이전 최근 2년간 같은 위반행위로 2회 영업정지처분을 받은 경우에는 제2호의 기준에도 불구하고 그 위반행위에 대한 행정처분기준은 허가취소로 한다.

2. 개별기준

위반행위	해당 법조문	행정처분 기준		
		1차 위반	2차 위반	3차 이상 위반
■ 법 제4조 제1항 후단을 위반하여 시·도경찰청장의 허가 없이 경비업무를 변경한 때	법 제19조 제2항 제1호	경고	영업정지 6개월	허가취소
■ 법 제7조 제2항을 위반하여 도급을 의뢰받은 경비업무가 위법한 것임에도 이를 거부하지 않은 때	법 제19조 제2항 제2호	영업정지 1개월	영업정지 3개월	허가취소
■ 법 제7조 제6항을 위반하여 경비지도사를 집단민원현장에 선임·배치하지 않은 때	법 제19조 제2항 제3호	영업정지 1개월	영업정지 3개월	허가취소
■ 법 제8조를 위반하여 경비대상 시설에 관한 경보 대응체제를 갖추지 않은 때	법 제19조 제2항 제4호	경고	경고	영업정지 1개월

위반행위	해당 법조문	1차	2차	3차
■ 법 제9조 제2항을 위반하여 관련 서류를 작성·비치하지 않은 때	법 제19조 제2항 제5호	경고	경고	영업정지 1개월
■ 법 제10조 제3항을 위반하여 결격사유에 해당하는 경비원을 배치하거나 결격사유에 해당하는 경비지도사를 선임·배치한 때	법 제19조 제2항 제6호	영업정지 1개월	영업정지 3개월	허가취소
■ 법 제12조 제1항을 위반하여 경비지도사를 선임한 때	법 제19조 제2항 제7호	영업정지 1개월	영업정지 3개월	허가취소
■ 법 제13조를 위반하여 경비원으로 하여금 교육을 받게 하지 않은 때	법 제19조 제2항 제8호	경고	경고	영업정지 1개월
■ 법 제16조에 따른 경비원의 복장 등에 관한 규정을 위반한 때	법 제19조 제2항 제9호	경고	영업정지 1개월	영업정지 3개월
■ 법 제16조의2에 따른 경비원의 장비 등에 관한 규정을 위반한 때	법 제19조 제2항 제10호	경고	영업정지 1개월	영업정지 3개월
■ 법 제16조의3에 따른 경비원의 출동차량 등에 관한 규정을 위반한 때	법 제19조 제2항 제11호	경고	영업정지 1개월	영업정지 3개월
■ 법 제18조 제1항 단서를 위반하여 집단민원현장에 일반경비원 명부를 작성·비치하지 않은 때	법 제19조 제2항 제12호	영업정지 1개월	영업정지 3개월	허가취소
■ 법 제18조 제2항 각 호 외의 부분 단서를 위반하여 배치허가를 받지 아니하고 경비원을 배치하거나 경비원 명단 및 배치일시·배치장소 등 배치허가 신청의 내용을 거짓으로 한 때	법 제19조 제2항 제13호	영업정지 1개월	영업정지 3개월	허가취소
■ 법 제18조 제6항을 위반하여 결격사유에 해당하는 일반경비원을 집단민원현장에 배치한 때	법 제19조 제2항 제14호	영업정지 1개월	영업정지 3개월	허가취소
■ 법 제24조에 따른 감독상 명령에 따르지 않은 때	법 제19조 제2항 제15호	경고	영업정지 3개월	허가취소
■ 법 제26조를 위반하여 손해를 배상하지 않은 때	법 제19조 제2항 제16호	경고	영업정지 3개월	영업정지 6개월

출처 : 법제처 홈페이지(http://www.moleg.go.kr/)

2. 경비지도사 자격의 취소

1) 자격의 취소사유

① 제10조 제1항 각 호의 결격사유에 해당하게 된 때
② 허위 그 밖의 부정한 방법으로 경비지도사자격증을 교부받은 때
③ 경비지도사자격증을 다른 사람에게 빌려주거나 양도한 때
④ 자격정지 기간 중에 경비지도사로 선임되어 활동한 때

2) 자격의 정지사유

① 직무를 성실하게 수행하지 아니한 때
② 경찰청장 또는 시·도경찰청장의 명령을 위반한 때

3) 자격증의 회수 및 보관

경찰청장은 경비지도사의 자격을 취소한 때에는 경비지도사 자격증을 회수하여야 하고, 경비지도사의 자격을 정지한 때에는 그 정지기간 동안 경비지도사 자격증을 회수하여 보관하여야 한다.

4) 자격정지 처분의 기준

경비지도사에 대한 자격정지 처분의 기준은 〈표 1-10〉과 같다.

〈표 1-10〉 경비지도사 자격정지 처분기준(경비업법 시행령 제25조)

위반행위	해당법조문	행정처분기준		
		1차	2차	3차 이상
1. 법 제12조 제3항의 규정에 위반하여 직무를 성실하게 수행하지 아니한 때	법 제20조 제2항 제1호	자격정지 3월	자격정지 6월	자격정지 12월
2. 법 제24조의 규정에 의한 경찰청장·시·도경찰청장의 명령을 위반한 때	법 제20조 제2항 제2호	자격정지 1월	자격정지 6월	자격정지 9월
비고 : 위반행위의 횟수에 따른 행정처분의 기준은 당해 위반행위가 있은 이전 최근 2년간 같은 위반행위로 행정처분을 받은 경우에 적용한다.				

출처 : 법제처 홈페이지(http://www.moleg.go.kr/)

3. 청문

1) 청문의 의의

① 청문이라 함은 행정청이 어떠한 처분을 하기에 앞서 당사자 등의 의견을 직접 듣고 증거를 조사하는 절차를 말한다.

② 청문은 행정청이 소속직원 또는 대통령령이 정하는 자격을 가진 자 중에서 선정하는 자가 주재하되, 행정청은 청문주재자의 선정이 공정하게 이루어지도록 노력하여야 한다.

③ 청문주재자는 독립하여 공정하게 직무를 수행하며, 그 직무수행상의 이유로 본인의 의사에 반하여 신분상 어떠한 불이익도 받지 아니한다.

④ 청문은 당사자의 공개신청이 있거나 청문주재자가 필요하다고 인정하는 경우 이를 공개할 수 있다. 다만, 공익 또는 제3자의 정당한 이익을 현저히 해할 우려가 있는 경우에는 공개하여서는 아니된다.

2) 청문 실시

경찰청장 또는 시·도경찰청장은 다음에 해당하는 처분을 하고자 하는 경우에는 청문을 실시하여야 한다.

① 경비업 허가의 취소 또는 영업정지

② 경비지도사 자격의 취소 또는 정지

제6절 보칙 및 벌칙

1. 보칙

1) 감독

① 경찰청장 또는 시·도경찰청장은 경비업무의 적정한 수행을 위하여 경비업자 및 경비지도사를 지도·감독하며 필요한 명령을 할 수 있다.

② 시·도경찰청장 또는 관할 경찰관서장은 소속 경찰공무원으로 하여금 관할 구역 안에 있는 경비업자의 주사무소 및 출장소와 경비원배치장소에 출입하여 근무상황 및 교육훈련상황 등을 감독하며 필요한 명령을 하게 할 수 있다. 이 경우 출입하는 경찰공무원은 그 권한을 표시하는 증표를 관계인에게 내보여야 한다.

③ 시·도경찰청장 또는 관할 경찰관서장은 경비업자 또는 배치된 경비원이 이 법이나 이 법에 따른 명령, 「폭력행위 등 처벌에 관한 법률」을 위반하는 행위를 하는 경우 그 위반행위의 중지를 명할 수 있다.

2) 보안지도 · 점검

시·도경찰청장은 대통령령이 정하는 바에 따라 특수경비업자에 대하여 보안지도·점검을 실시하여야 하고, 필요한 경우 관계기관에 보안측정을 요청하여야 한다.

3) 손해배상

① 경비업자는 경비원이 업무수행 중 고의 또는 과실로 경비대상에 손해가 발생하는 것을 방지하지 못한 때에는 그 손해를 배상하여야 한다.

② 경비업자는 경비원이 업무수행 중 고의 또는 과실로 제3자에게 손해를 입힌 경우에는 이를 배상하여야 한다.

4) 위임 및 위탁

① 이 법에 의한 경찰청장의 권한은 대통령령이 정하는 바에 따라 그 일부를 시·도경찰청장에게 위임할 수 있다.

② 경찰청장은 경비지도사의 시험 및 교육에 관한 업무를 대통령령이 정하는 바에 따라 관계전문기관 또는 단체에 위탁할 수 있다.

5) 수수료

이 법에 따른 경비업의 허가를 받거나 허가증을 재교부 받고자 하는 자는 대통령령이 정하는 바에 따라 수수료를 납부하여야 한다.

6) 벌칙 적용에서 공무원 의제

이법 제27조 제2항에 따라 위탁받은 업무에 종사하는 관계전문기관 또는 단체의 임직원은 「형법」 제129조부터 제132조까지의 규정을 적용할 때에는 공무원으로 본다(본조신설 2019. 4. 16.)

2. 벌칙

1) 벌칙

(1) 5년 이하의 징역 또는 5천만 원 이하의 벌금

국가중요시설의 정상적인 운영을 해치는 장해를 일으킨 특수경비원은 5년 이하의 징역 또는 5천만 원 이하의 벌금에 처한다.

(2) 3년 이하의 징역 또는 3천만 원 이하의 벌금

① 허가를 받지 아니하고 경비업을 영위한 자

② 직무상 알게 된 비밀을 누설하거나 부당한 목적을 위하여 사용한 자

③ 경비업무의 중단을 통보하지 아니하거나 경비업무를 즉시 인수하지 아니한 특수경비업자 또는 경비대행업자

④ 집단민원현장에 경비원을 배치하면서 허가를 받지 아니한 자에게 경비업무를 도급한 자

⑤ 집단민원현장에 20명 이상의 경비인력을 배치하면서 그 경비인력을 직접 고용한 자

⑥ 과실로 인하여 국가중요시설의 정상적인 운영을 해치는 장해를 일으킨 특수경비원

⑦ 특수경비원으로서 경비구역 안에서 시설물의 절도, 손괴, 위험물의 폭발 등의 사유로 인한 위급사태가 발생한 때에 제15조 제1항 또는 제2항의 규정에 위반한 자

⑧ 경비원에게 경비업무의 범위를 벗어난 행위를 하게 한 자

(3) 2년 이하의 징역 또는 2천만 원 이하의 벌금

정당한 사유 없이 무기를 소지하고 배치된 경비구역을 벗어난 특수경비원은 2년 이하의 징역 또는 2천만 원 이하의 벌금에 처한다.

(4) 1년 이하의 징역 또는 1천만 원 이하의 벌금

① 제14조 제7항의 규정에 위반한 관리책임자

② 쟁의행위를 한 특수경비원

③ 경비업무의 범위를 벗어난 행위를 한 경비원

④ 제16조의2 제1항에서 정한 장비 외에 흉기 또는 그 밖의 위험한 물건을 휴대하고 경비업무를 수행한 경비원 또는 경비원에게 이를 휴대하고 경비업무를 수행하게 한 자

⑤ 경찰관서장의 배치폐지 명령을 따르지 아니한 자

⑥ 시·도경찰청장 또는 관할 경찰관서장의 중지명령에 따르지 아니한 자

2) 형의 가중처벌

① 특수경비원

무기를 휴대하고 경비업무를 수행 중에 제14조 제8항의 규정 및 제15조 제4항의 규정에 의한 무기의 안전수칙을 위반하여 ㉠ 형법 제257조 제1항(상해죄), ㉡ 제258조 제1항·제2항(중상해·존속중상해죄), ㉢ 제259조 제1항(상해치사죄), ㉣ 제260조 제1항(폭행죄), ㉤ 제262조(폭행치사상죄), ㉥ 제268조(업무상과실·중과실치사상죄), ㉦ 제276조 제1항(체포·감금죄), ㉧ 제277조 제1항(중체포·중감금

죄), ㉢ 제281조 제1항(체포·감금등의 치사상죄), ㉣ 제283조 제1항(협박죄), ㉤ 제324조(강요죄), ㉥ 제350조(공갈죄), ㉦ 제366조(재물손괴죄)의 죄를 범한 때에는 그 죄에 정한 형의 2분의 1까지 가중처벌한다.

② 경비원

경비원이 경비업무 수행 중에 제16조의2 제1항에서 정한 장비 외에 흉기 또는 그 밖의 위험한 물건을 휴대하고 「형법」 ㉠ 제257조 제1항, ㉡ 제258조 제1항·제2항, ㉢ 제259조 제1항, ㉣ 제261조, ㉤ 제262조, ㉥ 제268조, ㉦ 제276조 제1항, ㉧ 제277조 제1항, ㉨ 제281조 제1항, ㉩ 제283조 제1항, ㉪ 제324조, ㉫ 제350조 및 ㉬ 제366조의 죄를 범한 때에는 그 죄에 정한 형의 2분의 1까지 가중처벌한다.

3) 양벌규정

법인의 대표자나 법인 또는 개인의 대리인, 사용인, 그 밖의 종업원이 그 법인 또는 개인의 업무에 관하여 제28조의 위반행위를 하면 그 행위자를 벌하는 외에 그 법인 또는 개인에게도 해당 조문의 벌금형을 과한다. 다만, 법인 또는 개인이 그 위반행위를 방지하기 위하여 해당업무에 관하여 상당한 주의와 감독을 게을리 하지 아니한 경우에는 그러하지 아니하다.

4) 과태료

① 다음 각 호의 어느 하나에 해당하는 경비업자에게는 3천만 원 이하의 과태료를 부과한다.

㉠ 제16조 제1항을 위반하여 경비원의 복장에 관한 신고를 하지 아니하고 집단민원현장에 경비원을 배치한 자

㉡ 제16조 제2항을 위반하여 이름표를 부착하게 하지 아니하거나, 신고된 동일 복장을 착용하게 하지 아니하고 집단민원현장에 경비원을 배치한 자

㉢ 제18조 제1항 단서를 위반하여 집단민원현장에 일반경비원을 배치하면서 경비원의 명부를 배치장소에 작성·비치하지 아니한 자

㉣ 제18조 제2항 각 호 외의 부분 단서를 위반하여 배치허가를 받지 아니하고 경비원을 배치하거나 경비원 명단 및 배치일시·배치장소 등 배치허가

신청의 내용을 거짓으로 한 자

　　ⓜ 제18조 제7항을 위반하여 제13조에 따른 신임교육을 이수하지 아니한 자를 제18조 제2항 각 호의 경비원으로 배치한 자

② 다음에 해당하는 경비업자 또는 시설주는 500만 원 이하의 과태료를 부과한다.

　　㉠ 제4조 제3항 또는 제18조 제2항의 규정에 위반하여 신고를 하지 아니한 자

　　㉡ 제7조 제7항의 규정에 위반하여 경비대행업자 지정신고를 하지 아니한 자

　　㉢ 제9조 제1항의 규정에 위반하여 설명의무를 이행하지 아니한 자

　　㉣ 제12조 제1항의 규정에 위반하여 경비지도사를 선임하지 아니한 자

　　㉤ 제14조 제6항의 규정에 의한 감독상 필요한 명령을 정당한 이유 없이 이행하지 아니한 자

　　㉥ 제10조 제3항을 위반하여 결격사유에 해당하는 경비원을 배치하거나 결격사유에 해당하는 경비지도사를 선임·배치한 자

　　㉦ 제16조 제1항의 복장 등에 관한 신고규정을 위반하여 신고를 하지 아니한 자

　　㉧ 제16조 제2항을 위반하여 이름표를 부착하게 하지 아니하거나, 신고된 동일 복장을 착용하게 하지 아니하고 경비원을 경비업무에 배치한 자

　　㉨ 제18조 제1항 본문을 위반하여 명부를 작성·비치하지 아니한 자

　　㉩ 제18조 제5항을 위반하여 경비원의 근무상황을 기록하여 보관하지 아니한 자

③ 과태료는 대통령령이 정하는 바에 의하여 시·도경찰청장 또는 경찰관서장이 부과·징수한다.

5) 과태료 부과기준

① 과태료의 부과기준은 〈표 1-11〉과 같다.

② 시·도경찰청장 또는 경찰관서장은 「질서위반행위규제법」 제14조 각 호의 사항을 고려하여 별표 6에 따른 금액의 100분의 50의 범위에서 경감하거나 가중할 수 있다. 다만, 가중하는 때에는 법 제31조 제1항 및 제2항에 따른 과태료 금액의 상한을 초과할 수 없다.

〈표 1-11〉 과태료의 부과 기준(경비업법 시행령 제32조 제1항)

위반행위	해 당 법조문	과태료 금액 (단위: 만원)		
		1회 위반	2회 위반	3회 이상
1. 법 제4조 제3항 또는 제18조 제2항을 위반하여 신고를 하지 않은 경우	법 제31조 제2항 제1호			
가. 1개월 이내의 기간 경과		50		
나. 1개월 초과 6개월 이내의 기간 경과		100		
다. 6개월 초과 12개월 이내의 기간 경과		200		
라. 12개월 초과의 기간 경과		400		
2. 법 제7조 제7항을 위반하여 경비대행업자 지정신고를 하지 않은 경우	법 제31조 제2항 제2호			
가. 허위로 신고한 경우		400		
나. 그 밖의 사유로 신고하지 않은 경우		300		
3. 법 제9조 제1항을 위반하여 설명의무를 이행하지 않은 경우	법 제31조 제2항 제3호	100	200	400
4. 법 제10조 제3항을 위반하여 결격사유에 해당하는 경비원을 배치하거나 결격사유에 해당하는 경비지도사를 선임·배치한 경우	법 제31조 제2항 제6호	100	200	400
4의2. 법 제11조의2를 위반하여 정당한 사유 없이 보수교육을 받지 않은 경우	법 제31조 제2항 제3호의2			
가. 1년 이내의 기간 경과		100		
나. 1년 초과 2년 이내의 기간 경과		200		
다. 2년 초과의 기간 경과		300		
5. 법 제12조 제1항을 위반하여 경비지도사를 선임하지 않은 경우	법 제31조 제2항 제4호	100	200	400
5의2. 법 제12조의2를 위반하여 경비지도사의 선임 또는 해임의 신고를 하지 않은 경우	법 제31조 제2항 제4호의2			
가. 6개월 이내의 기간 경과		100		
나. 6개월 초과 12개월 이내의 기간 경과		200		
다. 12개월 초과의 기간 경과		400		

위반행위	해 당 법조문	과태료 금액 (단위: 만원)		
		1회 위반	2회 위반	3회 이상
6. 법 제14조 제6항에 따른 감독상 필요한 명령을 정당한 이유없이 이행하지 않은 경우	법 제31조 제2항 제5호	500		
7. 법 제16조 제1항을 위반하여 복장 등에 관한 신고규정을 위반하여 신고를 하지 않은 경우	법 제31조 제2항 제7호	100	200	400
8. 법 제16조 제1항을 위반하여 경비원의 복장에 관한 신고를 하지 않고 집단민원현장에 경비원을 배치한 경우	법 제31조 제1항 제1호	600	1200	2400
9. 법 제16조 제2항을 위반하여 이름표를 부착하게 하지 않거나, 신고된 동일 복장을 착용하게 하지 않고 경비원을 경비업무에 배치한 경우	법 제31조 제2항 제8호	100	200	400
10. 법 제16조 제2항을 위반하여 이름표를 부착하게 하지 않거나, 신고된 동일 복장을 착용하게 하지 않고 집단민원현장에 경비원을 배치한 경우	법 제31조 제1항 제2호	600	1200	2400
11. 법 제18조 제1항 본문을 위반하여 명부를 작성·비치하지 않은 경우	법 제31조 제2항 제9호			
가. 경비원 명부를 비치하지 않은 경우		100	200	400
나. 경비원 명부를 작성하지 않은 경우		50	100	200
12. 법 제18조 제1항 단서를 위반하여 집단민원현장에 배치되는 일반경비원의 명부를 그 배치 장소에 작성·비치하지 않은 경우	법 제31조 제1항 제3호			
가. 경비원 명부를 비치하지 않은 경우		600	1200	2400
나. 경비원 명부를 작성하지 않은 경우		300	600	1200
13. 법 제18조 제2항 각 호 외의 부분 단서를 위반하여 배치허가를 받지 않고 경비원을 배치하거나, 경비원 명단 및 배치일시·배치장소 등 배치허가 신청의 내용을 거짓으로 한 경우	법 제31조 제1항 제4호	1000	2000	3000
14. 법 제18조 제5항을 위반하여 경비원의 근무상황을 기록하여 보관하지 않은 경우	법 제31조 제2항 제10호	50	100	200

위반행위	해 당 법조문	과태료 금액 (단위: 만원)		
		1회 위반	2회 위반	3회 이상
15. 법 제18조 제7항을 위반하여 법 제13조에 따른 신임교육을 이수하지 않은 자를 법 제18조제2항 각 호의 경비원으로 배치한 경우	법 제31조 제1항 제5호	600	1200	2400

비고

가. 위반행위의 횟수에 따른 과태료의 가중된 부과기준은 최근 2년간 같은 위반행위로 과태료 부과처분을 받은 경우에 적용한다. 이 경우 기간의 계산은 위반행위에 대하여 과태료 부과처분을 받은 날과 그 처분 후 다시 같은 위반행위를 하여 적발된 날을 기준으로 한다.

나. 가목에 따라 가중된 부과처분을 하는 경우 가중처분의 적용 차수는 그 위반행위 전 부과처분 차수(가목에 따른 기간 내에 과태료 부과처분이 둘 이상 있었던 경우에는 높은 차수를 말한다)의 다음 차수로 한다.

출처 : 법제처 홈페이지(http://www.moleg.go.kr/)

제**2**장

범죄예방론

제2장

범죄예방론

제1절 범죄예방의 의의

1. 범죄문제의 증가

오늘날 범죄문제가 심각한 수준에 이르고 있다고 한다. 물론, 심각성의 정도 내지 기준이 어디까지인지는 명확하지는 않다. 다만, 오늘날의 범죄문제에 대한 접근은 문제인식의 차원을 넘어서 삶의 질(quality of life)을 위협하는 중요한 기준으로 인식하고 있다는 점이다. 과거 전쟁의 위협 등이 심각한 수준이었다면, 오늘날에는 범죄문제 및 각종 재해의 문제가 심각한 수준에 이르렀다고 볼 수 있을 것이다. 어쨌든 범죄문제가 일정 수준을 넘어서 심각한 수준에 이르고 있다고 인식하고 있다면, 그에 상응한 자경주의 역시 증대될 것이고, 결과적으로 민간경비의 이용이 증대될 것이다. 또 실질적으로 범죄피해의 두려움을 줄이기 위해 각종 보호장치(이중 잠금장치, 금고, 경보장치, 호신장구, 경호원 등)를 구비하여 강화하고 있다는 점이다.

범죄의 심각성은 범죄로 인한 직접적인 피해뿐만 아니라 체감치안의 정도에 따라 일반시민 전체에도 영향을 미친다. 범죄로 인한 당사자 내지 관련가족의 육체적·물질적인 피해, 그리고 오늘날 크게 이슈화되고 있는 정신적 피해 및 범죄에 대한 두려움 역시 고려된다. 특히 오늘날과 같이 대중매체가 발달한 환경 속에서는 범죄피해와 직접 경험하지 않은 일반 시민들도 범죄와 관련된 각종 정보를 수없이 접하기 때문에 범죄에 대한 두려움, 공권력에 대한 불신풍조가 늘고 있는 것이 사실이다. 범죄문제가 오늘날 크게 우려되고 있으며, 실질적으로 커다란 사회문제 가운데 하나로 떠오르고 있는 이유는 사회의 개방화·도시화·과학화·정보통신의 발달 등에 편승하여 과거 어느 시기보다도 복잡해지고 있기 때문이다. 우

리사회의 범죄문제 심화현상은 다음과 같은 관점에서 논의될 수 있을 것이다.[12]

즉 경제성장에 따른 소비욕구의 기형적인 분출로 향락문화·과소비 사치풍조가 만연하면서 범죄양상도 충동적이고 흉폭화 되어가는 경향이 있으며, 파급효과가 큰 반사회적·반인륜적인 범죄가 늘어가고 있다. 아울러 산업화의 진전에 따라 전문기술직, 관리직, 사무직 근로자가 증가하고 이들의 사회적 역할이 확대되면서 소위 '화이트칼라 범죄(white-collar crime)'가 증가하고 있다.

교통과 통신의 발달은 범죄의 광역·초스피드화를 촉진하고 있으며, 첨단기술을 활용하는 지능적인 범죄가 증가하고 컴퓨터 등을 활용하는 각종 신종범죄가 속속 등장하고 있다. 또한 조직범죄 및 반인륜적 범죄가 사회분위기에 편승하여 국민의 불안감을 확산시키고 있으며, 마약류의 남용이 점차 보편화되고, 연령층도 갈수록 낮아지고 있어 개인뿐만 아니라 사회와 국가전체에 악영향을 끼치고 있다.

그리고 학교폭력을 비롯한 청소년 비행문제가 심각한 사회문제로 대두되고 있다. 청소년 비행은 비단 범죄행위뿐만 아니라 무단가출, 유해한 장소의 출입, 음주나 흡연, 약물남용, 성행위 등 제반 일탈행위를 모두 포함하고 있다. 이 같은 비행은 청소년의 사회화 과정과 밀접한 관련이 있는 가정·학교·대중매체 등이 부적절하게 또는 불균형적으로 작용할 때 발생하게 되며, 특히 가정이 중요한 역할을 하게 된다. 청소년 비행자 및 범죄자의 가정환경을 살펴보면 부모가 맞벌이 등으로 무관심하거나 지나친 과잉보호 등에서 비롯되는 경우가 많으며, 결손가정도 상당부분 차지하고 있어 이혼 등에 의한 가족의 해체도 중요한 원인이 되고 있음을 보여주고 있다. 가정과 더불어 학교는 청소년들의 성장에 지대한 영향을 미치고 있는데, 입시위주의 교육환경은 청소년들에게 중압감과 좌절감을 안겨주게 되고 나아가 비행을 저지르게 하는 원인이 되고 있으며, 심지어는 자살과 같은 극단적인 결과를 선택하는 경우도 적지 않게 발생하고 있다. 이와 함께 최근 들어서는 대중매체 등 사회유해환경이 청소년들에 미치는 파급효과가 큰 것으로 나타나고 있는데, 특히 컴퓨터 통신이 보편화되면서 사이버 공간상에 온갖 음란정보가 청소년들에게 무방비로 노출되어 있어 심각함을 더해주고 있다. 결국, 청소년 비행은 가정과 학교, 사회라는 생활환경 중 어느 하나라도 균형을 잃게 되면 언제라도 일어날 수 있는 것이며, 기성세대들의 불법과 부도덕이 그대로 반영되고 표출되어 나타난다고 할 수 있다.

---

12) 최선우(2002), 치안서비스 공동생산론, 서울: 대왕사, pp. 85-88.

2. 민간경비의 예방전략 모색

주지하는 바와 같이 우리사회에서 치안활동은 경찰 및 소방과 같은 공공부문과 민간경비와 같은 민간부문에서 담당하고 있다. 최근 민간경비의 활동영역을 보면 보다 전문화되고, 다원화되고 있음을 알 수 있다. 그런데, 민간경비의 활동은 비단 범죄에만 국한되는 것은 아니다. 화재, 질병, 그리고 각종 재해로부터 보호 등 수많은 영역이 포함되고, 그 범위는 더욱 확대되고 있는 추세이다. 이러한 점에서 민간경비의 목표 내지 활동영역을 단지 범죄문제와 관련시켜 논의하는 것은 한계가 있다고 본다. 따라서 현대 민간경비 현상을 보다 적절하게 설명하기 위해서는 범죄문제에 국한시키기 보다는 손실문제를 아울러 고려하는 것이 바람직하다고 본다.

여기서 '범죄'라는 것은 현행법에 규정된 형벌법규의 위반적 행위에 의해 야기된 인적·물적 위해사태라고 볼 수 있다. 반면, '손실'이라는 것은 범죄행위에 의한 어떠한 재산적 피해뿐만 아니라 재산적 가치가 있는 관리대상(주택, 상가, 공장 등)이 화재와 지진, 태풍 등 인위적·자연적 재해, 그리고 사고 등에 의해 야기된 위해사태도 포함된다고 볼 수 있다. 일반적으로 범죄예방(crime prevention)이라는 것은 범죄를 방지하기 위한 모든 사전활동이라 할 수 있다. 그리고 손실예방(loss prevention)이라는 것은 개인 또는 조직이 저지르는 범죄뿐만 아니라 화재, 사고, 실수, 부적절한 감독 및 관리, 잘못된 투자 등에 의해 발생하는 사람, 금전, 생산품, 재료 등과 같은 손실의 발생 가능성을 사전에 예방 통제하는 방법으로서 민간경비뿐만 아니라 회계, 보험 등의 영역에서 폭넓게 사용되고 있는 개념이라 할 수 있다.[13]

그런데, 이들 양자 모두 '예방'이라는 측면에서는 그 접근방식이 동일하다는 점에 주목할 필요가 있다(물론, 이들 범죄와 손실의 발생원인은 각각 상이한 점이 적지 않다고 본다). 즉, '예방'이라는 것은 범죄든 손실이든 간에 이러한 사태가 '사전에 발생하지 않도록 미연에 방지하는 제반활동'이라는 점에서는 동일한 것이다. 이러한 예방활동은 기본적으로 환경설계와 밀접한 관련성을 갖는데 이를 토대로 민간경비의 기본전략 모형을 설정하면 다음과 같다.

---

13) Purpura, Philip P.(2002), Security and Loss Prevention: An Introduction, Boston: Elsevier Science, p. 7.

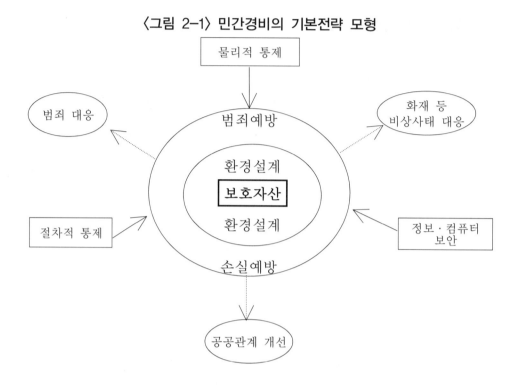

〈그림 2-1〉 민간경비의 기본전략 모형

제2절 범죄·손실예방의 구조모델론

　모든 사회현상 속에서 발생하는 문제점(이른바 '사회문제')에 대한 대응방식은 각각의 현상에 따라 상이하다. 따라서 범죄, 질병, 재해, 무질서 등에 대한 사전예방적 그리고 사후대응적 조치는 주어진 문제의 특성에 따라 각기 다른 처방이 이루어져야 한다는 것은 분명한 사실이다. 그런데 위에서 언급한 바와 같이 '예방' 이라는 본질적 개념은 동일하다는 전제하에 아래에서는 범죄예방을 하나의 구조모델(structure model)을 통해서 단계적으로 살펴보기로 한다.

　이러한 단계적 접근방법은 질병예방과 의학적 치료를 위한 의료적 모델에 기원을 두고 있는데, 이는 3단계 차원에서 논의된다. 따라서 각 단계별 질병예방을 응용하여 범죄예방의 구조모델을 1차 범죄예방, 2차 범죄예방, 3차 범죄예방으로 나누어 접근할 수 있을 것이다. 범죄예방의 구조모델에 관한 체계적인 분류는 1976년 브란팅햄(Brantingham)과 파우스트(Faust)에 의해서 소개되었다. 그리고 1986년 독일의 쿠베(Kube)는 이 구조모델을 주사위모델로 응용하여 이해하기 쉽도록 소개하고 있다. 1992년 랩(Lab) 등에 의해 이 구조모델론은 다시 범죄예방에 관한 유용한 접근방법으로 논의되고 있다.[14] 이상과 같은 논의는 표와 같이 개괄적으로 정리 할 수 있을 것이며, 위에서 지적한 바와 같이 각 단계의 영역은 경우에 따라서는 상호 중복되는 부분이 나타나고 있음을 알 수 있다.

〈표 2-1〉 범죄예방의 접근방법 및 과정

구분	1차적 범죄예방	2차적 범죄예방	3차적 범죄예방
대상	일반시민	우범자	범죄자
내용	일반적 사회환경 중에서 범죄원인이 되는 조건들을 발견·개선하는 예방활동	잠재적 범죄자를 초기에 발견하고 이들의 범죄행위를 저지하기 위한 예방활동	실제 범죄자(전과자)를 대상으로 더 이상 범죄가 발생하지 않도록 하는 예방활동

사실 발생 가능한 어떠한 문제에 대한 예방적 조치는 다양한 관점에서 주어진 상황에 맞도록 이루어져야 하고, 또 일정한 우선순위(보호자산의 가치에 따라)를 두고 이루어져야 한다고 본다. 이러한 점에서 상황에 따른 일정한 단계를 설정하는 것은 의미가 있다.

1. 1차적 범죄예방

1차적 질병예방은 일반적 질병예방으로서 모든 시민(불특정 다수)을 대상으로 이루어진다. 모든 사람은 질병에 걸릴 수 있는 잠재적 환자들이며, 따라서 이들은 평상시에 일정한 예방적 조치가 필요하게 된다. 예컨대, 거시적·환경적으로는 환경보존 및 오염감소 등이 필요하며, 개인적으로는 손발 씻기, 적절한 식습관·운동·수면 등의 조치가 이루어지면 어느 정도 질병을 예방할 수 있다고 본다(그러나 이러한 1차적 조치를 통해서 모든 사람이 질병을 예방할 수 있는 것은 아니다).

따라서 1차적 범죄예방(primary crime prevention)에서는 거시적으로 사회적 결함 또는 결핍구조의 개선과 심지어는 범죄를 저지르기 전 단계의 실업문제, 교

---

14) 임준태(2003), 범죄통제론, 서울: 좋은세상, p 37 재인용.

육문제, 사회화, 주거환경 또는 노동조건, 여가활동 및 휴양활동 등이 거론된다. 그리고 미시적으로는 범죄를 저지를 수 있는 환경을 개선함으로써 범죄기회를 제거하는데 초점을 둔다. 즉, 범죄의 기회 또는 범죄를 야기시킬 수 있는 사회적 또는 물리적 환경조건을 파악하고 이를 사전에 적절하게 관리·통제함으로써 범죄예방효과를 기대하는 것이다. 그리고 1차적 범죄예방의 핵심은 '잠재적 범죄자'가 쉽게 범죄를 저지르지 못하도록 하는 것이며, 아울러 그러한 잠재적 범죄자가 범죄를 저질렀을 경우 인지 및 체포가 쉽게 이루어질 수 있는 환경을 조성하는데 있다.

그런데, 1차적 범죄예방에서 의미하는 '잠재적 범죄자'는 기본적으로 성악설(性惡說)의 관점에서 바라보는 일반 개인 모두를 지칭한다고 볼 수 있다. '견물생심'(見物生心)이라는 옛말이 있듯이 모든 사람은 어떠한 조건 또는 기회(예컨대, 차량 문에 열려져 있는 채로 현금이 차안에 놓여 있을 때)가 주어지면 범죄를 저지를 가능성이 높다는 것이다. 바꿔 말하면 이들은 차량 문이 잠겨져 있는 것만으로도 범죄를 저지르지 않을 가능성이 높다는 것이다.

이러한 1차적 범죄예방전략으로서 적용되는 환경설계 프로그램은 범죄의 대상이 된 목표물(사람·물건·시설·정도 등)에 대한 접근을 보다 강화시킴으로써 범죄실행을 어렵게 하도록 하는 것이다. 민간경비의 활동 역시 기본적으로 환경설계에 기초를 두고 있다는 점에서 1차적 범죄예방과 밀접한 관련성을 맺고 있다. 한편, 이웃감시 프로그램 및 경찰의 순찰활동 강화프로그램은 범죄행위에 대한 감시 및 관찰에 의한 가시성(可視性)을 증대시키거나 체포의 가능성을 증대시킴으로써 범죄실행을 억제하는 결과를 가져다준다. 그리고 이웃감시 프로그램이나 경찰의 순찰활동 강화프로그램 역시 하나의 환경설계와 관련된 것이며, 따라서 1차적 범죄예방 프로그램 자체가 환경설계와 밀접한 관련성을 갖는다고 본다(물론, 환경설계는 2차적 범죄예방과 3차적 범죄예방 모든 영역에서 일정부분 고려된다고 본다). 어쨌든, 결과적으로 볼 때 1차적 범죄예방은 범죄에 대한 첫 번째 단계의 방어선(the first line of defense)을 구축한다고 볼 수 있다.

2. 2차적 범죄예방

2차적 질병예방은 질병에 걸릴 가능성이 높은 사람들에 관한 것이다. 즉, 유전적 요인 등에 의해 선천적으로 질병에 감염되기 쉬운 사람이 있는데, 이들에 대해서는 1차적 예방조치 외에 특별한 개별적 조치가 필요하다고 본다. 신체의 특정부분(예컨대, 간이나 심장, 폐 등)이 정상인보다 허약한 사람의 경우에는 그에 대한 추가적인 조치(정기검사, 약물투여, 식이요법 등)가 이루어져야 할 것이다.

마찬가지로 2차적 범죄예방(secondary crime prevention)은 대부분이 범죄를 저지를 가능성이 높은 잠재적 범죄자 및 범죄발생율이 높은 지역을 파악하는 것과 같이 특정 개인이나 특정 지역에 초점을 두고 있다. 그리고 그러한 특정 개인과 특정 지역에서 범죄를 야기시키는 문제점이 무엇인가를 파악하는데 있다. 이러한 확인과정을 통해서 2차적 범죄예방은 잠재적 범죄자들이 범죄를 저지르고자 하는 의지 또는 욕망을 제거 또는 감소시키는데 초점을 둔다. 범행의욕이 높은 잠재적 범죄자들에 대해서, 예컨대 1차적 범죄예방에서와 같이 단순히 차량 문에 잠금장치를 작동시키는 것만으로는 예방하기 어렵다고 본다. 잠금장치 외에 경보장치를 설치하는 것 등이 추가되어야 어느 정도 예방효과가 있을 것이다. 어쨌든 1차적 범죄예방은 범죄자들이 범죄를 저지르고자 하는 기회 자체를 제거하는데 초점을 두고 있는 것에 반해 2차적 범죄예방에서는 잠재적 범죄자의 범행의지 또는 욕망제거에 초점을 두고 있다는 점에서 차이가 있다(물론, 이러한 양자 간의 개념구분이 명확하게 이루어지지는 않는다고 본다). 한편 2차적 범죄예방으로서 경찰이 주최하는 스포츠행사(축구, 야구 등)를 통해 청소년들의 여가활동을 통해 비행에 빠지기 쉬운 청소년들을 건전한 방향으로 유도하는 효과도 얻을 수 있을 것이다. 또 교정기관 체험학습 프로그램을 통해 청소년들이 범죄자가 되는 것을 예방하는 효과도 기대할 수 있을 것이다. 따라서 2차적 범죄예방은 대부분이 커뮤니티 내의 다양한 구성원(경찰, 교육자, 부모, 복지사 등)들과 연계되어 이루어진다.

3. 3차적 범죄예방

3차적 질병예방은 이미 한 번 이상 관련 질병에 걸린 사람들을 대상으로 하는 것으로서 이들의 상태를 보다 호전시키고, 또 치료가 완료되었다면 이후 다시 재발하지 않도록 조치를 취하는 것이다. 치료가 완료되지 않았다면 주기적으로 통원치료를 해야 하고 경우에 따라서는 입원치료를 계속해야 할 것이다.

마찬가지로 3차적 범죄예방(tertiary crime prevention)은 과거에 범죄경력이 있는 사람 등을 대상으로 한다. 이미 범죄를 저지른 경력이 있는 자들에 대한 범죄예방활동은 또 다른 접근방법이 모색될 필요성이 있다.

따라서 기본적으로 사회와 형사사법시스템은 이들이 향후 추가적인 범죄를 저지르지 못하도록 어떠한 조치를 취해야 한다. 예컨대, 차량에 어떤 귀중품이 있다면 이를 보호하기 위해서는 차량문을 잠그고, 경보장치를 설치하고, 거기에 경비원을 배치하는 추가조치가 필요할 수도 있을 것이다. 그리고 형사사법시스템에 의한다면, 이를 위해 경우에 따라서는 특정 범죄자들은 무기형 등을 선고받아 오랫동안 구금생활을 하기도 한다. 또 구금과 처우 및 교화개선이 병행되기도 하는데 이 역시 범죄의 재발가능성을 제거하기 위한 것이다. 3차적 범죄예방의 대부분은 교정, 보호관찰 등에 의해서 이루어지게 된다.

그런데, 각 예방단계의 경계가 확연히 구분되는 경우도 있지만, 직육면체의 모서리가 만나듯이 상호 중첩되는 부분도 있다. 그리고 비용 면에서 각 단계적으로 살펴봤을 때 1차적 예방이 가장 적은 비용이 소요될 것이며, 3차적 예방은 가장 많은 비용이 든다고 볼 수 있다.

제3절 환경설계를 통한 범죄예방전략

1. 환경이 인간심리 및 행동에 미치는 영향

수천 년 동안 통치권자, 군사전략가, 형사사법 종사자, 건축설계사, 도시계획자, 그리고 주거자 등은 관련환경이 인간행동을 형성한다는 인식을 해 왔으며, 따라서 환경을 보다 적절하게 설계함으로써 인간행동을 바람직한 방향으로 이끌고자 하였다. 고대 그리스 신전들은 빛을 차단시킴으로써 인간의 두려움을 자아내도록 설계되어졌다. 오늘날의 상업시설들은 신속한 서비스를 제공한다는 환상을 불러일으키기 위해 음향, 색상, 그리고 내부 장식설계를 하고 있다. 맥도널드 음식점과 심지어 안경점들은 자신들의 판매량을 극대화시키기 위해 인간의 감각과 행동을 교묘하게 조종하는 자신들만의 물리적 환경을 활용하고 있다.

따라서 주어진 환경이 인간심리 및 행동에 일정한 영향을 미치고 있다는 것을 인식하는 것은 중요한 일이다. 이것은 단순히 건물의 구조와 같은 환경뿐만 아니라 빛, 색, 소리, 열 등과도 밀접한 관련성을 갖는다. 예컨대, 아파트 단지 내에 설치된 조명이 지나치게 높이 설치되어 있으면, 저층 주민들에게는 빛이 들어오기 때문에 불편함을 미칠 수 있다. 또 단지 내의 조명이 적절하게 밝지가 않고 어둡게 느껴질 때에는 아파트 분위기가 초라해지고, 방범차원에서는 특히 불안한 분위기가 형성된다. 물론, 조명이 지나치게 밝은 경우에도 불편한 점이 발생할 것이며, 따라서 적재적소에 적절한 조명을 설치하는 것은 중요한 일이다.

또 우리가 잘 아는 사찰의 처마 밑에 풍경 또는 작은 종 역시 적절하게 사용한다면 상당히 긍정적인 분위기를 조성한다는 사실을 알 수 있다. 그런데, 이는 단순히 좋은 소리를 듣기 위한 것은 아니다. 가끔씩 식당이나 은행 출입문에 이것이 설치되어 있는데, 이는 좋은 소리를 내어 고객들의 마음을 편안하게 해주는 목적도 가지고 있지만 이 외에도 두 가지 목적을 더 갖는다. 하나는 풍경이 출입문에 달려있음으로 해서 사람이 출입하는 상황을 쉽게 파악할 수 있다는 점이다. 다른 하나는 범죄예방 차원에서 풍경소리는 잠재적 범죄자들에 대해서 일종의 '물리적 장벽' 역할을 한다. 내부인은 외부의 출입을 감지할 수 있는데, 반대로 좋지 못한 의도 하에 내적으로 불안감을 갖고 출입한 사람은 출입문을 여는 순간 울리는 풍경소리에 긴장하게 된다는 것이다. 실제로, 1970년대 중반 강도사건이 빈번하게 발생했던 미국 캘리포니아의 어느 은행은 전문가의 조언에 따라 은행 출입문에 작은 종을 설치하였는데, 이후 강도사건이 재발하지 않게 되었다고 한다. 이는 일견 단순해보이기도 하지만, 문이 열릴 때마다 종이 울리게 되어 범죄심리를 위축시키는 효과를 가져다 준 것이다.[15]

2. 방어공간

'방어공간'(defensible space)의 개념은 민간경비와 공경비의 역할관계를 규명하기 위한 것이라기보다는 민간경비의 기본전략이라 할 수 있는 '환경설계를 통한 범죄예방'(CPTED)전략의 기초가 되는 것이다. 따라서 이에 대한 상세한 논의는 생략하기로 하고 여기에서는 단지 방어공간의 개념을 적용하여 민간경비와 공경비의 활동영역이 어떻게 구분될 수 있는가를 설명하고자 한다.

1) 방어공간의 영역 설정

뉴만(Newman)이 제시한 방어공간은 크게 4단계로 계층화되어 설명되고 있는

---

15) Rossbach, Sarah(1987), 황봉득 역(1995), 풍수로 보는 인테리어, 서울: 동도원, p. 38.

데[16], 이는 우리가 일상적으로 생활하는 생활공간과 관련된 것이다. 즉, ㉠ 사적 영역(private area), ㉡ 준사적 영역(semi-private area), ㉢ 준공적 영역(semi-public area), ㉣ 공적 영역(public area)이 바로 그것이다. 이를 우리의 생활공간인 아파트단지에 연결시켜 설명한다면, 첫 번째 단계인 사적 영역은 거주자가 임의대로 생활하는 공간인 아파트 내의 자기 집을 의미한다. 두 번째 단계인 준사적 영역은 아파트 내부의 거주자들이 공통으로 사용하는 복도 및 엘리베이터 등을 들 수 있다. 세 번째 단계인 준공적 영역은 아파트 단지 내의 정원이나 놀이공원, 주차장 등을 들 수 있다. 마지막으로 네 번째 단계인 공적 영역은 아파트 단지 밖의 길거리(street) 등을 들 수 있다. 물론, 이러한 영역설정은 다분히 상대적이며, 이를 개인주택이나 산업시설 및 상업시설, 그리고 빌딩 등 여러 공간에 응용하여 설명할 수 있다. 또 최근 크게 개발되고 있는 이른바 '타워팰리스' 등 고급 아파트단지, 그리고 특정상업시설 등은 이러한 영역설정을 하는데 또 다른 어려움이 있다. 즉 이들 고급 아파트단지 등은 위에서 설정한 세 번째 단계까지 상당히 사적인 영역(물론, 거주민들 간에는 다시 영역설정이 이루어지겠지만)으로 간주되고 그 경계가 모호한 측면이 있다.

2) 방어공간의 영역설정이 갖는 의미

그렇다면, 방어공간의 관점에서 볼 때 이들 영역설정은 어떠한 의미를 갖는가. 이것은 두 가지 차원에서 논의할 수 있을 것이다. 첫 번째는 배타성의 정도이며, 두 번째는 민간경비와 공경비의 활동 또는 개입의 한계를 설정한 것이다. 어떻게 보면 양자는 동전의 양면과 같은 성격을 가지고 있다고 볼 수 있다.

(1) 배타성의 정도

배타성의 정도는 자신이 생활하는 공간에 대해서 어느 정도 영향력을 행사할 수 있는가 하는 문제인데, 예컨대, 사적 영역인 자기 집안 내부에 대해서는 집주인은 절대적인 권한을 행사할 수 있다. 헌법에서 보장하는 사생활불간섭(私生活不干涉)의 원칙, 그리고 사주소불가침(私住所不可侵)의 원칙은 국가공권력뿐만 아니라 및 타인에 대해서도 중요한 의미를 갖는다. 즉, 허가받지 않고 사적인 영역에 무단으

---

16) Newman, Oscar(1973), Defensible Space: Crime Prevention Through Urban Design, N.Y.: Macmillan Publishing Company, pp. 9-10.

로 침입하는 것은 범죄로 간주되며, 한편으로는 사적 공간의 소유자 및 이용자는 자신의 영역을 적절한 상태로 보존·유지하기 위하여 외부침입에 대한 일정한 차단조치 내지 방어벽을 구축할 수 있는 것이다.

물론, 준사적 영역부터는 이러한 배타적인 권한이 아주 제한된다. 그러나 완전히 제한되는 것은 아니다. 즉, 아파트주민이 아닌 사람이 아파트 복도 및 엘리베이터를 이용할 경우 주민들은 이들에 대해 일정한 제한조치(출입금지 및 확인 등)를 가할 수 있고 일정한 감시활동을 수행하기도 한다(최근 만들어진 아파트나 다세대주택은 건물현관에 출입통제장치가 설치되어 거주자 이외의 자가 건물내로 들어오는 것을 방지할 수 있도록 설계되고 있다). 이러한 제한조치는 준공적 영역인 아파트 단지 내의 정원이나 주차장에 대해서도 어느 정도 행사할 수 있게 된다. 물론, 위에서 언급한 타워팰리스 같은 고급 아파트단지 등은 뉴만이 말한 준공적인 영역까지도 철저하게 배타적으로 운영되기도 한다. 즉, 최근 개발된 고급 아파트단지는 아파트 단지 전체를 일종의 요새화하고, 그 안에 민간경비원이 경계·순찰근무를 실시함으로써 거주자 이외의 자가 아파트 단지 내에 들어오는 것을 철저하게 통제하고 있다.

(2) 민간경비와 공경비의 활동 정도

중요한 것은 이와 같은 4단계 방어공간의 영역설정은 민간경비와 공경비의 활동영역 및 활동정도를 결정짓는다는 점이다. 쉽게 말하면, 명목적으로는 공경비인 경찰이 모든 시민의 안전과 관련하여 일정한 책임을 지고 있지만 현실적으로 아파트 개인 집안 내부인 사적 공간에 대해서 보호하는 것은 불가능하다는 점이다. 아울러 아파트 내의 복도 및 엘리베이터 공간 그리고 아파트 단지 내의 정원이나 주차장에 대해서도 평상시에 경찰이 보호활동을 하는 것은 어렵다.

결국, 경찰과 같은 공경비가 평상시에 범죄와 같은 여러 가지 위해로부터 시민을 보호해 줄 수 있는 공간은 주로 길거리와 같은 공적 장소를 중심으로 이루어질 수밖에 없다는 것을 의미한다. 물론 경찰의 범죄예방활동 가운데 방범심방활동이 있어 관할구역 내의 각 가정, 기업체, 기타 시설을 방문하여 범죄예방, 청소년선도, 안전사고방지 등의 지도계몽과 상담 및 연락을 행하고 민원사항을 청취하여 주민의 협력을 얻어 예방경찰상의 기초자료를 수집하는 활동을 하기도 한다.[17]

---

17) 정경선(1998), 경찰방범론, 경찰대학, p. 108.

이는 사적인 영역과 공적인 영역을 명확하게 구분하기가 어렵다는 것을 의미한다.

〈그림 2-2〉 방어공간의 계층구조와 민간경비와 공경비의 개입 정도

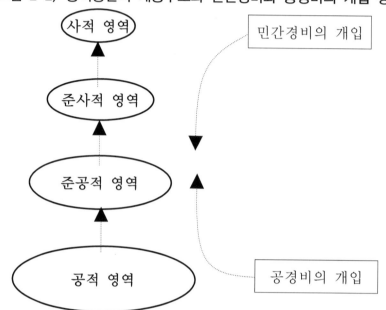

그렇다고 해서 이러한 방어공간의 계층구조에 의해 항상 사적인 공간에서는 민간경비가 시작하고, 공적인 공간에서는 공경비가 시작된다는 것은 아니다. 이 역시 상대적인 관점이다. 이러한 문제는 민간경비의 주요 고객이 단지 사적인 차원에만 국한되지 않는다는 점에서 발생한다. 최근 민간경비의 주요 고객 가운데 하나가 중앙 및 지방정부의 공공시설이며, 이러한 정부의 공공시설에서 시설 내의 안전관리를 위해 민간경비를 이용하는 경우가 적지 않다. 정부가 관리하는 공공시설은 사적인 공간이라기보다는 공적인 공간이다. 즉, 일반 대중에게 공개되어 일정한 공공서비스를 제공하고 있는 것이다. 그러나 이러한 시설에 공경비인 경찰이 투입되어 안전관리활동을 하는 데에는 경찰자원상의 한계가 있기 때문에 민간경비나 청원경찰과 같은 다른 수단을 이용하고 있다. 따라서 이러한 시각에서 본다면, 민간경비가 항상 사적인 영역에서 출발한다고 보는 것이 항상 옳은 것은 아니다. 다만, 그러한 공간 역시 관리주체가 중앙정부 내지 지방정부(본질적으로는 국민이 낸 세금에 의해 운영되기 때문에 국민이 주인이라고 할 수 있다)라는 점이

며, 이들 각각의 관점에서 본다면, 그것은 하나의 사적 차원과 비슷한 성격을 갖는다고 본다. 즉, 관리주체가 시설 내의 안전에 대한 책임을 지며, 공경비인 경찰에 의존하기가 어렵기 때문에 자체적인 차원에서 민간경비 등에 의존하게 된다는 점이다.

어쨌든, 결론적으로 볼 때 치안서비스로서 민간경비가 개입하는 정도는 사적인 성격이 강할수록 높다고 할 수 있다. 예컨대, 사적 성격이 거의 없는 일반 길거리에 개인이 사비를 들여 경비시스템을 설치하는 경우는 희박하다고 본다. 물론 경찰과 같은 공경비의 민영화가 보다 진전되어 거리순찰까지 경찰 대신 민간경비가 수행하게 된다면 사적 영역과 공적 영역의 한계는 다시 설정해야 할 것이다.

이는 공경비가 일반시민을 대상으로 하여 치안서비스를 제공하는 것과는 달리 민간경비는 특정고객(개인 및 집단)의 이익보호를 위해 일정한 비용을 받고 특정 보호대상을 중심으로 관련서비스를 제공한다는 것과 동일한 맥락에서 해석될 수 있다. 그리고 이러한 민간경비의 특성은 치안서비스로서 외부효과성 문제, 그리고 형평성 문제 등과도 관련된다는 점은 이미 지적한 바와 같다.

3. CPTED의 의의

환경설계를 통한 범죄예방(CPTED: Crime Prevention Through Environmental Design)은 환경적인 요소가 인간의 행동과 심리적인 성향을 자극하여 범죄를 저지르지 못하게 하는 환경행태학적 이론을 기초로 하고 있다. 행태학적 관점에서 본다면, 인간의 행동은 불규칙하거나 규칙적이며, 이것은 본인의 주관적 의사뿐만 아니라 외부환경적 요인에 영향을 받게 된다는 것이다. 환경이란 인간이 접촉하고 주변에서 접하는 모든 것을 의미한다.

한편 설계(design)라는 것은 어떤 일을 하는데 있어서 미리 이와 관련된 계획과 도면, 세부내역을 마련하는 일이다. 따라서 CPTED는 환경을 적극적으로 활용하여 범죄를 예방하고자 하는 목적을 가지며, 이에 따르는 세부적인 계획을 마련하여 적용하는 과정을 말한다. 그러나 앞의 범죄예방단계에서 살펴보았듯이, 모든 범죄에 대해서 CPTED가 효율성을 갖는다고 보기는 어렵다.

1) 전통적 CPTED

환경설계를 통한 범죄예방 전략은 오늘날 새로운 접근방식이라기보다는 인류의 역사와 더불어 시작된 것은 분명한 사실이다. 예컨대, 동굴, 주거지역(집과 울타리), 성곽(우리나라의 천리장성, 중국의 만리장성). 나무 위의 집과 같은 것들은 외부의 적(인간, 동물), 자연재해 등으로부터 환경설계를 통해 개인 및 집단방어를 위해 만들어진 것이라 할 수 있다. 따라서 CPTED가 지향하는 환경설계를 통한 범죄예방은 비단 현대사회의 현상이 아니며, 인류역사의 시작과 함께 동서고금을 막론하고 개인 또는 집단은 자신의 가족, 재산 더 나아가 국가를 지키기 위하여 외부의 침입을 가장 효율적으로 막기 위하여 물리적 환경을 개선시켜 왔음은 분명한 사실이다.

전통적 CPTED 또는 고전적 CPTED는 단순히 외부 공격으로부터 보호대상을 강화하는 방법(THA: Target Hardening Approach)을 사용하여, 가급적 공격자가 보호하는 대상에 접근하지 못하도록 하는 방법을 주로 활용한다. 예컨대, 보호대상물을 보호하기 위하여 깊은 함정을 파놓는 일, 성벽을 쌓아 놓는 일, 문을 견고하게 만드는 일 등이 이에 해당한다. 이러한 접근통제법은 소극적인 성격을 가진 CPTED전략이며 오늘날의 관점과는 차이가 있다. 사실, 전통적 CPTED접근은 경우에 따라서는 지나치게 외부와의 연결을 차단시킴으로써 보호대상자의 일상생활까지 구속하는 경향이 있다. 또 전통적 접근방법은 자연적 접근통제나 자연적 감시를 간과하는 경향이 있다는 점이 지적된다.

2) 현대적 의미의 CPTED

현대적 CPTED는 전통적 방식과는 상당히 차별화된다. 단순히 공격에 대한 방어능력 강화하는 것 이상의 의미를 갖기 때문이다. 즉, 범죄에 대한 두려움을 감소시키면서 한편으로는 삶의 질을 향상시킬 수 있는 것까지 고려하게 된다. 이는 범죄자에게는 공격은 더 어렵게 하고 거주자에게는 자기들의 환경 속에서 더욱 더 안전을 느끼고, 아울러 자신들이 추구하는 본래의 활동 역시 원활하게 이루어지는 것까지 고려하게 되는 것이다.

즉, 이러한 현대적 의미의 CPTED는 소극적인 THA방식을 지양하고, 적극적으로 범죄문제에 대응하는 방향으로 나아가고 있다.[18] 보다 구체적으로 살펴보면, 보호대상물에 접근하더라도 이를 쉽게 공격하지 못하도록 할 수 있는 기술을 고

안하는 것을 말한다. 이와 관련하여, 예컨대 로마교황에 대한 암살위협이 수차례 이루어지면서 교황의 대중행사 참석은 위험하기 때문에 이를 제한하자는 주장이 제기되어 왔다. 이러한 주장은 전통적 THA방식에 의한 것이다. 그러나, 카톨릭계 인사들은 교황의 공식행사참석은 그대로 하되 투명한 방탄유리차량을 이용하여 교황을 보호하자는 주장을 하였다. 결과적으로 후자의 의견이 받아들여졌으며, 현재에도 교황은 방탄유리차량을 타고 대중행사에 참석하고 있다.

사실, 전통적인 THA방식은 고전적인 경호업무에서 자주 활용되어 왔다. 그러나 오늘날 연예인이나 대통령과 같은 중요인물의 대중성이 강조되기 시작하면서 이러한 방식은 이제 배척당하는 상황에 이르렀다. 전통적인 THA방식의 범죄예방법은 보다 철저한 안전을 추구한다는 장점이 있는 대신에 원래 이루고자 하는 목적을 달성하는데 큰 지장을 준다는 단점이 있다. 이와 같은 CPTED 접근방법의 변화는 범죄패턴의 변화와 밀접한 관계를 가지고 있다고 본다. 과거에는 기껏 해봐야 화살이나 대포가 주요한 위협요인이었지만, 오늘날에는 총기류를 비롯하여 각종 대량 살상무기가 개발되고 있고, 그 성능 또한 고도화되고 있다. 이러한 상황에서 단지 접근을 허용하지 않는 방식만으로는 보호대상의 안전성을 확보하기에는 많은 한계가 따른다. 그리고 단순한 접근통제는 오히려 정상적인 일상생활을 비롯한 사회생활에 불편함을 초래하게 되는데, 이 같은 문제점을 보완하고자 보다 적극적인 CPTED개념이 도입되게 된 것이다.

현대사회에 있어서 이러한 접근이 재조명되고, 이론적으로 체계화되기 시작한 것은 1970년대 초 미국에서 비롯된 것이라 할 수 있다. 즉, 1971년 미국의 국립법집행·형사사법연구소(NILECJ: National Institute of Law Enforcement and Criminal Justice)가 전기회사인 웨스팅하우스(Westinghouse)회사에 주거용·교육용·상업용·운영용 시설에 대한 'CPTED'(Crime Prevention Through Environmental Design)라는 프로젝트를 위탁한데서 시작되었다.[19]

이러한 범죄예방과 안전에 대한 환경적 접근은 뉴만(O. Newman)의 저서인 「방어공간(Defensible Space, 1972)」에 잘 설명되고 있다. 이러한 방어공간 개념은 학교, 상업지역, 주거지역, 그리고 운송지역 등에서 성공적으로 입증되어 왔다.

---

18) Crowe, Timothy(2000), Crime Prevention Through Environmental Design: Application of Architectural Design and Space Management Concepts, Boston: Butterworth-Heinemann, p. 35.
19) Jeffery, C. Ray(1977), Crime Prevention Through Environmental Design, California: Saga Publication, Inc., pp. 224-227.

또한 오늘날에는 이들 개념이 기업의 생산성에도 많은 영향을 미치고 있기 때문에 산업부문에도 폭넓게 적용되고 있다. 더 나아가 도시정부는 각 환경에 적절한 범죄예방을 설계·적용하는 것이 보다 안전한 요새처럼 만들기 위하여 추가적으로 경찰관을 고용하거나 추가적으로 방어시스템을 설치하는 비용보다 훨씬 적게 든다는 사실을 깨닫고 있다.

3) CPTED 개념의 확대

(1) 개인과 소프트웨어에 대한 적용

그런데 CPTED라는 것이 단순히 은행이나 공장 등 어떠한 시설에만 적용되는 것은 아니라고 본다. 개인에 대한 보호(경호)를 극대화시키는데 있어서도 CPTED 전략은 적절하게 적용될 수 있을 것이다. 개인 역시 일정한 환경 속에서 행동하기 때문이다. 또 CPTED는 물리적 시설과 같은 하드웨어뿐만 아니라 컴퓨터시스템 및 각종 프로그램과 같은 소프트웨어 환경에도 적용될 수 있을 것이다. 다만, 이러한 적용 가능성은 기본원리를 전제로 한 것이다. 즉, 각 보호대상에 맞는 적절한 수단은 동일하지 않다는 것을 의미한다.

(2) 내면적 CPTED

마찬가지로 CPTED라는 것이 주로 외부의 물리적 환경을 의미하는 것이었는데, 더 나아가 인간 내면의 환경설계 역시 중요하다고 본다. 예컨대, 범죄에 대한 두려움 문제는 외부환경적인 요인에 의한 것일 뿐만 아니라 내면적인 요인 역시 중요하게 작용한다고 보는 것이다. 따라서 개인이 일정한 환경에 처하게 되면 내적으로 안전의식을 갖고 환경변화에 대해 경계하고 적절한 대응을 하는 것이 필요하다. 비록 외적으로 보안상태가 갖추어져 있다 할지라도 심적으로 아무런 준비상태 없이 위험상황에 직면하게 되면 대단히 치명적인 결과를 초래할 수 있다. 옛말에 '기우'(杞憂)라는 말이 있다. 하늘이 무너질까 쓸데없이 걱정하는 것을 나타낸 말인데, 범죄에 대한 두려움은 한편으로는 이에 대한 지나친 집착에서 비롯될 수도 있다. 따라서 지나치게 두려워하거나 반대로 지나치게 안심을 해서도 안 될 것이다. 이는 자신의 일상생활에 충실하고 항상 적절한 긴장상태를 유지하면서 내면적 CPTED를 구축하고 있어야 한다는 것을 의미한다.

(3) 손실예방에의 적용

민간경비의 중요한 기능은 비단 범죄예방에 국한되는 것이 아니라 손실예방도 그에 못지않게 중요한 것이 사실이다. 따라서 손실예방적 측면에서 이른바 '환경설계를 통한 손실예방'(LPTED: Loss Prevention Through Environmental Design)도 논의될 수 있으며, 이를 통합하여 '환경설계를 통한 범죄·손실예방'(CLPTED: Crime & Loss Prevention Through Environmental Design)으로도 논의될 수 있을 것이다.

범죄문제는 주로 인간의 고의 또는 과실에 의한 위법행위에 의해 발생하는 반면, 손실문제는 인간의 고의 또는 과실뿐만 아니라 자연적인 문제(예컨대, 지진이나 해일 등)에 의해서 발생하기도 한다. 또 인간의 행위문제와 자연적인 문제가 동시에 원인이 되기도 한다. 어쨌든 범죄문제 또는 손실문제에 있어서 무엇보다도 중요한 것이 '예방'이라는 점은 분명한 사실이다.

민간경비의 제1차적 목표는 '예방'에 있으며, 따라서 민간경비가 지향하는 범죄예방과 손실예방은 기본적으로 '예방'이라는 본질적 의미와 절차 그리고 '환경설계'를 기초로 해서 기본전략을 세운다는 점에서는 이의 접근방식이 거의 동일하다고 본다.

4. CPTED의 기본 전략

전통적으로 CPTED의 기본전략은 ① 자연적인 접근통제(natural access control), ② 자연적인 감시(natural surveillance), ③ 영역성의 강화(territorial reinforcement)라는 세 가지 차원에서 출발한다. 여기에서 접근통제와 감시는 물리적 설계프로그램의 주요 대상이 되어왔다. 따라서 CPTED프로그램 초기에는 접근통제와 감시에 많은 관심을 두고 접근하였다. 접근통제와 감시는 상호 배타적인 것이 아니라 상호 지원하는 관계라고 할 수 있다. 물론, 각각의 운용방법은 명백히 차이가 난다고 볼 수 있다.

한편 여기에서 말하는 '자연적'(natural)이라는 말은 정상적으로 주어진 환경을 이용하는 과정에서 '자연스럽게' 접근통제와 감시를 하는 것을 의미한다는 점에 주의할 필요가 있다. 바꿔 말하면, 어떤 대상을 보호하기 위하여 인위적·외관상으로 뚜렷하게 접근통제를 하고 감시활동을 하기보다는 드러나지 않으면서, 주변 일상적인 생활에 거부감을 일으키지 않는 차원에서 이루어지는 것을 말한다. 이러한 논의가 필요한 이유는 '자연적 통제'라는 말이 한편으로는 자연적인 장벽(절벽, 호수, 숲 등)을 이용하는 통제에 대해서도 사용될 수 있으며, 고전적 접근통제는 바로 이러한 자연물을 이용한 통제가 주요 방법이었기 때문이다.

1) 접근통제와 감시

접근통제는 범죄의 기회를 줄일 목적을 가지고 만들어진 설계개념이다. 이러한 접근통제 전략은 전형적으로 조직적인 통제(경비원 운용), 기계적인 통제(장벽, 잠금장치) 그리고 자연적인 통제(공간 구획)로 구분된다. 접근통제전략의 핵심은 범죄자가 목표물에 접근하는 것을 차단하는 것이고, 범죄자에게 체포의 위험을 인식시키는 것이다. 감시는 침입자의 행동을 효과적으로 관찰하는데 목적을 두고 만들어진 설계개념이다. 감시전략 역시 접근통제와 마찬가지로 조직적인 감시(경비원 배치 및 순찰활동), 기계적인 감시(조명, 감시카메라) 그리고 자연적인 감시(창문)로 분류된다.

여기서 자연적 접근통제는 인위적으로 경비원을 운용한다거나, 장벽을 설치하는 등의 조치를 통해서 외부의 접근을 통제하는 방식이 아니라 공간구획을 통해서 실행하는 방법이다. 공간구획이라고 한다면, 건물의 위치, 정원의 위치, 도로의 진입로, 출입문의 위치 등과 같은 요소들을 일정지역에 적절하게 배치함으로써 외부의 침입을 자연스럽게 통제하도록 하는 것을 말한다.

〈그림 2-3〉 자연적 감시 강화: (좌)폐쇄형 담장. (우)높이가 낮고 오픈된 담장.

출처: 경인일보(http://www.kyeongin.com)

그리고 자연적 감시라는 것은 거주자가 일상적인 생활을 하면서 자신들의 영역 내에 침입하는 것을 시각적·청각적인 방법에 의해 자연스럽게 감시하는 것으로서 이는 경비원 등 그 자체를 직무로 하는 사람들의 감시와는 구별된다. 이는 일종의 '거리의 눈'(eye of street) 개념에 해당하는 것으로 특정 공간이 거주자와 통행인들에 의해 자연적인 감시를 받게 되는 것을 말한다. 한편, 자연적 감시활동은 창문으로 대표되기도 한다. 인간이 창문을 통해서 다른 사물을 보는 것이 가장 자연스러운 감시활동이라는 것을 의미한다고 볼 수 있다.

〈그림 2-4〉 자연적·기계적 감시의 강화

출처: 다이나믹 K의 안전한 세상 만들기(http://dynamick.tistory.com/93)

〈표 2-2〉 전통적인 접근통제와 감시방법

설계 개념					
접근통제			감　시		
조직적 통제 (경비원)	기계적 통제 (잠금장치)	자연적 통제 (공간구획)	조직적 감시 (경비순찰)	기계적 감시 (CCTV)	자연적 감시 (창문)

　　그런데 설계개념에서 볼 때, 전통적으로 접근통제와 감시는 환경의 이용을 최소화하거나 무시하면서 단지 조직적·기계적 예방방법만을 강조하였다. 즉, 주어진 환경을 최대한으로 활용하지 못하고 인위적인 방법에 치중하였다고 볼 수 있다. 그러나 최근에는 조직적·기계적 전략보다는 자연적인 기회를 활용함으로써 자연스럽게 범죄를 예방하는 방법을 강조하고 있다. 즉, 제1차적으로 자연적 접근통제와 감시방법을 고려하고 제2차적으로 조직적·기계적 접근통제와 감시방법을 적용하는 것이다.

〈그림 2-5〉 기계적 접근통제

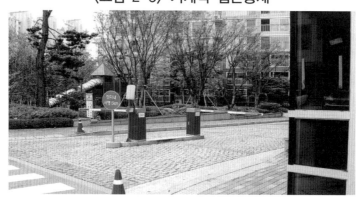

출처: 경인일보(http://www.kyeongin.com)

〈표 2-3〉 접근통제와 감시방법의 변화

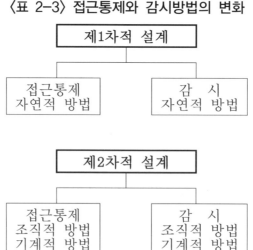

<그림 2-6> 적절한 가로조명의 설치

출처: 다이나믹 K의 안전한 세상 만들기(http://dynamick.tistory.com/93). 일본에
서 범죄율 하락에 큰 공헌을 한 푸른 가로등, 최근 우리나라에서도 한창 설치
중이다.

2) 영역성

이와 같은 접근통제 및 감시방법의 변화는 결과적으로 영역성(territoriality)의
개념을 강조하는 것으로 나타나고 있다.

영역(領域)이라는 것은 사람이 평상시 익숙하고 친숙하여 자신의 것으로 느끼는
장소라고 할 수 있다. 따라서 영역성이란 어느 지역에 대한 합법적인 이용을 의미
하며, 영역적 통제는 경계의 설정에 기반을 두고 있다. 이러한 영역성은 특정 공
간에 대한 소유의식 또는 지배의식을 의미하는 것이다.[20] 사람을 포함해서 모든
생명체들은 일정한 영역성을 가지고 있다고 볼 수 있다. 이는 바로 방어공간과 밀
접한 관련을 갖는 것이다. 따라서 예컨대, 사람은 자신이 거주하는 공간(집)에 대
해서 배타적 권리를 행사하고, 또 거리를 이동하는 경우에도 자신을 둘러싼 일정
한 공간에 대해서 영역성을 확보하고자 한다. 마찬가지로 개나 사자, 고양이와 같

---

20) 최응렬(1994), "환경설계를 통한 범죄예방에 관한 연구: 주거침입절도를 중심으로", 동국대학교 박사
학위논문, p. 24.

은 동물들 그리고 각종 나무들도 그러한 영역성을 갖고 있다.

따라서 접근통제와 감시와 같은 물리적 설계가 영역성에 기여할 수 있도록 하자는 것이다. 즉, 물리적 설계를 통해서 소유의식 및 소속의식을 강화하고, 잠재적인 범죄자에 대해서는 그와 같은 배타적 영역성의 존재를 인식할 수 있도록 하자는 것이다. 이렇게 되면 환경을 이용하는 이용자들은 자신들의 영역보호에 더욱 관심을 갖게 될 것이고, 범죄자들로 하여금 더 많은 위협을 느끼게 할 것이다.

따라서 CPTED는 환경의 효율적인 이용을 통해 범죄예방의 목적을 달성하기 위하여 본질적으로 조직적·기계적 전략에서 자연적 전략으로 그 중심을 바꾸는데 기여하였음을 알 수 있다. 이는 있는 그대로의 환경자체를 자연적·일상적으로 이용하면서 구성원들의 적극적인 행동을 유도함으로써 접근통제와 감시효과를 거두려는 것이다. 물론 이러한 개념들이 구분되더라도 실제로 이들 전략들을 실행하는 데는 중첩되어 나타난다. 따라서 자연적 접근통제와 감시 그리고 영역성의 강화를 독립적인 것으로 생각하기보다는 이들을 통합적으로 고려하는 것이 중요하다.

3) 유지관리의 중요성

〈그림 2-7〉 유지관리의 중요성

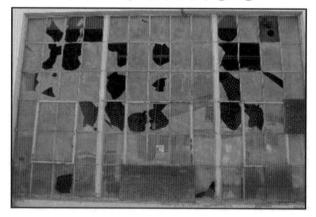

어떤 시설물이나 공공장소를 처음 설계된 대로 지속적으로 이용될 수 있도록 하는 것이 중요하다고 본다. 아무리 좋은 시설이라 할지라도 적절한 사용과 관리가 이루어지지 않고 방치되면, 흉물스럽게 변하기 마련이다. 따라서 예컨대, 깨어진 창문과 낙서는 일반시민과 잠재적 범죄자들에게 해당 공간이나 지역에서는 무질서와 불법이 쉽게 허용된다고 인식하게 만들어준다. 따라서 파손된 환경을 즉시 보수하고, 청결을 유지하는 것은 매우 중요한 일이다. 이로써 범죄가 일어날만한 환경을 차단한다.

4) CPTED 전략모형의 개발

그런데 모든 보호대상에 기본적으로 적용할 수 있는 CPTED모델을 개발하는 것은 어려운 일이다. 이는 범죄 및 손실의 발생 가능성이 때와 장소에 따라 다르게 나타나기 때문이다. 또한 과학기술의 발달은 단순히 CPTED의 전략적 발전을 가능하게 한 것 뿐만 아니라 범죄에 그것이 악용될 경우 CPTED의 기존 접근방법을 보다 무력화시키는 방향으로 적용되기도 한다는 점이다. 따라서 CPTED의 전략은 끊임없이 보완되고 개발되어야 한다. 이를 위해서는 형사사법 및 범죄학, 경비학, 안전관리학 등에 대한 지식뿐만 아니라 교통공학, 건축공학, 인테리어디자인, 전자공학, 소방학 등과 같은 다양한 학문적 지식을 전제로 한다. 한편, CPTED의 접근방법은 모든 보호대상에 기본적으로 적용시킬 수 있는 보편성을 가지고 있어야 한다. 단순히 특정 보호시설에만 국한되어 적용시킬 수 있는 CPTED는 자체적으로 한계가 있기 때문에 활용되기가 어렵다.

5. CPTED와 3D 전략

1) CPTED의 역할과 한계

그런데 모든 보호대상(사람 또는 시설)이 그 활동에 있어서 범죄예방 및 손실예방이 궁극적 목표인 것은 아니다. 이는 범죄 및 손실예방을 극대화시킬 수 있는 CPTED전략이 궁극적인 목표가 아니라는 것을 의미한다. 모든 보호대상(사람 또는 시설)은 본연의 목표를 가지고 있다. 예컨대, 가수라는 존재는 무대 위에서 노래를 잘하는 것이 궁극적 목표이고, 공장은 관련제품을 최적의 상태로 생산하는 것이 목표이다. 따라서 CPTED 적용과정에서 가장 문제가 되는 것은 CPTED가 제대로 적용되지 못했을 경우, 무엇보다도 그 보호대상이 가지고 있는 본래의 기능과 목적에 제약을 가한다는 점이다. 예컨대, 백화점은 물건을 팔기 위한 장소이다. 그런데 백화점에서 발생하는 좀도둑을 막기 위해서 지나친 방범설계를 하여 매장에 적용할 경우, 고객의 구매심리를 위축시킬 우려가 크다. 즉, 백화점 곳곳에 감시카메라를 수없이 설치고, 매장 곳곳에 제복을 입은 민간경비원들을 다수 배치시켜 감시하게 하는 활동을 전개하게 되면 결과적으로 매출액 감소라는 부작용이 나타나게 되며, 이는 결과적으로 범죄피해액보다도 매출액감소로 인한 손실이 더욱 클 수 있다는 것이다. 보호대상의 특성을 고려하지 않고 무조건 완벽한 범죄예방시스템을 구축하는 것이 항상 현명한 것은 아닐 수도 있다.

2) 3D 전략

따라서 CPTED의 적용은 그 보호대상이 본래의 목적을 달성하기 위해 가지고 있는 '공간'(space)을 극대화시키면서 적용되어야 한다. 일반적으로 인간이 활용하고 있는 '공간'은 세 가지의 기능을 가지고 있다. 첫째, 인간이 활용하는 공간은 일정한 목적을 가지고 있다는 점이며, 둘째, 그러한 공간은 지역적·문화적·자연적·과학적 기타 여러 가지 환경적 요인에 의해 영향을 받는다는 것이다. 셋째, 그러한 공간은 인간의 행동을 극대화시키면서 한편으로는 인간의 행동을 통제하는 역할도 한다는 점이다.

여기에서 언급하고자 하는 '3D 전략'은 이상과 같이 어떠한 '공간'이 가지고 있는 본연의 기능을 명확하게 확인하는 과정이라고 할 수 있다. 3D는 지정(Designation), 정의(Definition), 설계(Design)의 영문 머릿글자 'D'를 따온 것이다. 따라서 범죄예방 및 손실예방을 위해 CPTED의 설계를 담당하는 사람은 3D와 관련된 다음의 질문을 스스로에게 제기해야 하며, 그에 따라서 나타나는 문제점을 해결하기 위한 노력을 해야 할 것이다.

결론적으로 CPTED의 세 가지 기본전략 즉, 접근통제, 감시활동, 지역적 지원은 모두 3D 개념에서 출발한 것이다. 한편으로는 3D는 CPTED의 근원적인 문제점과 시행상의 문제점을 발견하는데 가장 유용하게 사용되는 획기적인 방법인 것이다.

〈표 2-4〉 3D관련 검토사항

1. 지정(Designation)
  ● 이 공간이 무엇을 위해 필요한 것인가?
  ● 이 공간은 어떤 목적을 가지고 있는가?
  ● 현재 이 공간은 효율적으로 사용되고 있는가?
  ● 다른 요소와의 마찰은 없는가?

2. 정의(Definition)
  ● 공간의 범위가 명확하게 한정되어 있는가?
  ● 공간의 소유자가 분명한가?
  ● 주어진 공간을 사용하는데 있어서 외부의 제약은 없는가?
  ● 공간의 사용목적과 실제 사용용도가 충돌하지는 않는가?

3. 설계(Design)
  ● 본래의 기능을 충분히 발휘할 수 있도록 설계되어 있는가?
  ● 설계가 원하는 행동을 유도하는가?
  ● 설계내용이 인간의 활동에 큰 제약을 가하지는 않는가?
  ● 설계내용과 실제 적용상에 마찰이나 부작용은 없는가?

6. 결론

〈그림 2-8〉 ○○건설, 국내최초 범죄예방 환경설계 인증 획득

범죄는 개인적인 특성(생물학적, 심리학적 요인)과 사회환경적 특성(구조적, 과정적 요인 등)의 복잡한 역학관계 속에서 발생하기 때문에 이를 발견하거나 예방하는 것은 쉬운 일이 아니다. 이러한 상황에서 환경설계를 통한 범죄예방은 일정 부분 범죄를 억제 내지 예방할 수 있는 하나의 중요한 전략이라 할 수 있다. 따라서 향후 이를 보다 체계적으로 연구하여 일상생활과 형사정책적으로 적용시킬 수 있다면 보다 안전한 사회를 건설할 수 있을 것으로 기대된다.

제**3**장

시설경비 실무

제3장

시설경비 실무

제1절 시설경비의 의의

1. 시설경비의 개념

경비를 필요로 하는 대상은 국가 및 기업의 중요시설, 다중운집장소, 현금 다액 취급업소에서 최근에는 개인주택 등 개인의 생명 및 신체에 이르는 모든 분야를 망라한다. 대형건물이나 공장, 아파트, 단독주택 등 제반시설들의 규모나 성격에서 차이가 있을 뿐 경비대상이라는 점에서는 같다고 할 수 있어서 시설경비는 모든 경비근무의 핵심이 되는 근무라고 할 수 있다.

시설경비란 국가 중요시설과 보안시설에 대한 적의 테러나 각종 위해로부터 보호하는 제반근무를 말한다. 중요시설이란 적의 공격으로 인하여 파괴되거나 기능이 마비될 경우 국력에 중대한 영향을 미치는 시설이며, 보안시설이란 국가적으로 중요하여 적에게 노출되어 파괴되었을 때 막대한 손실을 입는 시설이다. 이러한 시설을 노리는 자는 북한의 간첩에서부터 단순절도에 이르기까지 인위적 피해 외에 홍수, 해일, 폭풍우 등 자연재해에 대한 대비까지도 하는 것이 시설경비임무를 완벽히 수행하는 것이다. 우리 민간경비분야에서는 고객이 경비를 의뢰한 시설에 대하여 그 특성을 파악, 취약점을 완벽히 방어할 수 있는 경비를 실시함으로써 고객의 욕구를 만족시켜야 할 것이다.

2. 시설경비의 중요성

수년전 종로 5가의 통신구 화재로 인하여 시내전화는 물론 국제전화까지 불통되어 국가적으로 막대한 지장을 초래한 적이 있었다. 이러한 시설은 국가에서 운영하는 시설은 아니나 국가기관 및 민간기업과 개개인이 사용하고 있어 국가 전체적으로 수많은 피해를 초래하였다. 이러한 피해는 반드시 화재 등 재해로서만 발생 가능한 것은 아니다. 불순분자에 의한 테러였을 경우 더 큰 재앙을 불러올 수 있으며 복구에 더욱 긴 기간을 필요로 하였을 것이다. 따라서 시설경비는 국가뿐만 아니라 기업과 시민생활에 미치는 영향이 커서 매우 중요한 업무라고 할 수 있다.

경비가 필요한 시설의 종류는 국가기관, 공공시설, 산업시설, 은행, 학교, 병원, 상가, 시장, 주택, 사무소, 주차장, 창고, 호텔, 건설현장, 경기장, 전시장 등으로 나누어 볼 수 있는데, 시설에 따라서 근무시 착안사항이 달라 경비근무도 다양하게 각 시설별로 특성화된 경비근무를 하여야 할 필요가 있다.[21]

3. 시설경비의 원칙과 종류

1) 시설경비의 원칙

경비대상시설의 종류나 성격에 따라 경비방법이 달라진다. 시설의 특징이나 구조, 계단의 구조, 비상구, 종업원의 수, 외래 출입자의 수, 사업내용 등에 따라 각각 시설의 사고발생의 정도, 비율, 위험도가 달라진다. 그래서 경비를 할 때는 시설의 내용을 파악할 필요가 있다. 시설경비는 원칙적으로 첫째, 사고의 발생예측, 둘째로 사고발생에 대한 경비계획의 수립, 셋째, 경비 실시, 넷째, 결과에 대한 평가를 하는 단계가 있다.[22]

(1) 위험도의 원칙

시설경비는 위험도에 따라 달라진다는 원칙이다. 즉, 시설경비는 경비원이 경비하고 있는 경비대상시설이나 물건의 위험도에 따라 다르다는 것이다.

예를 들면, 화재발생의 위험도는 백화점, 사무실, 공장 등이 당연히 각각 다르다. 도난사고도 백화점, 대형서점 등에서 많이 발생한 반면 사무실, 공장 등은 거의 없는 편이다. 또 대기업 1개사에 입주해 있는 빌딩은 자체경비 등을 통하여 사고관리, 방화관리, 문단속 점검 등이 확실하게 이루어지므로 사고발생이 거의 없

21) 박종필(2007), 경찰실무종합, 서울: 경찰승진정보, p. 374.
22) 안황권(2009), 시설경비론, 인천: 진영사, pp. 20-24.

어 소위 위험도가 낮다. 그러나 다양하고 영세한 회사들이 입주한 빌딩이나 공장 등은 화재발생 등의 위험도가 높다.

(2) 취약성의 원칙

시설경비는 취약성에 의해 달라진다는 원칙이다. 경비원이 경비대상시설을 경비하는 경우 화재나 도난의 발생위험이 예측되는데, 판명할 수 없다. 예를 들면 종이가 회의실에서 연소될 경우, 회의실에 배치되어 있는 많은 가연물에 불이 옮겨 붙을 수 있는 가능성이 있다면 화재발생을 염려해야 할 것이다. 이것은 종이의 연소라는 사실과 근처에 다량의 가연물들이 배치되어 있다는 사실, 이 두 가지가 이중으로 겹쳐 발생하게 된다.

이렇듯 여러가지 복합적 상황이 겹쳐 하나의 화재사고, 도난사고가 일어나게 되는 것이다. 사고의 발생에는 사람과 사람, 사람과 물건이라는 여러 상황에 의해 일어나게 되는 것이다.

경비대상물건은 단독으로 존재하고 있는 한 문제가 일어나지 않으나, 사람과 물건, 사람과 장치, 상품 등이 유입되면서 사람과 물건 간의 접촉과정에서 사고가 발생하게 된다. 따라서 모든 시설이 이런 사고가 생기지 않도록 몇 시간 간격으로 심야에 순찰을 실시하는 등 사전 예방을 하고 있지만, 물건, 기기, 상품, 제품자체가 환경조건에 적합하지 않아 돌연 화재사고가 발생하여 시설전체가 소실되거나 파손되는 경우가 있다. 결국 이 시설은 취약점이 있어 시설이 파괴된 것이다.

빌딩의 경우, 가스 보일러실, 식사 조리실, 숙직실, 기계실, 냉난방 기계실, 상품 창고 등이 가장 취약한 장소이다. 각 경비대상 시설에 대해 이러한 취약점을 예측할 수 있으나, 그 장소의 특성, 내용이 모두 다르므로 시설경비의 방법은 그 고유의 취약도에 따라 달라진다.

(3) 확률성의 원칙

시설경비는 이른바 확률의 문제라고 부르기도 한다. 10년을 매일같이 경비대상 시설을 성실하게 순찰해 왔더라도 한 순간의 태만으로 사고가 발생했다면 결과적으로 그 임무는 실패가 되는 것이다. 화재발생의 원인을 예방하지 못한다면 과거의 경비실적은 단숨에 사라지고 많은 비난을 받게 될 것이다. 반대로 매번 태만한 경비업무를 실시함에도 불구하고 근무 중 아무런 사고가 없다면 결과적으로 이 경비원은 훌륭하게 근무를 서고 있다고 평가받을 것이다.

그러나 천 번의 근무 중 1번의 실수로 인해 화재가 일어난 것을 999번의 화재 미발생 확률을 생각하고 태만하게 근무하는 것은 부적절한 근무 자세이다. '하인리히 1: 29: 300의 법칙'[23]과 같이 1번의 대형사고가 발생했을 경우 이미 그 전에 유사한 29번의 경미한 사고가 있었고, 그 주변에서는 300번의 이상 징후가 감지된다는 것이다.

경비는 절대로 확률에 빗대어서는 안되며, '오늘은 사고가 없을 것이다'라는 생각보다 '오늘은 사고가 발생할 수도 있다'라는 정신으로 확실하게 근무하는 것이 바람직하다.

2) 시설경비의 종류

시설경비는 경비대상시설의 목적, 종류, 계약의 내용 등에 따라 다르지만, 일반적인 근무형태는 다음과 같다. 시설경비업무라고 해도 구체적인 실시형태는 대상시설의 종류 등에 따라 다르다. 경비원의 근무형태에 따라 시설경비업무를 분류하면 상주경비, 순찰경비, 보안경비가 있다.

(1) 상주경비

상주경비는 빌딩, 사무실, 공장 등의 경비대상시설 내에 필요한 경비원을 24시간 상주시켜 출입관리업무, 순찰업무, 감시업무를 통해 도난, 화재 등의 사고발생을 경계하고 방지하는 경비방법이다.

상주경비는 이러한 경비업무를 통하여 계약처의 원활한 업무운영에 기여하는 것이 목적이다.

---

23) 1930년대 초 미국 한 보험회사의 관리·감독자였던 하인리히는 고객 상담을 통해 사고를 분석해 '1:29:300'의 법칙을 발견했다. 1번의 대형사고가 발생했을 경우 이미 그 전에 유사한 29번의 경미한 사고가 있었고, 그 주변에서는 300번의 이상 징후가 감지됐다는 것이다. 실제 우리나라의 경우 최근 10년간의 교통사고 통계를 분석하면 1회의 사망사고에 35~40회 정도의 중·경상 사고가 발생했으며, 수백 건의 위험한 교통법규 위반사례가 적발됐다. 폭행·강도·살인 등 강력사건에서도 크게 다르지 않다. 일본 도쿄대 공대 하타무라 요타로교수는 '실패학의 권유'(2000년)에서 한국의 와우아파트와 삼풍백화점 붕괴, 일본 JOC원자력발전소 사고 등을 인용해 이 법칙을 설명했다. 아울러 경미한 사고들에 철저히 대응하고, 앞서 수많은 이상 징후들을 놓치지 않는 것이 관리·감독자의 책임이며, 그래야만 실패를 되풀이 않는다고 권유했다. 수년 전부터 우리 대기업에서는 '하인리히 법칙'과 '하타무라 권유'를 CEO 및 임원들 교육에 활용하고 있다. 한 상품에서 치명적 결함이 드러났다면 29회의 고객불만(크레임)이 회사에 접수되었을 것이며, 고객이든 사원이든 300번 정도 '뭔가 이상하다'고 느꼈음이 분명한 만큼 그것을 포착하라는 것이다.

상주경비업무는 경비대상의 확대와 함께 업무형태·내용 등 그 범위가 확대되고 있으며, 다양한 경비업무가 포함되어 있다.

상주경비의 대상은 사무실, 복합빌딩, 백화점, 금융기관, 의료기관, 학교, 공장, 창고, 호텔, 지하상가 등 광범위한 시설이며, 이 시설들은 각각 완전히 다른 특성을 가지고 있어 경비내용도 이에 따라 천차만별이다.

업무내용도 방범업무뿐 아니라 화재와 관련된 업무로 소화·경보·방화설비 등의 점검, 화기 취급, 가스유출 확인 등을 실시하고 있다. 또한 상주경비업무 중 주차장 관리업무로서 차의 도난방지나 교통유도, 요금징수, 차량 출입관리 업무, 행사장 등의 혼잡정리업무가 포함된다.

이와 같이 상주경비는 경비대상시설에 따라서 실시형태가 다양하기 때문에 그 업무를 수행하기 위해서는 관계 법령, 경비기술을 습득하여 시설관리 운영의 전반에 대해 잘 이해하고 임무를 수행해야 한다. 또 그런 경우에 예기치 못한 사태에도 신속히 대응할 수 있다.

(2) 순찰경비

순찰업무는 경비대상시설의 도난, 화재 등에 의한 피해를 미연에 방지하고 피해를 최소화하기 위하여, 경비대상시설을 순회하는 경비방법이다.

일반적으로 경비대상시설에 상주하면서 순찰활동을 통해 도난, 화재를 방지하고 있는데, 이것은 상주경비를 구성하는 일부 활동이다. 여기서는 상주하지 않고 순찰을 중심으로 하는 경비형태를 말한다. 순찰에 관한 양자의 기본적인 내용은 대동소이하다.

(3) 보안경비

보안경비는 백화점, 대형 할인마트 등에서 절도를 방지하거나, 경계를 하는 경비방법이다. 경비원은 일반적으로 사복으로 근무하며, 여자경비원이 많이 배치된다.

백화점, 대형 할인마트 등에서 절도 등 점포내 범죄를 방지하기 위해 점포 내를 경계하여 질서를 지켜, 안전하고 건전한 환경을 확보하는 것을 목적으로 하는 업무이다.

백화점과 대형할인점 등에서는 고객이 진열된 상품을 선택하여 카운터까지 가져와 대금을 지불하는 방식을 취하기 때문에, 매장이 넓어 진열대 주변까지 감시하기 어려운 점이 있다. 많은 점포들은 보안과를 두고 경비업무를 수행하고 있지만 경비업자는 이들과 협력하여 절도방지를 도모하고 있다.

제2절 시설경비의 운용

1. 순찰근무

1) 순찰의 의미

순찰이란 경비책임 구역을 순행하면서, 경비대상시설의 안전과 범죄의 예방, 사고방지, 정황관찰 등을 하는 경비원의 가장 기본적인 근무형태 중의 하나이다.

2) 순찰의 기능

(1) 범죄억제효과

순찰기능 중 가장 중요한 것은 범죄를 미연에 억제, 방지하고, 이미 발생한 범죄, 사고를 신속히 발견하여 적절하게 처리하는 것이다. 중요시설에 침투하려는 범인은 단순히 근무자가 가까이 지나가기만 하여도 위축되어 범죄를 포기하는 경우가 많으므로 부단한 순찰로 범죄를 예방함으로써 경비의뢰자의 욕구를 만족시켜 주어야 한다. 순찰 중 부단한 불심검문을 하는 것도 역시 동일한 범죄억제효과를 지닌다.

(2) 정황관찰

순찰 중 시설 내의 모든 상황을 파악하여 시설경비에 참고사항으로 활용하는 것도 역시 중요한 기능 중의 하나이다.

3) 순찰의 종류

(1) 노선에 의한 구분

① 정선순찰

사전에 정해놓은 순찰노선을 따라 규칙적으로 순행하는 순찰을 말하는 것으로, 순찰근무자의 위치를 추정하기 쉬우므로 감독·연락 등에 매우 편리하나 범죄자 등이 예측하고 순찰근무자를 피할 수 있는 단점도 있다.

② 난선순찰

순찰근무자가 임의로 노선을 선택하여 목적지역을 순찰하는 방식으로 그 효과는 순찰근무자의 능력에 따라 크게 달라질 수 있으며, 감독, 연락이 불편하고 규율 있는 근무를 하기 어렵다는 단점이 있다.

③ 요점순찰

순찰구역 내의 중요지점을 지정하여 순찰근무자는 반드시 그곳을 통과하며, 지정된 요점과 요점 사이에는 난선순찰방식 순찰을 하는 것을 말한다. 정선순찰과 난선순찰의 장점을 살리고 단점이 보완되는 방식이다.

④ 구역순찰

순찰구역 내의 몇 군데를 순찰 소구역으로 설정하여 이 소구역을 중점적으로 난선순찰하는 것을 말한다. 시설 내에 특별히 범죄의 우려가 있는 지역의 경우에 흔히 사용하는 방법이다.

(2) 기동력에 의한 구분

① 도보순찰

걸어서 순찰하는 방법으로 속도가 느리다는 단점이 있으나 은밀히 순찰하면서 면밀히 관찰할 수 있고 외부의 음향 등을 청취하는데 편리하므로 야간 등 청력을 필요로 하는 경우에 유리하다. 비좁은 장소나 도로 등을 용이하게 순찰할 수 있고 지리 및 주변 정황에 통달할 수 있으나 속도가 느려 소구역 순찰시 유리하다.

② 자동차순찰

차량을 이용하는 순찰로서 무전기를 장치한 자동차, 오토바이 등이 이용된다. 상당히 넓은 지역을 순찰할 수 있다는 장점이 있으나 상세히 지역을 살필 수 없다는 단점도 있다. 대규모 공단 등이나 긴급히 출동하여야 할 경우에 유용하다.

③ 자전거 순찰

자전거를 이용하는 순찰로서 적당한 속도를 유지할 수 있고 상황을 상세히 관찰할 수 있으므로 중간 정도의 시설에서 유용하다.

(3) 인원에 대한 구분

① 단독순찰

한 사람이 순찰하는 방법으로 소수의 인원으로 넓은 구역을 순찰할 수 있으며 장비가 우수하면 단독순찰이라도 충분히 효과를 거둘 수 있다. 은밀히 주의력을 집중하여 순찰할 수 있으나 다수의 범죄 기도자가 있을 경우 대처가 불가하다.

② 복수순찰

2인 이상의 근무자가 순찰하는 것으로서 범죄의 위협이 있을 경우 유용하다. 다수의 범인에 대한 대처가 가능하며 유사시 연락이 가능한 장점이 있다.

(4) 기타 순찰요령

여러 가지 순찰방법 중 어느 한 가지를 사용하기 보다는 근무장소나 당시의 정황에 따라 여러 가지를 혼합하여 사용하는 것이 유리하며 때로는 변칙 스타일이 유리한 경우도 있다.

① 복선순찰

순찰근무자를 2인 1조로 증원하다든가 처음 순찰 근무자가 떠난 후 얼마간의 시차를 두어 다음 순찰근무자를 순찰하게 하는 경우도 있고, 한 사람은 1호함에서 10호함까지 정선대로 순찰하게 하고 또 한 사람은 10호함에서 1호함까지 역선으로 순찰하게 하는 방법도 있다.

② 역선순찰

때로는 정선순찰노선을 역선으로 순찰하게 하는 방법이다.

4) 근무자의 준수사항

(1) 목적의식

순찰근무자는 그저 돌아다니는 게 아니고 시설의 안전을 지킨다는 목적의식을 가지고 순찰해야 한다. 막연히 돌아다니면 확인하여야 할 사항을 확인하지 못하는 경우가 있다.

(2) 용모, 복장 단정

순찰근무자는 순찰하기에 앞서 용모와 복장이 단정한가 거울에 비춰보고 순찰근무를 해야 한다. 용모, 복장이 단정하지 못한 채 순찰하면, 외부인사가 볼 때 근무자의 정신자세를 의심받을 우려가 있다.

(3) 장비 점검

순찰하기 전 순찰에 필요한 장구를 모두 갖추었는지 점검하여야 한다. 봉, 경적은 필수품이고 때로는 가스분사기, 야간이면 손전등 등을 준비해야 할 것이다.

(4) 의연한 태도

순찰근무자는 태도가 의연해야 한다. 의연하다는 것은 굳세다는 말이다. 바위를 뚫을 듯한 매서운 눈초리로 태산이 무너져도 끄떡하지 않는다는 굳센 의지와 태도를 지녀야 한다. 콧노래를 부르거나, 담배를 피우거나, 껌을 씹으면서 순찰해서는 안 된다.

(5) 정숙한 근무

순찰근무는 비노출로 하는 것이 범죄자의 동태를 감시하는데 효과적이나 때로는 노출근무를 하는 것도 좋다. 전등을 소지하고 있는 경우 필요한 곳에서는 켜야 하나 그렇지 않은 곳에서는 끄는 것이 좋으며 불필요한 소음을 내는 것 등은 삼가는 것이 좋다.

(6) 중점 점검대상 숙지

순찰지점으로 지정된 곳은 거의 취약점이 있는 장소이다. 사람의 출입이 잦다든가 중요한 서류나 물건이 있는 곳을 살핀다든가, 화기 이상 유무의 확인 등 순찰근무자가 확인해야 할 항목이 있는 것이다. 순찰함에 서명하기에 앞서 순찰지점에 대한 점검사항을 반드시 점검하여야 한다.

(7) 이상시 원인규명

순찰 중 이상한 냄새, 이상한 소리 등을 느끼면 끝까지 그 원인을 찾아 밝혀야 한다. 작은 이상의 원인을 규명하지 못하면 대형사고로 확대될 가능성이 있다.

(8) 보고

순찰 전 감독자에게 "순찰근무 다녀오겠습니다."라고 보고 후 순찰근무를 실시하고 종료 후 감독자에게 각 순찰지점의 상태, 다음 순찰근무자에게 인계할 사항 등을 보고하여야 한다.

5) 순찰근무시 착안사항

(1) 건물내부 순찰시 착안사항

ㄱ 처음 순찰 했을 때의 실내상황을 잘 기억하였다가 다음 순찰시 변동사항 유무를 주의 깊게 관찰한다.
ㄴ 창문, 셔터 등의 파손 및 시건 여부
ㄷ 중요기밀실의 시건 여부
ㄹ 계단, 통로, 화장실 등 범인은닉가능 장소 점검
ㅁ 끽연실의 재떨이 상태 점검
ㅂ 전기스위치 등 점검
ㅅ 문을 열고 들어갈 때는 인기척 유무 확인
ㅇ 자물쇠가 잠긴 곳을 열었을 때는 순찰 후 다시 자물쇠를 채우고 확인
ㅈ 소화기 상태

(2) 건물외부 순찰시 착안사항

ㄱ 외부로부터 침입에 이용될 우려가 있는 전주, 수목, 공사장 하치물, 담벽 등 점검
ㄴ 출입문, 셔터, 창문 등의 시건 상태 점검
ㄷ 건물모퉁이 돌 때 인기척 유무 확인
ㄹ 인근 불량자의 접근 유무
ㅁ 휴지소각장, 쓰레기 하치장 점검
ㅂ 담벽 파손시 보수 유무
ㅅ 소화설비, 피난설비의 점검
ㅇ 관상수 주위 점검 및 옥외등 조명 상태

2. 출입자 관리

1) 의의

출입자 관리란 "건물이나 경비대상 시설의 안전을 위하여 출입자를 감시하고 반출입 물건을 확인, 점검하는 업무"로서 시설경비에 가장 중요한 근무 중 하나이다.

2) 근무자의 일반수칙

출입관리업무는 다양하므로 일정한 유형으로 단일화 할 수는 없다. 경비가 행해지고 있는 건물의 경우 신분확인 후 표찰을 패용하고서야 출입이 가능한 곳도 있고 은행과 같이 집무시간 이외는 일체의 출입을 못하는 곳도 있다. 경비대상시설이 여러 가지이고 출입하는 사람의 유형과 시간이 각기 다르기는 하나 출입관리 근무자가 공통적으로 지켜야 할 수칙이 있다.

① 용모복장 단정

출입관리근무자는 그 시설의 얼굴이다. 용모와 복장이 단정하여야 한다.

② 공손하고 예의바른 언행

출입관리에는 상대자가 있다. 상대의 인격을 존중하여 주면서 친절하고 겸손한 말과 행동으로 충분히 상대의 방문목적 확인 및 통제목적을 달성할 수 있어야 한다.

③ 의연한 태도

출입관리근무자는 친구와 잡담하거나, 큰소리로 웃거나, 담배를 피우거나, 잡지를 보거나, 행상인과 흥정하거나 해서는 안 된다. 근무태도가 의젓해야 한다.

④ 시설 내의 사정 숙지

시설을 방문하는 자는 맨 처음 출입관리 근무자와 대하게 되고 시설 내의 사정을 문의하는 경우가 있다. 관리부는 몇 층 어디이며, 업무부는 몇 층 어디에 있다는 것을 잘 알고 있어야 한다. 또한 시설 주변의 지리적 사정도 잘 알아서 지리교시도 잘 할 수 있도록 해야 한다.

⑤ 업무의 인계인수 철저

근무 인계, 인수시 그동안 취급한 업무 전반에 관한 것을 전부 인수인계 하여야 한다. 인수인계는 근무자가 바뀌어도 근무의 연속성이 유지되도록 하는 것으로서 근무교대시 가장 중요한 것 중의 하나이다.

3) 출입관리근무 요령

① 사람의 출입관리

모든 범죄는 일단 사람의 출입에서 시작된다. 어떠한 범죄도 사람이 일단 들어와 보고 나서 착수하거나 어떤 유형의 범죄를 모의한다. 따라서 사람의 출입을 철저히 통제하고 나면 어떠한 범죄도 발생되기 어려운 것이다. 출입관리근무의 요령은 들어와야 할 사람은 경비근무자가 없는 것처럼 출입할 수 있고, 들어와서는 안 될 사람은 철저히 통제되어야 한다는 것이다.

㉠ 고정출입자의 파악

상시 통행하는 사람은 신속히 익혀두도록 한다. 사람에 따라 쉽게 기억되는 사람이 있고, 쉽게 기억되지 않는 사람이 있으나 생각나지 않는 사람은 확실히 알게 될 때까지 근무를 위하여 협조해 달라고 정중히 부탁하여 재확인하도록 한다. 명단을 비치, 확인하면 쉽게 파악이 되니 항상 명단을 가까이 하도록 한다.

㉡ 불심자의 발견

근무자의 근무는 출입하여서는 안 될 사람을 선별하는 것에 의해 우열이 구별된다. 평소 잘 나타나지 않던 사람이 나타나서 어떠한 사항을 문의하면 일단 불심점을 가지고 보면 된다.

(가) 거동 수상자

사방을 둘러보거나, 불안한 기색이 있는 자, 자주 뒤를 돌아보거나 도망치듯 걸음이 부자연스러운 자 등 주변과 어울리지 않는 행동을 하는 자이다.

(나) 외모, 복장이 수상한 자

옷이 찢어졌거나, 흐트러져 있는 자, 핏자국이 있거나 이상한 냄새를 풍기는 자, 옷에 거미줄, 흙, 먼지가 많이 묻어 있는 자, 상의와 하의의 격식이 맞지 않는 자 등이다.

(다) 휴대품이 수상한 자

신분과 휴대품이 어울리지 않거나 칼, 열쇠, 장도리, 카메라 등을 이유 없이 휴대한 자, 남의 도장, 물품 등을 가진 자, 중요사건의 신문기사를 오려서 가지고 있는 자, 색안경, 보자기, 노끈, 밧줄 등을 가진 자 등이다.

(라) 기타

자주 이유 없이 출입하거나, 말을 부자연스럽게 하는 자 등이다.

② 차량의 출입관리

ㄱ 차량번호, 차종, 행선지, 용무, 시간 등을 출입관리부에 기재
ㄴ 화물 적재시 화물의 종류와 수량 확인
ㄷ 주차장소의 안내

③ 물품의 반출입

시설 밖으로 나가서는 안 될 물품이 나가서도 안 되고, 시설 안으로 들어와서는 안 될 물품이 반입되어서도 안 될 것이기 때문에 반출증이나 반입증을 사용하도록 하여야 한다. 이때는 반출입증과 물품내용이 일치하는가, 반출입증 발행인은 정당한가, 포장을 푼 흔적은 없는가를 확인하고 반출입증에 확인하여 두 번 이상 사용하지 못하도록 하여야 한다.

3. 초소근무

1) 개설

시설에 따라서는 시설 주위에 초소를 설치하고 24시간 경계근무에 당하는 경우가 있다. 초소를 지면보다 높게 설치하여 멀리 바라보기 좋도록 한 곳을 망루라고 한다. 초소근무이건 망루근무이건 근무요령은 동일하다.

2) 초소근무요령

① 감시책임지역 내의 중요 지형지물과 의심스러운 곳을 중점 감시한다.
② 가까운 곳에서부터 감시하여 차츰 먼 곳까지 감시한다.
③ 좌에서 우로, 우에서 좌로 반복하여 감시한다.

④ 50m씩 끊어서 약간 중첩되게 감시한다.

⑤ 야간에는 청각을 최대로 활용한다.

⑥ 아주 작은 음향에도 세심한 주의를 기울인다.

4. 상황조치 방법

1) 상황의 유형

경비근무 중 절도범의 침입이나, 폭력사건 등 돌발사태가 발생할 수 있다. 이 때 경비근무자는 조치요령을 알아 두어야 대치할 수 있다. 즉각 조치하여야 할 경우는 여러 가지가 있겠지만 여기서는 현행범의 체포와 현장보존에 대하여 설명한다.

2) 현행범체포

(1) 현행범의 의의

현행범인이란 '범죄를 실행중'이거나 '실행 직후'인 자를 말한다(형사소송법 제211조 제1항). 형사소송법상 범죄를 저지른 사람은 영장이 있어야 체포가 가능하나 현행범인에 대하여는 일반인도 체포가 가능(형사소송법 제212조)하도록 하고 있으므로 경비원의 경우 당연히 체포할 수 있다. 범죄사실이 뚜렷하므로 인권침해의 여지가 전혀 없기 때문이다. 이 외에 준현행범도 역시 현행범인으로 간주(형사소송법 제211조 제2항)하여 현장에서 체포가 가능한데 현행 범인의 요건은

① 범인으로 호칭되어 추적되고 있는 자

② 장물이나 범죄에 사용 되었다고 인정함에 충분한 흉기 기타 물건을 가지고 있는 자

③ 신체 또는 의복류에 현저한 증적이 있는 자

④ 누구임을 물음에 대하여 도망하는 자 등이다.

(2) 현행범인에 대한 조치

① 체포

현행범인은 누구라도 체포할 수 있으며, 따라서 경비근무자가 현행범인을 목격하였을 경우에는 당연히 체포하여야 한다. 체포는 힘을 가하여 범인의 신체를 구

속하는 것이므로 어느 정도 강제력을 행사하는 것은 법적으로 타당하다고 볼 수 있다.

② 인도

경비근무자가 현행범인을 체포하였을 때는 지체없이 경찰관에게 인도해야 한다. 현행범인 인도시 경찰관에게 체포자의 성명, 주소, 체포경위 등을 상세히 설명하여 줌으로서 차후 범죄사실의 확인에 도움이 되도록 하여야 한다.

③ 체포의 제한

현행범이라 하더라도 경미한 범죄(50만 원 이하의 벌금, 구류, 과료에 해당하는)를 범한 현행범인은 일반적으로 체포할 수 없고 주거가 분명하지 아니한 때에 한하여 체포할 수 있다(형사소송법 제214조).[24]

(3) 범인이 소지한 흉기, 장물

범인이 소지한 흉기, 장물 등에 대해서 수사기관 아닌 일반인은 압수, 수색을 할 수 있는 규정이 없지만, 범인의 자살방지와 증거인멸 방지를 위하여 범인으로부터 분리하여야 한다.

3) 현장보존

(1) 현장보존의 의의

현장보존이라 함은 범행후의 범죄현장을 그대로 보존하여 증거 및 유류물, 유류품의 분실이나 변질 등을 방지하여 경찰관의 증거채취에 협력하는 것이다. 범죄가 발생하지 않으면 물론 좋으나, 범죄가 발생한 경우라면 범인을 검거하여야 하므로 경비근무자는 경찰관의 수사활동에 협력하여야 한다.

(2) 현장보존의 중요성

범죄현장은 범죄가 발생한 곳이다. 범인의 지문, 피, 침, 머리카락, 대소변, 정액, 땀과 같이 범인 신체의 일부가 남아 있을 수도 있고, 범인이 소지하였던 흉기나, 도구, 라이터, 성냥, 명함, 사진, 주민등록증 같은 것이 남아 있을 수 있다. 범죄 현장은 증거의 보고이므로 현장을 감시할 경찰관이 현장에 나타날 때까지

---

24) 조충환(2008), 형사소송법, 서울: 박문각, pp. 306-309.

현장을 확실히 보존할 필요가 있다. 현장보존을 확실히 하는 것은 범인을 검거하는 것과 거의 대등할 만큼의 중요성이 있는 일이다.

(3) 현장보존의 범죄와 요령

현장보존의 범위는 범지장소를 중심으로 될 수 있는 한 넓게 보존하는 것이 좋고 보존요령은 테이프로 봉쇄하거나, 바리케이드를 설치하여 현장접근이 필요한 자 이외의 누구라도 접근하지 못하도록 하여야 한다. 범죄의 현장은 아니라도 범인이 침입하였을 것으로 예상되는 길목이나 도주 예상경로도 잘 보존하여야 하며, 발자국 등의 보존에도 소홀함이 없어야 한다.

(4) 범죄현장에서의 부상자 처리

범죄현장에 부상자가 있는 경우 신속히 구조해야 한다. 부상자 이동시 부상자가 있었던 위치를 백묵 등으로 표시하거나, 사진촬영 등으로 표시하여 수사 등 현장확인목적으로 다시 조사할 때 혼동되지 않도록 조치하여야 한다. 범행현장의 물건, 부상자 등의 정확한 위치는 범죄수사에 없어서는 안 되는 것들이다.

(5) 현장인계

경찰관이 범죄현장에 도착하면 경비근무자의 현장보존 임무는 끝난다. 현장에 도착한 경찰관에게 현장 발견시간, 발견 후의 조치 등을 사실대로 설명해줄 수 있어야 한다. 경비원이 발견한 시간부터 인계까지의 경과를 메모하여 동시에 전달할 수 있으면 더욱 좋을 것이다. 특히 강력범의 경우 현장에서의 목격담은 범인검거에 상당히 중요한 역할을 한다.[25]

5. 기록

1) 기록의 의의

기록이란 경비원이 경비업무 수행 중 관찰하는 다양한 사물이나 현상들을 메모 등의 형태로 문자화하는 작업이다. 사람의 기억력은 무한하지 못하다. 개개인의 능력차이가 있을 수 있겠지만 대부분의 사람들은 자신이 관찰하거나 보고 들은

---

25) 조철옥(2009), 범죄수사학 총론, 서울 : 21세기사, pp. 170-206.

내용을 기억하는 데에 한계를 지니고 있어 시간이 지난 뒤에는 기억의 상당한 부분을 잃어버리게 된다. 또한 기억이란 시간이 지남에 따라 관찰자의 성향에 따라 기억하고 싶은 형태로 변질·변화되기도 한다. 사람마다 그들의 학식과 상황을 근거로 하여 지각한 것을 평가하기 때문이다. 따라서 관찰자가 기억한 사실들은 시간이 지날수록 객관적인 특성을 읽어버리고 결국 관찰자의 주관적인 기억으로만 남게 된다.

2) 기록의 기능

기록을 통하여 관찰자는 자신의 부족한 기억을 보완할 수 있다. 몇 십 년이 지나도 일기를 통하여 그 날의 상황을 생생하게 떠올릴 수 있는 것처럼 기록은 쉽게 잊혀질 수 있는 기억을 오래도록 보존하여 준다.

또한, 기록을 통하여 관찰자는 자신이 기억하고 있는 사실에서 주관적인 부분을 배제하고 객관적인 사실을 보존할 수 있다. 즉, 기록은 시간이 지날수록 기억이 관찰자의 주관적인 특성과 성향에 따라 변질되는 것을 막고, 당시 상황의 객관적인 특성을 보존하여 준다.

3) 기록 방법

(1) 기록의 대상

경비대상시설 및 장소의 출입자와 출입차량은 기본적인 기록의 대상이 된다. 하지만 모든 출입자와 출입차량에 대하여 기록을 해야 하는 것은 아니며, 경비원이 판단하여 의심스러운 행동이나 현상, 질문검색을 실시한 대상자나 차량 등 기록을 남겨둘 필요성이 있는 경우에 행한다.

또한 대상시설 주위에 주차되어 있는 낯선 외지차량, 혹은 시동을 켠 채로 대기하고 있는 차량, 시동을 끈 채 사람이 탑승하여 있는 차량 등 불심점이 있는 차량에 대해 기록한다. 그 밖에 경비대상 시설 내외에서 발생하는 각종 현상들에 대해 기록하고, 경비원이 실시하는 질문검색의 내용은 별도의 기록을 남겨두어야 한다.

(2) 기록요령

기록에는 반드시 기본적으로 기록시간(When), 기록대상(What), 기록이유(Why)가 포함되어야 하며, 관찰자의 주관적인 판단은 지양하고, 사실을 있는 그대로 기록한다. 또한 아무리 사소한 내용이라도 추후에 뜻하지 않게 중요한 단서가 될 수 있으므로 가급적 관찰된 내용 전부를 기록하며, 이 때 체계 없는 단순한 사실들의 나열은 나중에 기록자 본인조차도 많은 혼란을 일으킬 수 있으므로 기록은 기본적으로 기록자가 이해하기 쉽도록 나름의 체계를 잡고 기록해야 한다. 또한 기록된 내용과 관련하여 사후에라도 조치된 사항이 있거나 종결된 내용이 있다면 반드시 그 결과를 함께 기록해 둔다.

(3) 활용방법

기록은 사건 발생시 용의자를 특정하거나 최소한 범죄 발생시간 전후 출입한 용의자를 한정지을 수 있으며, 그 밖에 사건 수사의 중요한 단서(범죄에 사용된 차량, 범인의 수, 범죄 발생 전후로 일어난 현상 등)에 제공될 수 있다.

또한 기록의 분석을 통하여 취약요소에 대한 개선·보완이 가능하고, 위험의 발생을 미연에 방지할 수 있으며, 기타 경비업무 수행 중 필요한 사항들을 기록해 둠으로써 시설주나 입주자에 대한 정보제공·민원안내 등 다양한 형태의 서비스 제공이 가능해진다.[26)]

제3절 불심검문

1. 개설

1) 서론

국민의 생명과 재산을 보호하고 사회공공의 안녕질서를 유지하는 책임은 원래 경찰의 몫이었으나 점차 사회가 복잡화, 도시화, 산업화 되어 감에 따라 일반적인 범죄예방은 경찰이 담당하나 원자핵수송 등 특수분야와 개인부담 차원의 업무에 관하여는 민간경비업체가 담당하는 부분이 증가하게 되었다.

26) 한국경호경비학회(2011), 일반경비원 신임교육교재, 부산 : 정광출판사, pp. 94-98.

효과적인 방범활동을 위해서는 이미 발생한 범죄에 대한 처리보다는 발생 이전에 예방하는 것이 보다 효율적인 방법이며, 따라서 경찰의 역량이 예방치안에 두어야 함에도 사회적 분위기에 편승한 시국치안 수요의 증가는 경찰이 방범근무에 전념하기 어려운 여건을 조성하므로 기계를 사용한 시스템 경비 등 새로운 차원의 방범기법을 연구개발하여 보급하고 있는 민간분야의 방범역량에 거는 기대가 점차 커지고 있는 실정이다. 이러한 민간경비분야는 양적으로 상당한 발전을 하고 있음은 물론, 질적으로도 초기의 열악했던 환경에 비하여 비교할 수 없을 정도로 개선되어 가고 있다. 최근 경비지도사시험의 시행은 민간경비분야에 관한 국가적인 관심을 공식적으로 확인하는 계기가 되기에 이르렀음을 증명해주는 것으로 보아 민간경비원들의 사기진작에 상당한 기여를 할 것으로 보인다.

이렇게 성장해가고 있는 민간경비분야의 방범역량은 날로 증가하여 민간업체가 운영하는 국가 중요시설이나 방위산업시설, 국민들의 생활에 중대한 영향을 미치는 시설을 민간경비원이 경비를 하고 있음에도 경비원의 근무에 대하여 법적근거가 없어 근무형태는 경찰관이나 청원경찰과 동일하면서도 유사시 법적인 면에서는 민간인과 동일한 대우를 받아야 하는 모순이 있어 국가 차원의 법적지원이 절실하게 필요한 실정이다. 그러나 법적 근거의 미비를 이유로 근무에 충실하지 않을 수 없는 것이 경비원의 현실이며, 또한 경비구역 내에서 검문검색을 하는 것은 경찰관직무집행법, 청원경찰법, 경비업법, 관습법, 조리법을 원용하여 통상적인 임무수행의 일부로 보아 특별한 법적 근거 없이도 가능한 것으로 인정되고 있다.

2) 의의

불심검문이라 함은 경찰관이 범죄의 예방이나 범인검거의 목적으로 거동수상자에 대해 직접 질문하거나 조사하는 것을 말한다. 여기서 거동수상자라 함은 비정상적이고 자연스럽지 못한 언어, 동작, 태도, 착의, 물질 휴대 등을 가리키는 것인데, 예를 들면 특별한 이유 없이 중요시설 주변을 기웃거리며 사진을 찍거나 경찰관을 보고 당황한 빛을 보이는 것 등이다. 불심검문은 경찰관직무집행법 제3조에 의거하여 행하는 경찰관의 중요한 권한의 하나가 되며, 범인을 발견, 검거하는 수단으로서 극히 효과적인 활동이다. 실제로 간첩이나 중요 범죄의 범인이 경찰관의 불심검문에 의하여 검거되는 예가 많이 있다.

관련법령

● 경찰관직무집행법 제3조

① 경찰관은 수상한 행동이나 그 밖의 주위 사정을 합리적으로 판단하여 볼 때 어떠한 죄를 범하였거나 범하려 하고 있다고 의심할 만한 상당한 이유가 있는 사람 또는 이미 행하여진 범죄나 행하여지려고 하는 범죄행위에 관한 사실을 안다고 인정되는 사람을 정지시켜 질문할 수 있다.

② 경찰관은 정지시킨 장소에서 질문을 하는 것이 그 사람에게 불리하거나 교통에 방해가 된다고 인정될 때에는 질문을 하기 위하여 가까운 경찰서·지구대·파출소 또는 출장소(지방해양경비안전관서를 포함함)로 동행할 것을 요구할 수 있다. 이 경우 동행을 요구받은 사람은 그 요구를 거절할 수 있다.

③ 경찰관은 제1항 각 호의 어느 하나에 해당하는 사람에게 질문을 할 때에 그 사람이 흉기를 가지고 있는지를 조사할 수 있다.

④ 경찰관은 질문을 하거나 동행을 요구할 경우 자신의 신분을 표시하는 증표를 제시하면서 소속과 성명을 밝히고 질문이나 동행의 목적과 이유를 설명하여야 하며, 동행을 요구하는 경우에는 동행 장소를 밝혀야 한다.

⑤ 경찰관은 동행한 사람의 가족이나 친지 등에게 동행한 경찰관의 신분, 동행 장소, 동행 목적과 이유를 알리거나 본인으로 하여금 즉시 연락할 수 있는 기회를 주어야 하며, 변호인의 도움을 받을 권리가 있음을 알려야 한다.

⑥ 경찰관은 동행한 사람을 6시간을 초과하여 경찰관서에 머물게 할 수 없다.

⑦ 질문을 받거나 동행을 요구받은 사람은 형사소송에 관한 법률에 따르지 아니하고는 신체를 구속당하지 아니하며, 그 의사에 반하여 답변을 강요당하지 아니한다.

● 주민등록법 제26조

① 경찰관이 범인을 체포하는 등 그 직무를 수행할 때에 17세 이상인 주민의 신원이나 거주관계를 확인할 필요가 있으면 주민등록증의 제시를 요구할 수 있다. 이 경우 경찰관은 주민등록증을 제시하지 아니하는 자로서 신원을 증명하는 증표나 그 밖의 방법에 따라 신원이나 거주관계가 확인되지 아니한 자에게는 범죄의 혐의가 있다고 인정되는 상당한 이유가 있을 때에 한정하여 인근 관계관서에서 신원이나 거주관계를 밝힐 것을 요구할 수 있다.

3) 경비원의 직무와 불심검문

민간경비원은 공무원인 경찰관과 성격이 다르며 청원경찰과도 다르다고 할 수 있으나 배치된 중요기관, 시설 또는 사업장 등의 경비구역 내에서는 경찰이나 청원경찰과 동일한 경비업무를 수행하게 되므로 구역 내에서 불심자를 검문하는 것은 법적인 근거는 없으나 현재까지의 관례상으로 볼 때 업무상 권한의 범위 내에 있는 것으로 인정된다고 볼 수 있다고 하겠다.

따라서 경비원이 입초, 순찰근무 등을 수행하면서 거동이 수상한 자를 발견, 질문하고 휴대품을 조사하는 것 등에 대하여 경찰관의 불심검문을 기준으로 검토해 보면 경비원이 경비구역 내에서 불심검문으로 범죄를 예방하거나 시설물을 파괴하려는 간첩을 현행범으로 체포하는 것 등은 1차적으로는 고객의 시설을 보호하는 것이나 궁극적으로는 자신의 회사와 국가의 재산 및 시설을 보호하는 결과가 되는 것이다. 이러한 점을 염두에 두고 불심검문의 직무를 수행함에 있어서도 투철한 사명감과 국가관을 가지고 그 임무에 임하여야 한다. 한편 불심검문은 국민에게 정지, 질문하는 등의 명령강제권을 발동하게 되는 것이므로 부당하게 인권이 침해되지 않도록 노력하여야 한다.

4) 불심검문의 대상자

(1) 어떤 죄를 범하였거나 또는 범하려 하고 있다고 의심할 만한 상당한 이유가 있는 자로서 이미 범죄를 완료하였거나 범죄에 착수할 것이 예상되는 자도 불심검문의 대상이 된다. 의심할 만한 상당한 이유란 그 의심에 객관적 타당성이 있어야 한다는 말이다. 즉, 누가 보더라도 의심스럽다고 할 정도의 이유가 있는 자이어야 불심검문의 대상이 된다.

(2) 이미 행해진 범죄 혹은 행하여지려 하는 범죄에 관하여 그 사실을 안다고 인정되는 자로서 범죄의 피해자, 범죄현장에 있던 자, 교통사고현장에서 승객 등과 말다툼하고 있는 자, 밤중에 갑자기 비명을 지르는 자 등도 불심검문의 대상이 된다.

5) 불심검문대상의 판단기준

검문해야 할 불심자인가의 여부는 다음과 같이 겉으로 드러나는 점을 참작하여 판단할 수 있다. 그 행동, 차림 등이 주위의 상황에 어울리지 않거나 부자연스럽거나 범죄에 관련이 있는 것으로 보이는 휴대품을 가지고 있거나, 태도, 복장, 언어 등이 심상치 않거나 한 경우에는 불심검문을 해야 할 것이다. 그런데, 위와 같은 점에 관한 판단 역시 경비원 개인의 주관에 치우침이 없이 객관성을 띠는 합리적 판단이어야 한다. 즉, 누가 보더라도 그 행동이나 외모, 휴대품 등이 심상치 않거나 범죄와 관련이 있는 것으로 인정될 만한 것이어야 한다.

2. 불심검문요령

1) 불심검문대상자 발견요령

(1) 태도, 거동으로부터 발견하는 방법

죄를 범한 자는 아무리 감추려 해도 반드시 그 태도나 동작에 부자연스런 점, 수상한 점이 나타나는 법이다. 특히 죄를 지은 후 경비원과 마주쳤을 때는 불안, 공포 등으로 마음이 동요하여 부자연한 태도나 동작이 드러나게 된다. 태도나 거동으로 불심자(불심검문 대상자)를 발견하려면 다음과 같은 점에 유의해야 한다.

① 경비원을 보고 다음과 같은 행동을 하는 자
  ㉠ 급히 숨거나 옆길로 빠지거나 되돌아가는 자
  ㉡ 자기들끼리 하던 말을 급히 중단하거나 큰소리로 화제를 바꾸는 자
  ㉢ 걸음을 멈칫하거나 또는 경비원을 지나쳐 가서 경비원을 흘끔흘끔 살피는 자
  ㉣ 시선을 다른 데로 돌리거나 경비원의 태도를 훔쳐보는 자
  ㉤ 휴대품을 감추거나 그 자리에서 슬쩍 버리는 자
  ㉥ 경비실이나 경비원 앞을 통과할 때 타인이나 자동차에 숨듯이 지나가려 하는 자
  ㉦ 불러도 못 들은 척하는 자
  ㉧ 얼굴을 가리며 빠른 걸음으로 통과하는 자

② 일반적으로 거동이 수상한 자
  ㉠ 일정한 장소에 계속 멈춰 있다가 통행인 등과 눈이 마주치면 그 위치를

이동하는 자

  ⓛ 추녀 밑이나 전봇대에 숨어 타인의 가옥, 주위의 상태를 살피는 자

  ⓒ 주위를 경계하면서 현관 또는 집에서 나오는 자

  ⓔ 자주 뒤를 돌아보면서 걷거나 도망치듯 걸어가는 자

  ⓜ 불안 또는 흥분한 태도를 보이거나 조급하게 주위를 살피고 있는 자

  ⓗ 타인의 주거, 건물, 선박, 차내 등에 숨어 있는 자

  ⓢ 이른 아침 머리카락이나 얼굴, 손발 등이 지나치게 더럽고 눈이 충혈되어 있는 자

(2) 외모, 복장 등으로부터 발견하는 방법

범죄자 가운데는 몸에 갓 생긴 상처가 있거나 먼지를 뒤집어쓰고 있는 등 첫 눈에도 불심자로 보이는 자가 있는가 하면 말쑥하고 빈틈없는 복장, 외모를 갖춘 자도 있다. 그러나 어디엔가 반드시 부자연스런 점이 나타나는 법이므로 기민한 관찰로서 그 점을 포착해야 하는데 외모, 복장으로 불심자를 발견할 때 착안해 할 점은 다음과 같다.

  ① 옷이 찢어져 현저하게 흐트러져 있거나 먼지, 거미줄, 흙 등이 묻어 있는 자

  ② 옷, 신발에 핏자국이 있거나 이상한 냄새가 나거나 하는 자

  ③ 머리털, 얼굴, 손발 등이 더러운 자

  ④ 옷이 몸에 맞지 않아 외모와 어울리지 않거나 옷이 직업이나 신분에 어울리지 않는 자

  ⑤ 신발이 젖었거나 흙투성이인 자

  ⑥ 상의는 깨끗한데 하의가 더럽거나 구겨져 있는 자

  ⑦ 양복, 오버코트 등을 여러 벌 껴입은 자

  ⑧ 옷에 남의 명찰이 붙어 있거나 명찰을 뜯어낸 자국이 있는 자

(3) 휴대품을 통해 불심자를 발견하는 방법

가지고 있는 물건이 신분, 연령 등에 어울리지 않거나 시간적, 장소적 상황에 비추어 어울리지 않는 물건을 가지고 있는 자를 발견하는 방법으로 다음과 같은 것이 있다.

  ① 자신과 어울리지 않는 남의 도장, 물표, 패스 등 물건을 가지고 있는 자

  ② 연령, 성별에 어울리지 않는 물건을 가지고 있는 자

③ 중요사건의 신문기사를 오려 가지고 다니는 자

④ 수상한 기호, 부호 등이 적힌 수첩을 가지고 있는 자

⑤ 돈지갑, 시계 등을 2개 이상씩 가지고 있는 자

⑥ 흙, 먼지 등이 묻어 있는 휴대품 등을 가지고 있는 자

⑦ 노끈, 밧줄, 전깃줄 등을 가지고 있는 자

⑧ 색안경, 장갑, 보자기 등을 가지고 있는 자

⑨ 칼, 열쇠, 드라이버, 장도리 등을 가지고 다니는 자

⑩ 수상한 약품 등을 가지고 있는 자

(4) 장소적 상황으로부터 불심자를 발견하는 방법

평소 사람이 거주하지 않는 곳에 숨어 있는 등 장소적으로 보아 부자연스런 행위를 하는 자를 가려내는 방법으로 다음과 같은 점에 착안하여 불심자를 포착한다.

① 사당, 묘지, 공원, 빈집, 추녀 밑, 다리 밑, 극장, 공중변소나 건축 중인 가옥 등에 숨어 있거나 자고 있는 자

② 풀밭, 공지 등 통상 사람이 없는 장소에서 물건을 가지고 나오는 자

③ 이른 아침 물건을 가지고 급히 정거장이나 버스 정류소로 가는 자

④ 주차 중인 자동차 또는 차고 안에 숨어 있거나 자고 있는 자

⑤ 밤에 상점이나 창고 부근에서 상품이나 재료 등을 실어내고 있는 자

(5) 언어에서 발견하는 방법

범죄자 또는 범죄의 기회를 노리는 자는 경비원의 검문에 대비한 변명도 준비하고 있는 예가 많다. 그러나 거짓 변명은 질문을 계속하는 가운데 모순점이 드러나게 마련이다. 다음과 같은 경우에는 특히 주의하여 조사해야 한다.

① 오는 도중 "이미 여러 곳에서 검문 받았습니다."라고 변명하는 자

② 묻기도 전에 "나는 결코 수상한 사람이 아닙니다."하고 변명하는 자

③ 대답을 주저하거나 질문과 다른 답변을 하는 자

④ 급한 용건이 있다며 서두르는 자

⑤ 다시 물었을 때 직장명, 주소, 연령 등을 먼저와 다르게 대답하는 자

⑥ 가고 있는 방향과 말하는 행선지가 다른 자

⑦ 출발점, 경유지 등의 교통사정으로 보아 시간상 모순이 있는 답변을 하는 자

⑧ 2인 동반시 서로 행선지나 용건을 다르게 대답하는 자

⑨ 막다른 골목에서 나왔는데 그 골목에 아는 사람이 없는 자

⑩ 출생지와는 다른 지방의 사투리를 쓰는 자

(6) 자동차 검문에서 불심점을 발견하는 방법

범죄에 이용된 차량이나 택시강도를 당하고 있는 차량 등을 적발하는 데에 착안할 점은 다음과 같다.

① 스위치와 엔진이 직결되어 있거나 각 창문의 자물통이 파괴된 차를 운전하고 있는 자

② 차체에 파손된 흔적이나 핏자국이 있거나 차 안이 현저히 더러운 차를 운전하고 있는 자

③ 방범등 기타 전조등을 계속 점멸하거나 혹은 경음기를 계속 울리면서 운전하고 있는 자

④ 지그재그 운전, 불을 끄고 운전하는 등 부자연스런 운전을 하고 있는 자

2) 검문 방법

(1) 정지

경비원은 어떤 자가 거동불심자로 판단되는 경우에는 그를 정지시켜 질문할 수 있다(「경찰관직무집행법」 제3조 제1항). 보행자인 경우에는 불러 세우며, 자동차나 자전거에 탄자는 정차시키고 경우에 따라서는 하차시킬 수 있다. 정지시간은 상황에 따라 질문하는 데 필요한 시간에 한한다. 정지의 경우 정당한 방법에 의한 정지여야 하며 폭력에 의한 정지는 허용되지 않는다.

(2) 질문

질문은 범죄수사 또는 범죄의 예방, 제지를 위해 사실을 청취하려고 묻는 것이다. 질문을 할 때에는 상대방의 명예를 존중해야 하며 또한 불심자의 저항, 도주 및 불심자에 의해 상해를 입는 일이 없도록 주의해야 한다.

(3) 임의동행

장소적으로 보아 현장에서 질문하는 것이 상대방에 불리하거나 그의 명예를 해칠 염려가 있거나 교통에 방해가 될 염려가 있을 때에는 부근의 경비실이나 경찰

관서에까지 동행해 줄 것을 요구할 수 있다. 이 경우의 동행요구는 질문을 하기 위한 것이므로 상대방의 동의를 얻어야 한다. 다만 형사소송법상 긴급 체포의 사유나 현행범, 준현행범인 경우에는 체포할 수 있다(「형사소송법」 제200조의3 및 212조).

(4) 흉기조사

경비원은 피검문자가 그 신체가 흉기를 가지고 있는지 여부를 조사할 수 있다. 흉기조사는 경비원 자신의 안전과 피검문자의 자해방지를 위한 것이며 따라서 목적에 필요한 한도에 그쳐야 한다. 여기서 흉기란 그 용법상 사람을 살상할 수 있는 도구를 말하며 철봉, 식칼 등도 포함된다.

3) 불심검문의 준비

(1) 마음자세

① 침착

어떤 상황에도 동요되거나 감정에 흐르지 않도록 냉정 침착한 마음으로 검문에 임하고, 상황에 대처해야 한다.

② 치밀

치밀하게 관찰하여 불심점을 놓치지 않도록 해야 한다.

③ 과감

불심자로 판단한 후에도 주저 없이 과감하게 검문에 착수하고 소신 있게 그리고 상대방을 위압할 수 있는 자신 있는 태도로 필요한 조치를 취한다.

④ 기민

검문은 범죄의 혐의 등을 민첩하게 포착하는 기술이므로 기민한 판단과 행동력이 필요하다.

(2) 호신용구의 준비

불심검문에 임할 때는 상대방의 불의의 공격으로부터 자신을 보호하고 또 상대방의 체포를 위하여 반드시 호신용구를 휴대하여야 한다. 다만, 사람의 생명이나 신체에 위해를 끼칠 수 있는 경찰장비를 사용할 때에는 필요한 안전교육과 안전검사를 받은 후 사용하여야 한다. 호신장비를 함부로 개조하거나 경찰장비에 임의의 장비를 부착하여 일반적인 사용법과 달리 사용함으로써 다른 사람의 생명·신체에 위해를 끼쳐서는 안된다.

(3) 법규의 연구

불심검문의 근거법규 등을 평소에 충분히 익혀두어 피검문자의 항의, 반문 등에도 명확히 대처하고 필요한 조치를 소신껏 취할 수 있도록 평소에 직무수행능력을 길러두어야 한다. 경비원도 경비구역 내에서는 검문권을 행사할 수 있음을 명확하게 알고 있어야 한다.

(4) 수배자 인적사항 등의 기억

범인, 가출인 등 수배된 자의 경우 경찰관서에서 전단을 부착하므로 인상착의, 특징, 범죄의 개요 등을 기억해 두고 있다가 검문시 그 점에 유의하여야 한다. 중요범인 검거시 포상금을 받을 수도 있고 국가발전에도 이바지할 수 있다.

4) 질문요령

피검문자에게 하는 질문은 그에게 꾸며대거나 회피할 겨를을 주지 않도록 기민한 것이어야 한다. 불심검문 때 질문해야 할 일반적인 내용은 다음과 같다.
   (1) 등록기준지, 주소, 거소, 성명, 연령, 직업
   (2) 행선지, 출발지, 경유지 및 용건
   (3) 휴대품

5) 불심자 동행시 주의사항 및 요령

(1) 주의사항

   ① 검문시 불심자의 의외의 공격으로부터 상해를 입지 않도록 주의해야 한다.
   ② 불심자가 증거를 인멸하는 일이 없도록 해야 한다.
   ③ 불심자의 자살, 자해와 도주를 방지하여야 한다.

(2) 동행요령

① **도보의 경우**

　　㉠ 상대방보다 앞에 가지 말고 후방 좌측이나 우측에 위치할 것
　　㉡ 상대방과의 사이에 자전거 등 장애물을 통과시키지 말 것

② **경비원 둘이서 동행할 때는 둘이서 상대방의 양측에 나누어 동행하는 것이 좋다.**

③ **상대가 둘 이상인 경우**

　이러한 경우에는 동료직원의 응원을 구하는 것이 최선의 방법이나 그렇지 못한 경우에는 불심점이 더 짙은 자에게 주의력을 집중하고 불의의 위해를 받는 일이 없도록 동행의 진로선택 등에 세심한 배려가 필요하다.

④ **자동차에 타고 온 상대방을 동행하는 경우**

　자동차에 타고 온 자를 동행하는 경우에는 먼저 하차하도록 양해를 구하고 도보로 동행하거나 경찰차에 승차시켜 동행해야 하며 경비원이 상대방의 차에 승차하는 것은 절대로 피해야 한다.

6) 검문요령

(1) 차량검문

① **버스**

　　㉠ 총기소지시 허리총 자세로 도로 우측에 차를 정차시키고 시동을 끄게 한다.
　　㉡ 2명이 동시에 승차하여 1명은 앞에서 감시·경계하면서 승객에게 검문의 뜻을 알리고, 다른 1명이 뒤에서부터 검문을 실시한다.
　　㉢ 검문이 끝나면 반드시 승객에게 감사의 뜻을 고하고, 먼저 앞쪽의 검문관이 하차하고 다음에 뒤쪽 검문관이 하차한다.
　　㉣ 밤에는 차단기를 내린 다음 차량을 정차시키고, 차량 외부의 등은 끄게 하고 차량 내부는 밝게 불을 켜게 한 후 검문한다.

> ▷ 검문의 예
>
> 경례를 하고 나서 "OOO입니다. 잠시 거문을 하겠사오니 양해하여 주시기 바랍니다"라고 검문실시를 알린다. 이어 검문을 하고 "감사합니다" 혹은 "바쁘신데 시간을 지체하게 하여 죄송합니다"하고 경례를 한다.

② 화물자동차

ㄱ 양쪽에서 1명씩 접근하고 우측에 정차시킨다.

ㄴ 운전자 쪽에서 검문하고 반대편에서는 감시 경계한다.

ㄷ 피검문자에게 90° 방향에서 접근하고 증명서는 왼손으로 받아 확인한다.

ㄹ 1명은 운전자를 감시하고 1명은 적재함을 검색한다.

ㅁ 용의자는 하차시켜 차의 후면을 짚고 45°로 엎드리게 하고 신체수색을 한다.

③ 택시

ㄱ 양쪽에서 접근하여 우측에 정지시키고 시동을 끄게 한다.

ㄴ 좌측 검문자는 차량 내부를 감시하면서 접근하고 우측 검문자는 경계 감시한다.

ㄷ 필요한 때는 승객을 하차시켜 검문한다.

ㄹ 운전자 입회하에 적재함 등 물품 은닉장소를 검색한다.

④ 순찰근무시

ㄱ 1명은 동태를 감시하고 다른 1명은 접근하여 검문한다.

ㄴ 피검문자는 90° 각도의 위치에 둔다.

(2) 가두검문

① 1명은 동태를 감시하며, 다른 1명은 접근하여 검문한다.

② 피검문자가 2명 이상인 경우에는 일렬로 세우고 검문검색한다.

(3) 산악검문

① 3인1조로 1명은 사주경계, 1명은 피검문자를 감시, 다른 1명은 검문을 실시한다.

② 지형지물을 이용, 엄폐하여 방광, 방음을 방지하고 지형에 적합한 복장착용

검문한다.

③ 피검문자가 2명 이상일 경우에는 1명은 후방에서 경계하고 다른 1명은 손을 들게 하여 감시하며 또 다른 1명이 검색한다.

7) 검문 후의 조치

(1) 불심점이 없을 때

피검문자에게 검문의 취지를 설명한 후 협력에 감사하는 뜻을 표하고 친절히 돌려보낸다.

(2) 범죄의 예방, 보호조치

검문결과 보호조치를 해야 할 것으로 인정되는 자는 보호조치할 수 있도록 경찰관서에 인계하고(「경찰관직무집행법」 제4조), 범죄를 저지르려 하는 자에 대하여는 제지 등 범죄예방조치를 취해야 한다(동법 제6조).

(3) 신원, 거주관계의 확인

경비원은 간첩의 색출, 범인체포 등을 위한 신원의 확인을 위해 경비구역 내에서 주민등록증의 제시를 요구할 수 있으며, 신원이나 거주가 명확하지 않은 자에 대하여는 경찰관서와 협조하여 그 신원을 밝힐 것을 요구할 수 있다. 경찰관은 주민등록법에 의해 주민등록증 미소지자를 동행, 사실조사를 할 수 있으므로 불심자가 경비원의 신원확인에 협조하지 않을 경우 일단 수상한 자로 보아 즉시 112에 신고하여 확인토록 한다.

(4) 범죄사실이 발견된 경우

불심검문의 결과 현행범인 또는 준현행범인으로 밝혀졌거나 기타의 범죄사실을 발견한 경우 경비원에게는 사법경찰권이 없으므로 범지사실을 조사하는 등 형사소송법에 의한 직무를 수행할 수 없으므로 즉시 관한 경찰관서에 연락, 인계토록 해야 한다.

경비원은 관할 경찰서장에게 현행범인 또는 준현행범인을 인계하기 위하여 경비구역내의 초소나 사무실까지 동행을 요구할 수 있으며, 이 경우 최단시간 내에 인계하여야 한다.[27]

27) 김재규(2010), 경찰실무 Ⅱ(생활안전), 서울: 경찰승진연구회, pp. 279-281.

제**4**장

호송경비 실무

제1절 호송경비의 의의

1. 호송경비의 이해

1) 개요

한국 경비업 시장은 확대일로에 있다. 2010년 3,473업체(법인수), 2015년 4,449업체, 2020년 4,438개업체, 2023년 4,234업체로 증가해왔다. 그리고 이들 업체에 근무하는 경비인력은 2023년 현재 189,142명에 이르고 있다.[28] 경비업 성장이 사회에 미치는 영향은 매우 다양하다. 그중에서도 치안자본 증대라는 측면에서 긍정적으로 평가할 수 있다.

그런데 경비업의 양적 증대가 그에 비례한 사회안전성 강화를 확보할 것이라는 기대는 성급하다. 양적 성장에 따른 부작용 가능성도 배제할 수 없기 때문이다. 전문성이 결여된 '경비'는 악행방지 효과가 미약할 뿐만 아니라 오히려 범죄의 표적이 될 수도 있다. 호송경비는 이러한 우려가 실제로 발생하고 있는 분야이다.

한편, 호송경비분야가 전체 경비업종에서 차지하는 비율은 매우 낮다. 2023년 현재 호송경비 업종은 30개로서 전체업종 중 약 0.7% 수준이다.[29]

이렇게 낮은 비율에도 불구하고 경비원 교육과목에 호송경비가 편성된 것은 업무의 위험성과 중요성이 반영된 것으로 이해할 수 있다.

인원 또는 장비 등의 안전한 이동을 확보하기 위한 일체의 경비지원활동을 호송경비라 할 수 있다. 이러한 호송경비는 경비대상에 따라 세분화된다. 그러나 본 교과에서 금융수송을 중심으로 소개하고자 한다. 현행 호송경비업체의 대다수가

---

28) 경찰청(2023), 경찰통계연보, p. 82.
29) 위의 책, p. 82.

금융수송과 관련되어 있기 때문이다.

2) 호송경비의 법적 근거와 의의

호송경비업은 1976년 12월 31일 법률 제2946호로 「용역경비업법」이 제정될 당시부터 경비업의 한 부분으로 제도화되었다. 현행 「경비업법」상의 5개 경비업무(시설경비·호송경비·신변보호·기계경비·특수경비)중 신변보호업무가 1995년에, 기계경비업무와 특수경비업무는 2001년에 신설된 것에 견주어 보면 한국의 민간경비가 제도화된 초창기부터 정착된 경비업의 주요 업무이다.[30]

경비업법상 호송경비는 "운반중에 있는 현금·유가증권·귀금속·상품 그 밖의 물건에 대하여 도난·화재 등 위험발생을 방지하는 업무"로 규정되어 있다.(경비업법 제2조 제1호 나목)

호송경비업을 영위하고자 하는 법인은 도급받아 행하고자 하는 경비업무를 특정하여 그 법인의 주사무소의 소재지를 관할하는 시·도경찰청장의 허가를 받아야 한다. 도급받아 행하고자 하는 경비업무를 변경하는 경우에도 또한 같다(동법 제4조 제1항).

호송경비 허가를 위한 경비인력, 자본금, 시설 및 장비는 경비업법시행령 별표 1에 명시되어 있다. 경비인력은 무술유단자인 일반경비원 5명 이상, 경비지도사 1명 이상, 1억 원 이상의 자본금, 기준경비인력 이상의 사람을 동시에 교육할 수 있는 교육장, 호송용 차량 1대 이상, 현금호송백 1개 이상, 기준 경비인력수 이상의 경비원 복장 및 경적, 단봉, 분사기를 갖춰야 한다.

다만, 하나의 경비업무에 대한 시설을 갖춘 경비업자가 그 외의 경비업무를 추가로 하고자 하는 경우에는 경비인력이 더 많이 필요한 경비업무에 해당하는 교육장을 갖추어야 한다. '무술유단자'란 대한체육회에 가맹된 단체 또는 문화체육관광부에 등록된 무도관련 단체가 인정한 자에 한한다. '호송용 차량'이란 현금이나 그 밖의 귀중품의 운반에 필요한 견고성 및 안전성을 갖추고 무선통신시설 및 경보시설을 갖춘 자동차를 말한다. '현금 호송백'이란 현금이나 그 밖의 귀중품을 운반하기 위한 이동용 호송장비로서 경보시설을 갖춘 것을 말한다.

호송경비원의 결격사유는 「경비업법」 제10조에서 다음과 같이 규정하고 있다.

① 18세 미만인 사람 또는 피성년후견인

② 파산선고를 받고 복권되지 아니한 자

---

30) 김태민·이상철(2009), "호송경비업의 발전방안에 관한 연구", 한국공안행정학회보 제35호, p. 65.

③ 금고 이상의 실형의 선고를 받고 그 집행이 종료(집행이 종료된 것으로 보는 경우를 포함한다)되거나 집행이 면제된 날부터 5년이 지나지 아니한 자

④ 금고 이상의 형의 집행유예선고를 받고 그 유예기간 중에 있는 자

⑤ 다음의 어느 하나에 해당하는 죄를 범하여 벌금형을 선고받은 날부터 10년이 지나지 아니하거나 금고 이상의 형을 선고받고 그 집행이 종료된(종료된 것으로 보는 경우 포함) 날 또는 집행이 유예·면제된 날부터 10년이 지나지 아니한 자

　　가. 「형법」 제114조의 죄

　　나. 「폭력행위 등 처벌에 관한 법률」 제4조의 죄

　　다. 「형법」 제297조, 제297조의2, 제298조부터 제301조까지, 제301조의2, 제302조, 제303조, 제305조, 제305조의2의 죄

　　라. 「성폭력범죄의 처벌 등에 관한 특례법」 제3조부터 제11조까지 및 제15조(제3조부터 제9조까지의 미수범만 해당한다)의 죄

　　마. 「아동·청소년의 성보호에 관한 법률」 제7조 및 제8조의 죄

　　바. '다'부터 '마'까지의 죄로서 다른 법률에 따라 가중처벌되는 죄

⑥ 다음의 어느 하나에 해당하는 죄를 범하여 벌금형을 선고받은 날부터 5년이 지나지 아니하거나 금고 이상의 형을 선고받고 그 집행이 유예된 날부터 5년이 지나지 아니한 자

　　가. 「형법」 제329조부터 제331조까지, 제331조의2 및 제332조부터 제343조까지의 죄

　　나. '가'의 죄로서 다른 법률에 따라 가중처벌되는 죄

⑦ ⑤의 '다'부터 '바'까지의 어느 하나에 해당하는 죄를 범하여 치료감호를 선고받고 그 집행이 종료된 날 또는 집행이 면제된 날부터 10년이 지나지 아니한 자 또는 제6호 각 목의 어느 하나에 해당하는 죄를 범하여 치료감호를 선고받고 그 집행이 면제된 날부터 5년이 지나지 아니한 자

⑧ 이 법이나 이 법에 따른 명령을 위반하여 벌금형을 선고받은 날부터 5년이 지나지 아니하거나 금고 이상의 형을 선고받고 그 집행이 유예된 날부터 5년이 지나지 아니한 자

　호송경비허가를 받은 법인(경비업자)은 호송경비업무를 수행하기 위하여 관할경찰서의 협조를 얻고자 하는 때에는 현금 등의 운반을 위한 출발 전일까지 출발지

의 경찰서장에게 호송경비통지서(전자문서로 된 통지서를 포함한다)를 제출하여야 한다(경비업법시행규칙 제2조).

호송경비업자는 경비업법 시행규칙 제24조 제1항의 규정에 의하여 경비업무를 수행하기 위하여 20일 이상 경비원을 배치하거나 그 기간을 연장하려는 때에는 경비원을 배치한 후 7일 이내에 경비원 배치신고서(전자문서로 된 신고서를 포함한다)를 배치지를 관할하는 경찰관서장에게 제출하여야 한다.

3) 호송경비의 중요성

> ※ 사례
>
> 오전 9시경 모 초등학교 앞길에서 공기총으로 보이는 총기와 쇠파이프를 든 3인조 복면강도가 은행직원 4명이 탄 현금수송 차량을 급습해 현금 가방을 탈취해 달아났다. 현금 2억 원과 수표 등 7억3천만 원이 들어 있었다.
>
> 범인들은 이날 승용차를 타고 은행에서 공군장병들에게 지급할 월급을 수령해 싣고 가던 승용차를 쫓아와 오른쪽 뒤 범퍼를 들이받았다. 범인들은 이어 추돌 충격으로 중앙분리대에 걸쳐 선 승용차의 앞 유리창을 쇠파이프로 파손한 뒤 총기로 위협, 직원에게 열쇠를 빼앗아 트렁크에서 현금가방을 탈취했다.
>
> 범인들은 스포티지 승용차는 현장에 버리고 도로 반대편에서 대기 중이던 번호 미상의 흰색 중형 승용차를 타고 도주했다.

위 사례의 범인들은 사전모의와 답사를 통해 범행을 실행했다.[31] 은행직원 4명은 가스총 등을 휴대하고 있었지만 적절한 대응을 하지 못했다. 피탈의 위험성이 높은 경우 그에 합당한 안전확보대책을 수립해야 한다. 만약 당시 상황에서 호송경비에 의한 수송 또는 이동차량에 대한 호송지원을 실시했다면 범죄적 상황을 피할 수 있었을 것이다.

---

31) 중앙일보(2002. 3. 8).

제2절 사고사례와 호송경비요령

1. 호송경비 중 현금 피탈 사례

1) 2014. 3. 11 경부고속도로 부산요금소에서 현금호송 차량 도난사건 발생함. 도난 차량은 경남지역의 고속도로 요금소 통행요금을 실어 나르는 '현금수송 차량'으로 8개 요금소를 거치며 수금 된 2억 여원이 보관되어 있었음. 경찰은 차량에 부착된 위치추적장치를 이용해 돈자루가 사라진 도난차량을 15분 후 발견 하였음. 범인은 해당 현금수송업체 직원이었음. 호송업체는 영업정지 3개월과 과태료 500만원을 처분받았음. 호송 당시 경비원 2명의 배치사항을 관할 경찰서장에게 신고하지 않아 경비업법 위반했고 경찰청장 호송경비업무 준수사항에 현금 등 중요물품이 호송차량에 적재된 경우 반드시 1명 이상이 차량에 잔류해 경계근무를 하도록 규정돼 있는 것을 위반함.

   부산경찰청은 이 사건을 계기로 경비업체에 중요 물품 호송차량에 대해 3명 이상 호송, 하차 시 차량열쇠 키박스 분리, 전후좌우측 촬영이 가능한 4채널 이상 블랙박스 설치, 호송가방 안전고리 비밀번호 주기적 변경 등을 추가하고 업체 대표가 현금수송차량 예비열쇠를 직접 관리해야 한다는 개정안을 마련키로 함.

2) 2011. 10. 25. 오전 4시 50분께 천안 서북구 성정동 공동어시장 인근에서 현금을 수송 중이던 모 물류회사 직원 이모(41)씨를 둔기로 마구 때린 뒤 천원권 지폐 5000만원이 든 자루를 강탈함.

3) 2010. 12. 31 경북 구미시 소재 구미대학 내에서 경비원 3명 모두가 구내식당에서 식사를 하던 중 불상의 용의자가 호송차량 문과 금고를 파손, 현금 5억 3천만 원 절취 도주(현금 탈취를 담당한 이모(28)씨는 6개월 전까지 경비 용역업체에 근무한 경험이 있었음)

4) 2010. 9. 10 경남 창원시 소재 은행에서 현금정리 중 다른 경비원의 감시가 소홀한 틈을 이용, 경비원이 현금 5억 원 절취 도주

5) 2009. 7. 20 경부고속도로 죽암 휴게소에서 현금 자동 출납기에 현금을 공급하던 경비원의 현금가방(3천만 원)을 절취, 대기 중이던 승용차에 싣고 도주

6) 2009. 7. 24 서울 영풍문고 앞에서 현금자동출납기에 현금공급을 위해 정차 중이던 호송차량의 뒷 유리를 파손, 운전자 하차 유도 후, 차량탈취를 시도

7) 경기도 용인시 처인구 마평동 도로에서 현금 7천450여만 원과 수표 780만원을 운반하던 KT&G 용인지사의 현금수송차량을 렌터카로 가로막은 뒤 뒷문을 열고 돈을 빼앗아 오토바이를 타고 달아남

8) 2002. 1. 22 오전 9시 41분경 서울 강남터미널 경부선 대기실 앞에서 현금지급기의 현금을 채우려던 수송차량 직원들이 현금 1억 원이 든 가방을 20대 2명의 괴한들한테 탈취 당했다. 보안업체 직원 2명이 터미널 내 S은행 현금지급기에 현금을 채우기 위해 1억 원이 든 수송가방을 들고 대합실로 이동하던 중 검은색 오토바이가 다가와 날치기한 것이다.

9) 2001. 12. 충남 아산시 온천동 농협 아산지점 앞에서 농협직원이 잠시 자리를 비운 틈을 타 현금수송차량의 창문을 벽돌로 깨고 현금 6천만 원이 든 가방과 가스총 2정을 탈취함

2. 금융기관 상대 범죄유형 및 방지대책

1) 금융기관 상대 범죄유형

금융기관을 상대로 하는 범죄의 유형은 다음과 같다
  ① 영업시간 중에 점포 내에 침입 현금 등의 강(절)취
  ② 점포주변에 대기하고 있다가 출입고객의 현금 등의 강(절)취
  ③ 운송 중에 있는 현금을 강(절)취
  ④ 야간, 공휴일에 점포에 침입 금고 등의 현금 또는 유가증권의 강(절)취

2) 방지대책

(1) 매뉴얼에 입각한 업무

업무매뉴얼은 업무 방법을 사안별로 구체적으로 설명해 놓은 행동지침서이다. 경비업무매뉴얼은 경비업무 수행의 표준화, 전문화와 업무 품질도 향상을 위해 관리의 중점사항을 설정하여 구체적이고 세밀한 사항까지 기술하고 표현하고 있다. 매뉴얼에 입각한 근무는 사고발생을 최소화시킬 수 있다.[32]

---

32) 김태민·이상철(2009), 앞의 논문. p. 91.

(2) 현금취급에 대한 전문성 확보필요

금융기관 현금 취급업무 종사자는 현금관련 업무를 기피하므로 3~6개월 주기로 교체되는 실정이고 그러한 이유로 실무경험이 없는 상태에서 발권(출납)업무에 대한 제도의 입안, 결정을 하게 된다. 따라서 현금취급에 대한 전문성의 확보가 곤란한 측면이 있다. 전문성 확보를 위한 근무자 지정이 요구된다.[33]

(3) 현금수송장비의 취약성 보강

현송용 전용차량과 통신장비를 보강하는 노력이 미흡한 실정이다.

(4) 빈번한 현금수송에 의한 취약점

현금자동지급기 자금보충 등을 위한 현금수송, 야간금고 및 파출수납시 공격을 받을 수 있는 위험이 있다. 다양한 이송로를 확보하고 비규칙적인 동선을 선택하는 등의 노력이 필요하다.

(5) 외부인력 사용에 따른 노출 과다

대량현금 수송시 상·하차, 금고이적, 금고관리(현물검사 등)를 외부인력(7~23명)에 의존하고 있으므로 현금수송 출발, 도착시간, 장소 및 금고시설 내부가 사실상 노출되고 있다는 문제점이 있다.

(6) 청원경찰업무의 겸무금지와 방범예방능력 강화 필요

청원경찰에게 기타 업무가 배정되는 사례가 많다. 범죄예방을 위해 배치된 전문인력에게 그와 관련없는 업무를 부여하는 것은 금해야 한다.

(7) 경비원 윤리의식 강화

내부자에 의한 수송피탈 사례가 적지 않은 상황이다. 재발을 위하여 경비원에 대한 윤리의식이 강조되어야 할 것이다.

---

33) 광주지방경찰청(2010), 호송경비 참조.

3. 호송경비 실시

1) 호송경비 유의사항

(1) 근무인원 이상유무 점검

호송업무 이전에 건강상태, 음주여부, 약물복용, 당일 근무내용 숙지여부 등을 확인하고 주의사항을 전달해야 한다. 이상이 발견된 경우 근무편성을 수정하는 조치가 반드시 필요하다.[34]

(2) 차량 및 장비점검

차량의 고장을 방지해야 하고 무전기 주파수를 맞추고 약암호를 사용한다면 점검해야 할 것이다. 이동경로의 수정도 검토해야 한다.

(3) 주의사항 전파

날씨, 도로상황, 고객의 요청사항 등에 대하여 호송경비 출발 전 반드시 점검해야 한다.

2) 현송조 편성 및 임무수행요령

(1) 개인별 임무

① 현송책임자

현송업무에 대한 총괄적 지휘감독, 현송원 및 운전원에 대한 안전수칙과 교양, 통제실 및 기지국과 유무선 연락망 항시 유지, 물건수령 후 검수 후에 현송증명서를 접수, 물건이동 및 적재지휘, 비상사태 대비

② 현송원

현송책임자의 지휘에 따라 임무수행, 승하차지점 확보 후 사주경계, 물건적재 후 잠금장치 확인, 물건운반 및 적재, 비상사태 대비

③ 운전원

현송책임자 지휘에 따라 차량운행, 승차대기 하에 통신상태 유지, 차량대기간

---

34) 남병선 외(2011), 일반경비, 서울: 한국경비협회, pp. 144-145.

차량시건 후 운전석에서 사주경계, 이동 간 우발상황 발생시 즉각 대응, 개인행동 금지 및 안전운행, 비상사태 대비

3) 차량기동 간 경계요령

① 현송책임자

우발상황에 능동적인 지휘, 통제실 기지국과 상황유지 및 교통상황 파악, 지체나 정체 주차시에 사주경계, 긴급상황발생시 현장지휘

② 현송원

차량주시, 긴급상황 발생시 현송책임자 지휘에 따라 대처

③ 운전원

신호정차 및 교통체증시 또는 긴급상황에 대비하여 차간거리를 유지, 긴급상황 발생시 현송책임자 지시에 따라서 경광등 및 비상등을 작동, 주 및 예비코스 지형지물 숙지

4) 차량유도시 유의사항

① 유도차량과 수송차량 사이에 다른 차량이 들어오지 못하도록 할 것
② 전방 또는 후방의 수상한 차량 유의
③ 휴게소 등 정차위치 선정
④ 무리한 교통통제, 신호기 조작은 지양하고 선도차량 속력조절을 통한 경비 지원

4. 현금수송사고의 방지대책

1) 상호 유기적 수단 결합에 의한 방범대책

방범예방효과를 극대화하기 위하여 물리적, 전자적, 절차적 수단의 조직적인 결합을 통하여 이들 수단들이 상호 보완효과를 발휘할 수 있도록 하여 안전도의 수준을 더욱 높일 수 있게 된다. 물리적 수단과 절차적 수단을 건물내부와 침입탐지 시스템에 허가없이 물리적 수단을 파괴하고 내부로 침입하려는 범죄행위를 빠짐

없이 탐지하도록 한다면, 안전도의 수준을 더욱 높일 수 있을 것이다.

금융기관의 현송에 대한 방범대책을 보면, 자금을 현송하거나 자금현송을 의뢰하는 때에는 그 금액 방법, 발착의 시각, 현송직원의 명부 등을 상대점 책임자에게 전화 또는 전신으로 통지하여야 한다. 현송금을 교부 또는 수행할 때에는 전항에 준하여 그 뜻을 통지하여야 한다.

2) 자금을 현송할 때에는 위험의 우려가 없도록 다음 사항에 주의 사고방지에 만전을 기해야 한다.

① 현송은 치밀, 주도면밀한 계획을 세우고 안전하고 유리한 방법으로 행한다.
② 현송원은 절대로 현금의 곁을 떠나서는 아니된다.
③ 현송금의 포장이 안전한가를 확인한다.
④ 현송에 필요한 인원은 현송량과 현송거리에 따라 사전에 검토하여 책정하되, 반드시 책임자를 포함한 2명 이상의 직원이 청원경찰을 대동하여 행하여야 한다. 가급적 자체차량을 이용토록 하고 부득이 외부차량을 이용할 때에는 운전자 성명과 차량번호를 확인하여 기록하여 둔다.
⑤ 현송금은 반드시 상대점 책임자와 현송책임자 간에 수도하여야 한다.
⑥ 현송은 반드시 일몰 전에 완료하여야 한다.
⑦ 상대점에 사전예약을 취할 것이며 현송 중 사고가 발생하였거나 기타 예정시간보다 지체되었을 경우에는 신속한 방법으로 직접 또는 인근점포를 통하여 즉시 연락하여야 한다.
⑧ 현금의 송부영수서는 서류로 행하는 즉시 전신 또는 전화로 쌍방책임자 간에 연락이 있어야 한다.
⑨ 현송을 운송업자에게 위탁하여야 할 때는 반드시 보험에 가입해야 한다.
⑩ 현송은 부정기적인 시간에 행하여야 한다.

3) 현금호송 안전수칙(경찰청 감독명령 제10호-1호) 준수여부

경찰청은 호송경비업무를 수행하는 법인에 대하여 감독명령을 발령하고 있다. 경비업체가 이를 위반하면 「경비업법」 제19조에 따라 허가취소, 영업정지 등의 처벌을 받게 된다.[35]

① 호송차량에서 하차하여 현금 등 중요물품을 도보로 호송할 경우 2인 이상이

하여야 한다.

② 현금 등 중요물품이 호송차량에 적재된 경우 반드시 1인 이상이 차량에 잔류하여 경계근무를 하여야 한다.

③ 차량호송시 차량 내 금고는 2중 시정장치를 한 상태로 운행하여야 한다.

④ 현금 등 중요물품을 호송하는 차량은 반드시 경보기 등 안전장치를 설비한 차량이어야 한다.

⑤ 중요물품 호송가방에는 피탈방지용 안전고리를 정착하여야 한다.

⑥ 호송경비업자는 호송근무 투입 전 호송경비원에 대해 안전교육을 실시하고 호송장비의 적정여부를 점검하여야 한다.

⑦ 호송경비업자는 「파견근로자 보호 등에 관한 법률」 제5조 제5항을 위반하여 경비업무에 파견근로자를 사용하지 않아야 한다.

⑧ 호송업무 수행중 차량이나 호송물품을 탈취당한 경우에는 즉시 경찰관서에 신고하는 동시에 탈취된 호송물품회수에 주력하여야 하고, 경찰관서와 유기적 체제를 유지하여야 한다.

– 이 명령은 2010. 6. 1부터 시행한다.

(2003. 10. 22 발령한 감독명령 제 3-2호는 폐지한다)

제3절 상황별 비상조치요령

1. 위해 발생시의 대응조치

1) 기본조치

(1) 인신의 안전보호

사고시에는 인명 및 신체의 안전을 제일 우선시한다. 특히 범인이 흉기류를 가지고 있을 때는 주의를 요한다.

(2) 관제시설 등에 연락철저

신속하고 정확하게 관제시설에 연락을 한다.

---

35) 사이버경찰청 홈페이지(www.police.go.kr).

(3) 차량용 방범장치의 확실한 세트와 작동

사고 발생시에는 신속하게 차량용 방범장치를 작동시킨다.

(4) 운반용기를 금고실에 신속하게 수납

귀중품을 내릴 때 습격한 경우, 운반용기를 금고실에 수납시킬 수 있는 경우는 신속하게 금고실에 반납하고 잠금장치를 한다.

(5) 경계봉의 적절한 사용

경비원이 소지하는 분사기와 단봉은 정당방위의 범위 내에서 적절하게 사용한다.

(6) 사고발생정보의 주변고지

습격사고가 일어날 때는 큰소리, 확성기, 차량용 경보장치 등으로 주변에 이상이 발생한 것을 알리도록 한다.

2) 범인이 도주한 경우

(1) 범인에 대한 기록을 한다.

습격범의 인상, 복장, 특징, 차량번호, 차종, 차색, 도주방향 등 사후 범인수사에 도움이 되도록 냉정하게 관찰하고 기록(기억)하여 둔다.

(2) 신고할 수 있는 경우는 다음 내용을 112에 신고한다.

① 회사명과 이름
② 습격이 발생한 시각, 발생장소 등 사건내용
③ 습격자의 특징, 흉기소지의 유무, 도주방향, 도주방법 등 사건수사에 도움이 되는 내용

(3) 상황을 관제센터에 연락하고 대체 운송수단을 수배한다.

(4) 발생현장은 경찰관이 도착할 때까지 가능한 한 현장을 보존한다.

3) 교통사고가 발생한 경우의 대응조치

(1) 교통사고 발생시의 기본적 조치

① 사고 발생 시에 우선적으로 인명 및 신체의 안전을 제일로 한다.
② 관제시설 등에 신속하고 정확하게 연락을 취하여 보고한다.
③ 사고의 확대를 방지하기 위해 필요한 조치를 신속하게 취한다.

(2) 물건에 손해를 끼친 사고(경미한 경우)의 경우

① 교통사고 발생시는 경찰 및 관제시설에 연락한다.
② 분명한 피해사고의 경우는 상대가 호송차량까지 오는 것을 기다리며, 경찰에 통보하여 의뢰한다. 주의할 점은 사고를 가장하여 습격하는 경우가 있으므로, 이를 대비해야 한다. 유리창은 대화가 가능할 정도로 조금 연다.
③ 교통사고의 처리는 원칙적으로 운전자가 대응한다.
④ 상대방의 이름, 주소 등을 운전면허증으로 확인한다.
⑤ 현장보존이 필요한 경우는 다른 차량을 적절하게 유도하여 현장보전을 위해 노력하는 동시에 주위를 경계한다. 또한 현장보존의 필요가 없는 경우는 안전한 장소로 피하는 동시에 정지표지판을 세우는 등 후속 사고의 발생을 방지하는 조치를 취한다.
⑥ 사고처리가 지연될 것으로 판단되는 경우는 신속하게 관제시설에 연락하여 대체수송 수단을 수배한다.

(3) 중대사고(인명ㆍ신체사고)의 경우

① 인명ㆍ신체 사고가 발생한 경우는 제일 빨리 경찰에 신고하는 동시에 구급차를 요청한다.
② 부상자를 구호하는 동시에 응급조치를 실시한다.
③ 경비원이 연락할 수 없는 경우는 상대 또는 부근의 사람에게 신고를 요청한다.
④ 책임자가 도착한 때는 그 지시에 따른다.

(4) 차량고장이 발생한 경우의 대응조치

① 사고의 확대방지를 위해 다른 차량의 교통에 지장을 주지 않는 안전한 장소

로 이동한다.

② 고장상황 및 현재위치를 관제시설에 보고한다.

③ 응급수리로 고쳐질 수 있는 경우는 가장 가까운 수리공장 등에서 수리한다.

④ 운행을 예측할 수 없는 경우는 관제시설에 대체차량을 요청한다.

⑤ 대체차량이 도착하기까지 주위의 경계에 만전을 기해 정기적으로 현황을 연락하는 동시에 기록하여 둔다.

⑥ 대체차량이 현장에 도착한 때는 도착했다고 관제시설에 연락한다. 고장차량과 대체차량과의 간격을 최단거리로 위치시켜 주위의 경계를 엄중하게 하면서 귀중품을 옮긴다. 이때도 경비원과 작업자의 임무구분을 명확히 할 필요가 있다.

⑦ 귀중품을 옮기는 작업을 완료하고 출발할 때는 잠금 확인, 주변 유류물을 재확인한 후 관제시설에 출발하는 것을 연락한다.

⑧ 대체차량을 기다릴 시간여유가 없을 정도로 긴급한 경우는 관제시설에 연락하고 그 지시에 따라 택시나 지하철을 이용하여 귀중품을 운반한다.[36]

2. 호송경비차량의 요건

1) 금고실과 운전석의 완전한 분리

금고실과 운전석의 간격이 없는 경우는 금고실에 무방비로 근접하여 쉽게 습격의 대상의 될 수 있다.

2) 일정한 한도의 파괴력을 견딜 수 있는 금고실의 구조

귀중품을 적재한 금고실의 구조로서는 일정한도의 파괴력에 견딜 수 있는 구조가 필요하다.

3) 3명 이상의 승차가 가능한 정도의 대형화된 차량

호송하는 귀중품의 대형화, 다량화에 따라 차량의 대형화가 요구된다. 또한 안전성면에서도 귀중품 호송경비업무를 실시하는 경우에 운전자, 경비원 3명 이상으

---

36) 김남현·문병혁(2004), 경찰교통론, 서울: 경찰공제회 참조.

로 구성하여 역할을 분담해야 한다. 대형차량의 경우 운전석과 금고실 간에 통신 수단이 있다면 안전성은 보다 높아질 것이다.

4) 관제시설에 연락하기 위한 휴대용 무선기, 휴대전화

관제시설에 연락을 취하기 위해 휴대용 무전기를 장치한 동시에 무전기의 난청 지역 등을 보완하기 위해 휴대전화를 지참하는 것이 필요하다.

5) 관제시설의 자동긴급신호 송출장치

차량의 경보장치가 작동한 경우 또는 긴급버튼이 눌러진 경우, 관제시설에 자동 신호 또는 자동음성에 의해 이상을 알리는 장치를 구비하는 것이 필요하다.

6) 관제시설에 자기차량위치 통보장치

GPS에 의해 차량의 위치가 파악될 수 있는 장치를 구비하는 것이 필요하다.

차량위치 통보장치는 실시간 위치정보를 파악하는 방법, 호송차량으로부터 위치 정보를 송신하는 방법, 긴급시에 위치정보를 호송차량이 송신하는 방법 등이 있다.

7) 엔진작동 불능장치의 설치

운전석이 있는 자가 습격받아 협박을 받는 경우에는 어떤 조작을 하면 엔진이 작동하지 않거나, 경보장치와 연동시켜 차를 이탈시키려고 하거나 차량의 문을 열려고 하면 경보가 울리고 엔진이 작동하지 않게 되는 장치 등이 필요하다.

8) 금고실의 파괴공작에 대응하는 경보장치

금고실의 파괴공작 및 습격에 대응하는 위협용 경보장치의 기능을 갖추는 것이 필요하다. 또는 차를 이탈할 때 어떤 조작을 하면 차량이 경계상태가 되어 문을 열려고 하면 부저가 계속 울리는 등의 경보장치가 필요하다.

9) 각종 장치가 작동한 경우의 확인램프의 점멸장치와 위협용 경보부저

경보장치 등의 각종 장치가 작동한 경우에 호송경비차량의 비상점멸등을 점멸시키는 등 동시에 경적이 울려 경보장치가 작동한 것을 상대 및 주위에 알리는 장치가 필요하다.[37]

3. 특이사항 발생시 통신유지요령

1) 연락요령의 기본

(1) 연락내용

사고발생시 관제시설에 연락을 신속하고 정확하게 실시하기 위해서는 연락양식을 정하여 두는 것이 바람직하다.

(2) 타인에 의한 신고대응

사고 상황에 따라서는 경비원 자신이 신고나 추가연락을 할 수 없는 경우는 메모를 하여 제3자에게 연락을 의뢰해야 한다.

(3) 연락수단의 선택

추가연락은 그 내용에 따라서 무선, 휴대전화 등을 사용한다.

2) 긴급연락

경찰기관 등의 조치가 긴급하게 필요한 경우의 연락계통은 다음과 같다.

현장의 경비원은 사고가 발생한 경우에는 즉시 현장에서 112번에 신고한 후, 관제시설에 제1보를 보고한다. 그 후 관제시설이 계약처 등 관련부서와 연락하고, 현장에서는 112번 및 관제시설에 수시로 추가연락을 한다. 2명이 각각 휴대전화를 가지고 있는 경우는 각각 112번과 관제시설에 분담하여 신고하는 동시에 신고와 보고를 하는 것이 바람직하다.

---

37) 광주지방경찰청(2010), 호송경비 참조.

3) 교통사고 발생시 연락내용

호송차량이 교통사고를 일으킨 경우는 관제시설에 우선 교통사고 발생을 연락한 후 계속 다음의 항목을 연락할 필요가 있다.

① 사고의 종별(가해, 피해, 자손, 상호)

② 발생시각, 발생장소

③ 부상자의 유무

④ 구급차 요청의 유무

⑤ 호송차량의 고장, 손상상태

⑥ 호송업무의 임무속행 가능성

　 상황에 따라서 응원요원, 대체차량의 요청, 사고 차의 수리요청 등을 할 필요가 있다.

⑦ 구급차 요청유무

⑧ 경비수송차량의 고장, 손상사태

⑨ 호송경비업무의 임무수행 가능성

제5장

신변보호 실무

제5장

신변보호 실무

제1절 신변보호의 의의

1. 신변보호의 개념

공경호에서 신변보호란 "보호대상자의 생명, 신체를 직접·간접 위해로부터 보호하는 작용, 즉 보호대상자를 호위하는 작용이다"라고 정의한다. 또는 "경호대상자를 각종 음모나 사건 등 모든 위험과 곤경으로부터 보호하는 것"이라고 말할 수 있다.[38] 사경호 분야인 경비업법 제2조에서는 경호대상자 신변보호를 "사람의 생명이나 신체에 대한 위해의 발생을 방지하고 그 신변을 보호하는 업무"로 정의하고 있다.

우리나라 경찰행정상 경호경비라 함은 정부요인, 국내외 주요인사 등 경호대상자의 신변에 대하여 직접·간접으로 가해지려는 위해를 방지하기 위하여 위험요소를 사전에 제거하고 경호대상자의 안전을 도모하는 경찰작용을 말한다. 이러한 경호개념보다 광의의 개념으로 사용되고 있는 것이 요인경호 또는 신변보호의 개념이다. 따라서 경호주체에 따라 그 범위는 차이가 있지만 일반적으로 신변보호란, "경호대상자의 생명이나 신체를 직접·간접적인 모든 위험 및 곤경으로부터 보호하고 안전하게 방호하는 작용"으로 정의할 수 있다.

2. 신변보호의 목적

신변보호의 주된 목표는 암살, 납치, 혼란, 신체적 상해로부터 경호대상자를 보호함에 있다. 동시에 주도면밀하고 실제적인 범행의 성공기회를 최소화하고 자연적,

---

38) 양재열(1995), "경호의 기본적 이론에 관한 연구", 연세대학교 석사학위논문, p. 19.

물리적인 위협요소에 대비하여 경호대상자의 신변을 완벽하게 보호하는데 있다.[39]

1) 경호대상자의 신변안전 확보

경호의 가장 핵심적인 목적은 경호대상자에 대한 직접적인 위해를 방지 및 제거함으로써 신변을 안전하게 보호하는 것이다.

2) 경호대상자의 위엄(권위)유지

각종 위해들로부터 경호대상자의 생명·신체의 안전을 확보하고, 불미스러운 사건으로부터 경호대상자를 보호함으로써 경호대상자가 일반 대중들에게 갖고 있는 좋은 이미지와 권위를 유지할 수 있도록 한다.

3) 질서유지와 혼잡방지

경호대상자가 사회적·조직적으로 중요한 지위와 역할을 지니는 인물일 경우 경호대상자에 대한 위해의 발생은 국가적으로나 사회적으로 커다란 혼란을 야기할 수 있다. 따라서 성공적인 신변보호활동은 이로부터 야기될 수 있는 사회혼란과 혼잡을 방지하는 기능도 더불어 지니고 있다.

4) 경호대상자와 일반대중과의 친화도모

행사시 경호대상자는 일반 대중과 빈번히 접촉하는데, 이때 경호원들의 체계적인 신변보호 활동과 대중들에 대한 무례하지 않은 행동은 일반대중과 경호대상자 간의 친화에 영향을 미친다.

5) 국위선양

외국원수나 요인 방문시 완벽한 경호활동은 우리나라에 대한 이미지에 긍정적인 영향을 미친다. 최근 민간경호원에 의한 외빈이나 국제적 스타들에 대한 성공적인 신변보호활동 역시 국위선양에 기여하고 있다.

---

39) 김계원(2010), 경호학, 인천: 진영사, 2010, p. 28.

3. 신변보호의 중요성 – 미국의 대통령 신변보호

1) 경호제공 전 미국대통령 암살 통계분석

미국대통령에 대한 국가에 의한 경호서비스 제공이 여러 가지 이유로 미 의회의 반대에 부딪혀 1901년까지 제공되지 못하였음을 고려하였을 때 1776년 독립이후 미국대통령의 암살기도는 4건이 있었던 바 그 중 Jackson대통령 1명만이 스스로 몸을 숨겨 목숨을 구했으며 Abraham Lincoln 대통령을 위시한 3명은 사망하여 75%의 암살 성공률을 보였다.

2) 경호제공 후 미국대통령 암살 통계분석

미국의 현대(1901~1990) 대통령 암살사례 분석시 총 5건의 암살기도가 있었으나 4건은 경호원들의 활약으로 대통령을 구해냈으며 John F. Kennedy만이 암살범 Oswald의 총탄에 서거했다. 결론적으로 경호제공 전·후의 통계를 분석하면 국가 중요인사의 경호를 하는 것과 하지 않는 것에 극명한 차이가 있음을 알 수 있다.

〈표 5-1〉 암살사건의 예

① Abraham Lincoln 암살사건
- 일   시 : 1865. 4. 14
- 장   소 : 워싱톤 D.C 포드극장
- 사건내용
  : 연극배우인 범인 Wikes Booth는 남부군 "Lee" 장군의 항복소식을 접하고 치밀한 범행계획 하에 연극관람 중인 링컨 대통령의 머리에 근접 발사
② James A. Garfield 대통령 암살
- 일   시 : 1881. 9 19
- 장   소 : 워싱톤 D.C "Baltimore and portmac" 기차역
- 사건내용
  : 암살범 "Charles Guiteau"는 종교적 광신자로서 자신의 기도로 대통령에 당선되었다고 생각한 범인은 외교관 임용을 요구, 거절당하자 신의 계시를 거절한 대통령을 권총 저격 암살

③ William Mckinley 대통령 암살
- 일   시 : 1901년 9월 6일
- 장   소 : 버팔로 범 미주 박람회장
- 사건내용
  : 암살범 "Leon Czolgosz"는 급진적 무정부주의자(Anarchist)로서 대통령이 참석자들과 인사를 나누는 리셉션 장소에서 권총을 손에 쥐고 손수건으로 감싼 채 접근하여 저격 암살

제2절 신변보호의 위협요소

효과적인 신변보호를 위해서는 경호대상자 주변에서 발생할 수 있는 위협요소에 대한 분석결과를 토대로 위험수준을 구분하고 이에 의한 신변보호작용 수준을 결정해야 한다. 이에 앞서 경호대상자에 대한 효과적인 신변보호를 위해서는 기본적으로 어떤 위협들이 있는지 그리고 경호대상자가 어떻게 공격을 받을 수 있는지를 먼저 이해해야 한다. 경호대상자에 대한 위험을 실질적으로 평가할 수 있는 방법에는 다음과 같은 것들을 고려해야 한다.

첫째, 경호대상자의 배경에서부터 위협을 관찰해야 하는데 위협의 형태는 경호대상자 형태에 따라 여러 가지가 있다. 예를 들어 대중에게 알려진 인물 즉, 영화배우, 가수, 정치가들은 호의적인 사람, 사진촬영자, 팬 등의 군중에 많이 노출되는데 통상 이들에 의한 악의에 의한 공격보다는 무질서한 접근행동에 의해 부상당하기 쉽고 확률은 낮지만 분노에 의한 극단적인 공격을 배제할 수는 없다.

둘째, 경호대상자의 생활방식이나 습관이 공격자의 종류를 결정하지는 않으나 공격기회를 조성할 수 있는 취약성을 내포할 가능성은 많다. 예를 들어 가수나 정치지도자는 지명도를 위해 대중 앞에 서야 하는데 이 과정에서 경호대상자의 반복적인 생활습관 등은 공격자들에게 공격기회를 만들 수 있는 좋은 기회를 제공해 줄 수 있다. 세부적인 위협요소로는 사람, 물질, 자연적인 위험요소가 있다.[40]

---

40) 최찬묵(2000), "신변보호의 체계적인 예방작용에 관한 연구", 한국체육대학교 석사학위논문. pp. 11-36.

1. 인적 위협요소

인적 위협요소란, 총기, 폭발물, 독극물, 방화 그리고 납치 등 폭력적 방법들을 사용하여 범행을 시도하는 사람들을 말하는데 경호대상자의 신분 및 행동반경에 따라 그 방법이 달라질 수 있으며 복합적으로 적용될 수 있다.

첫째, 군중들이다. 이들은 영화배우나 인기있는 정치인이 대중들에게 모습을 나타낼 때 보통 호의적인 군중들이다. 위험은 대중들의 비이성적인 행동에 의해 발생되는데 저명한 인사인 경우 대중과 악수시, 연예인들은 흥분한 우호적인 팬(Fan)들에 의해 공격받기 쉽다.[41]

둘째, 특정인물들이다. 일반 군중들 중에는 사진작가와 극렬한 팬 등 특정한 인물들이 있다. 이들은 안전을 위해 설치되어 있는 방어선(Protective fence)을 뚫고 경호대상자와 접촉하기 위해 위세를 보이기도 하며 또한 얼굴을 마주치기 위해서 열정적인 노력을 경주하기도 한다. 대표적인 사례로 40대 남자가 런던 버킹검 궁전의 방어선을 뚫고 여왕의 침실을 침입한 사건 등이 있었는데 다행히도 위해사례는 발생하지 않았다.

셋째, 장난꾸러기와 성가신 사람들이다. 단순히 고성을 지르는 사람이나 계란 등을 던지는 사람일수도 있으나 일부는 위험할 수도 있다. 대표적인 사람들로 직업적인 '파파라쵸'[42]들이 있는데 이들은 경호대상자의 사생활을 취재하여 공개함으로써 일반 대중들의 흥미를 자극하는 인물들로 특히 연예인들에게 매우 귀찮은 존재들이다. 이들의 직접적인 위해행위 가능성은 낮다고 할지라도 직·간접적인 위해상황이 발생하도록 유도하는 촉매제역할 가능성은 항상 상존한다. 대표적인 사례로 이들의 극성적인 사생활 취재행위는 '영국 황태자비' 교통사고사망의 원인을 제공했다. 이들에 의해 발생하는 불시적인 행동을 사전에 차단하거나 이들의 카메라 필름을 빼앗아 오기에는 현실적으로 어렵고 경호원의 수가 상대적으로 부족한 실정이다.

넷째, 비우호적인 군중이다. 이들은 다양한 형태나 규모로 시위를 하며 이를 통해 경호대상자에 대한 불만과 적대감을 표출한다. 이들은 경호대상자가 가는 곳마다 나타날 수 있으며 이에 따라 경호대상자에 대한 경호의 필요성이 증가된다. 이

---

41) 1994년 3월 미국 미시간주 사우스필드에서 가수인 Tevin Campbell의 사인을 얻기 위해 몰려든 수천 명의 군중에 의해 고립당하고 수명의 군중이 압사했다.

42) 파파라쵸(Paparazzo)란 불시에 나타나 개인의 사생활을 취재하는 사진사를 말한다.

들의 시위행동이 직접적인 위해 행위는 되지 않더라도 위해를 가하려는 개인이나 조직에 이용당할 수도 있다.

다섯째, 납치범이다. 납치는 인질극과는 상이하게 비밀리에 수행되며 납치범의 신원은 미상이며, 사전 치밀한 계획과 준비에 의해 진행된다. 이들은 테러행위에 대한 자금공급, 체포된 테러리스트의 석방, 정치적 배려획득을 목적으로 행동한다. 납치대상은 경호대상자이거나 그의 가족, 동료일 수도 있다.

여섯째, 개인적인 암살범이다. 이들은 대체적으로 정신적인 결함을 가지고 있으나 이들도 암살을 계획할 수 있는 충분한 특성을 가지고 있다. 이들의 암살 동기는 매우 상이하고 다양한 요소를 내포하고 있어 단정적으로 규정지을 수는 없지만 몇 가지 공통적인 동기부여 요소를 추출할 수는 있다. 이들은 대체적으로 정치적인 동기, 개인적인 동기, 이념적인 동기, 경제적 동기, 심리적 동기, 적대적 동기에 의해 경호대상자에 대한 암살을 계획하고 실행한다. 이들의 위해행위는 조직화된 테러분자들보다 덜 위협적이지만 보통 혼자 계획하고 준비하는 관계로 계획에 대한 보안이 잘 유지되며, 이에 따라 위해행위가 실행에 옮겨지기 전까지는 이들의 위험을 사전에 경고하기가 매우 어렵다.

일곱째, 적대적인 단체와 조직이다. 이러한 요소들이 통상 가장 심각한 위협이다. 이들은 완전히 조직화되어 있고 매우 현실적인 조직으로 보통 군사력과 유사하다. 민간조직들도 훈련단계를 가지고 있고 임무수행을 위해 목숨까지 버리는 공격수를 양성한다. 따라서 경호원은 현장에서 공격자의 신원이나 정치적인 연결고리를 즉시 파악하기 어렵다. 이들은 암살, 폭파, 하이재킹(Hi-Jacking), 유인 납치, 방화, 매복공격, 습격, 원거리 로케트 공격 등 다양한 방법을 동원하고 있다.

이중 우리에게는 1988년부터 테러지원국으로 지정되어 있는 북한인이 가장 위험한 위해요소로 간주되고 있고, 남·북 분단이래 이들에 의한 테러[43]는 끊임없이 지속되고 있다. 특히 북한은 대남테러 공작기구를 확대 개편하고, 대남테러활동 요원으로 적어도 2,000여명 이상의 특수요원을 양성하여 이들에 의한 무차별적인 파상 테러 행위가 예상된다. 북한은 1960년대부터 독침, 독가스 그리고 콜레라, 천연

43) 1948.10.18 효자동 행차로상 이승만 대통령 암살미수사건, 1968.1.21 무장공비 청와대습격사건, 1970.6.22 국립묘지 현충문 폭파사건, 1974.8.15 문세광 박정희 대통령 저격사건, 1981.1.11 케나다인 매수, 전두환 대통령 암살음모사건, 1983.9.22 대구 미문화원 폭파사건, 1983.10.9 미얀마 아웅산 묘소 폭파사건, 1986.9.14 김포공항 폭발물 사건, 1987.11.29 KAL기 폭파사건, 1996.9.18 강릉 무장간첩 침투사건, 1997.2.10 귀순자 이한영 충격사건, 1998.6.22 속초 잠수정 침투 도발사건 등이 있다.

두, 페스트 등 다종의 세균무기를 이용한 생물학전을 준비해 왔으며 이것을 백화점, 지하철, 상가, 공원 등 공공장소에 살포할 것으로 예상된다. 또한 최근 북한은 인체투여 후 1시간이 지나면 체내에서 독성이 사라지는 독극물을 개발하고 만년필형 권총 등의 테러장비를 구입하는 등 대남테러 역량을 강화하고 있다.

여덟째, 마약중독자와 정신질환자이다. 최근 국내에서는 약물남용에 의한 마약중독자와 현대사회 병리현상에 의한 정실질환자가 증가하는 추세에 있다. 이들은 계획적인 공격행위 보다는 우발적인 돌출위해행위를 저지를 가능성이 높다. 약물범죄자가 비약물범죄자보다 연령과 소득이 높고 고학력인 점을 볼 때 경호대상자가 참석하는 행사장에 쉽게 접근할 수 있는 계층임을 알 수 있다. 이들에 의한 범죄유형은 주로 자신의 공격성이 타인에게 표출되는 대인범죄[44]이다. 즉, 약물남용은 남용자의 신체적, 심리적 기능에 영향을 주어 공격적 또는 폭력적 행동을 유발시킨다고 보고 있다. 구체적으로 암페타민류, 코카인 같은 중추신경 흥분제와 말리화나, LSD, PCP와 같은 환각제는 남용자로 하여금 환각증상이나 편집광적 증상을 유발하여 공격적이고 폭력적인 행동을 유발한다. 또한 약물남용으로 인한 폭력행동의 과정이나 방향을 예측하기가 어렵고 무차별적이어서 경호대상자 주변에서 언제든지 위해행위로 연결될 수 있다. 약물남용은 개인적인 특성에 따라 증가하는데 남용하는 이유는 다음과 같이 다양하다.

① 사회와 지배계층에 대항하거나 반항하기 위한 경우, ② 걱정을 줄이기 위한 경우, ③ 자신의 잘못된 행동에서 벗어나기 위한 경우, ④ 상대방의 관심, 애정을 얻기 위한 경우, ⑤ 두려움, 충동심 등을 억제하고 책임을 회피하기 위한 경우 등이 알려져 있다.

정신질환자의 위험성 예측은 매우 어려운 일이다. 그러나 주요 요인 테러범들을 살펴볼 때 많은 경우에 있어서 정신분열증 같은 정신질환자들이다. 특히 이들은 일반 범죄자보다 살인 등의 강력범죄를 범하는 비율이 5~6배 높다. 이중 정신분열증(Schizophrenia) 환자는 대개 남자로서 체계화된 망상의 만성증상에 시달리고 있고, 정동장해(affective disorders) 환자는 일정기간 우울하거나 들뜬 기분의 장애 즉, 우울증과 조증에 시달리며 우울증 환자는 주로 살인과 절도 범죄를 저지르며, 정신지체(mental retardation)환자는 적응적 행동에 결함이나 장애를 나타

---

44) 대검찰청은 '강력범죄'로 표현하여 살인, 강도, 방화, 강간, 폭행, 상해, 협박, 공갈, 약취와 유인, 체포와 감금으로 분류하고 있다.

내고 스트레스에 잘 적응을 못하여 쉽게 좌절하거나 폭발하는 성향이 있으며 반사회적으로 행동하는 경향을 보여준다. 이들 정신질환자들은 대부분 만성환자들로 전문적인 치료를 받지 못하고 방치되는 경우가 많아 언제든지 경호대상자 주변에 나타날 수 있다.

2. 물적 위협요소

물적 위협요소란 경호대상자 주변에 위치하여 직접 위해를 가할 수 있는 인공물이나 위해를 가할 수 있도록 여건을 제공할 수 있는 자연물 및 인공물을 말한다. 물적 위협요소는 문명의 발달과 사회환경에 따라 그 종류를 달리하고 있으나, 테러 사건에 사용되는 직접적인 물적 위협요소인 무기를 종류별 빈도수로 분류 시 총기류, 폭발물, 도검류, 박격포 포탄, 소이탄, 로켓 미사일, 우편 폭탄 순으로 이중 총기류 및 폭발물이 약 86%를 차지하고 있다.

우리나라에서도 외국에서 밀반입되는 불법 총기류와 사제 불법 총기류 제작[45] 이 증가하고 있고 군부대와 폭약사용 공사장이 산재하고 있어 총기류 및 폭발물에 의한 위해 상황은 언제든지 발생할 수 있다. 특히, 차량을 이용한 폭발물 사건이 급격히 증가하면서 대형화되는 추세에 있으며, 국내에서도 북한에 의한 폭발물 테러가 지속적으로 자행되고 있다.[46] 이런 폭발물을 테러의 수단으로 사용하는 주된 요인은 다음과 같다.

첫째, 공격이 용이하다는 점이다. 총기에 의한 공격은 유효사거리 내에 공격자가 위치해야 하므로 행사장 접근에 어려움이 잇고 또한 공격시 조준실패나 경호대상자 주변의 경호요원에 의한 저지, 방해 등으로 범행 실패의 가능성이 높은 반면 폭발물에 의한 공격은 원격조종식, 시한식 폭발물을 사전에 설치하였을 경우 공격자가 현장에 위치할 필요가 없고 폭발물 위해 반경이 넓기 때문에 일정 범위내에서만 공격자가 위치하면 테러가 가능하고 성공확률이 높다는 점이다.

둘째, 대량살상 및 공포효과가 크다. 총기에 의한 공격의 경우 공격대상자가 1~2인에 국한되지만 폭발물 테러의 경우 피해반경 내에 위치한 모든 인원이 피해

---

45) 사제대포(구경 13cm, 길이 30cm, 사거리 50m), 사제곡사포(구경 5cm, 높이 90cm), 사제장총(길이 69cm, 사거리 30m), 사제권총, 사제 화염방사기 등이 있다(조선일보, 1999.6.18일자 31면).

46) 1970.6.22 국립묘지 현충문 폭파사건, 1974.7.15 경회루 돌다리 폭파기도사건, 1983.9.22 대구 미문화원 폭파사건, 1983.10.9 미얀마 이웅산묘소 폭파사건, 1986.9.14 김포공항 폭발물 사건, 1987.11.29 대한항공 858기 폭파사건 등이 있다.

대상이 될 수 있다. 부가적으로 공격대상이 아니더라도 테러에 포함될 수 있다는 공포효과를 노릴 수 있다.

셋째, 증거인멸이 가능하고 범행 후 도주가 용이하다. 총기에 의한 공격시 유효 사거리 내에서 공격이 이루어지므로 공격자가 대부분 현장에서 체포되나 폭발물 공격시 공격자가 현장에 위치할 필요가 없기 때문에 범행 후 현장이탈이 용이하고 폭발로 인한 폭발물 장치의 파손 및 주변시설 등의 파괴로 공격자를 체포하기 위한 단서 및 증거 수집이 어렵다는 점이다.

넷째, 폭발물 제작에 필요한 각종 재료들을 일상생활 주변에서 획득하기가 용이하다. 폭발물은 전문가가 아니더라도 폭발물 장치에 대한 간단한 원리만 이해하면 사제 폭발물을 제작할 수 있으며 일상생활 주변에서 폭발물 제작에 필요한 재료들을 얼마든지 획득할 수 있고 이에 대한 정보도 컴퓨터[47] 등을 통해 쉽게 얻을 수 있다.

특히, 폭약으로 사용할 수 있는 각종 화공약품들이 시중 화공약품 상점에서 큰 제약없이 판매되고 있으며 지하철 공사장이나 광산 등에서 사용하는 폭약들도 관리 소홀시 유출될 가능성이 높다. 총기 및 폭발물이외도 독극물,[48] 독가스,[49] 방사능 물질, 기타 폭발성 물질을 이용한 직·간접적인 공격행위도 가능하다.

또한 경호대상자가 위치하는 주변에는 항상 위험한 물질들이 위치하거나 접근할 수 있으며 경호대상자가 사용하는 승강기, 에스컬레이터, 계단 등을 불안전하게 조립하거나 변형시킴으로써 간접적인 위해행위도 가능하다.

3. 자연적 위협요소

자연적 위협요소로서 위험한 지형은 행사장 및 연도 주변의 지형적 여건이 경호대상자에게 위해를 가할 수 있는 취약지역을 말한다. 즉, 공격자가 경호대상자를 공격하기 위해 유리하게 이용할 수 있는 지점이나 건물 등 저명한 지형지물을 말한다.

---

47) 1995년 홍콩의 인터넷상에는 미 오클라호마 주청사 폭파사건 당시 사용하였던 질산 암모늄 폭탄을 비롯한 20통의 폭탄 제조방법을 소개한 「테러리스트 지침서」가 등장하였으며 여기에는 니트로글리세린, 니트로셀룰로오스 등으로 만들 수 있는 간단한 폭탄에서부터 파괴력이 강한 R.D.X의 제조방법까지 상세히 소개하고 있다.
48) 1998년 7월 25일 일본 와카야마현에서 여름 마을 축제를 즐기던 주민들이 비소화합물이 든 커레라이스 도시락을 먹고 4명이 사망하고 60여명이 중독된 바 있다.
49) 1995년 3월 일본 도쿄 지하철에 옴진리교에 의해 사린가스가 살포되어 많은 사람들이 5,500여명이 중독되고 12명이 사망한 바 있다.

이러한 자연적 위협요소는 행사장의 위치나 성격에 따라 달라지며 공격자는 목적을 달성하기 위해 지형적인 이점을 최대한 이용하며 이를 위해 사전 현장을 답사하고 지형을 분석하여 최적의 공격지점을 선정한다.

공격자의 위치에서 최적의 공격지점은 경호요원의 위치에서는 최대 취약지점이 될 수 있다. 공격자의 위치에서 공격지점의 구비조건은 다음과 같이 볼 수 있다.

1) 공격지점의 구비조건

첫째, 행사지역 감시가 용이한 지점이다. 공격자는 경호대상자가 참석한 행사장의 전반적인 상황과 경호대상자의 모든 행동을 감시할 수 있는 지점에 위치하여 최대 피해를 줄 수 있는 공격시점을 결정한다.

둘째, 경호요원의 통제력이 미치지 못하는 은폐, 엄폐된 지점이다. 공격자는 경호요원들의 위험한 사람 및 물질에 대한 물리적인 통제력이나 관측이 제공되지 못하는 지점에서 매복(Ambush)을 하였다가 경호대상자가 공격가능 범위 내에 들어오면 과감한 공격을 가한 후 현장을 이탈한다.

셋째, 경호대상자의 예상접근로 통제가 용이한 지점이다. 공격자는 경호대상자가 사용하는 통로 및 도로를 면밀히 판단하여 공격시 우회나 대피를 할 수 없는 목 지점에 매복하여 공격한다.

넷째, 공격자의 양호한 출입이 가능한 지점이다. 공격자는 사전에 공격준비를 위한 인원, 장비 및 차량 출입이 용이한 지점을 선정하고 치밀한 공격준비를 하게 되며 공격 후에는 신속히 현장을 이탈하여 추적되지 않도록 한다.

이와 같은 자연적 위협요소는 무기체계의 발달로 인한 고도로 과학화된 살상무기 등장으로 점차 그 범위가 확대되고 있다.

2) 행사장별 위험요소 구분

공격지점의 구비조건을 고려하여 건물 내부행사, 건물 외부행사, 야지행사, 행사·환차도로 등으로 구분하여 자연적 위협요소를 구분할 수 있다.

첫째, 건물 내부행사장이다. 경호대상자의 직업 및 성격에 따라 다소 차이는 있지만 경호대상자가 참석하는 행사장은 실내인 경우가 많다. 실내 행사장인 경우 대부분 주변에 건물이 위치하고 있거나 검색되지 않은 불특정 사람들이 접근하기가 용이하다.

　따라서 경호대상자가 건물 내부로 들어가기 위해 차에서 내리는 지점 즉, 승·하차 지점이 가장 취약하다. 공격자는 통상 승·하차 지점이 잘 보이는 주변건물에 은거하거나 불특정 인원으로 가장하여 승·하차 지점으로 접근공격을 감행한다.

　경호대상자가 건물내부로 입장하여 행사장으로 이동시 방향전환이 되는 곡각지도 위험지점이다. 경호대상자가 방향전환시 경호요원들의 근접 호위대형이 흐트러지거나 전방 경계시야가 변화함에 따라 순간적으로 시야공백이 발생할 수 있으며, 이때 공격자가 곡각지 부분에 은거하였다가 공격을 감행할 수 있다.

　경호대상자가 건물내부에서 행사장으로 이동시 승강기나 에스컬레이터를 타고 내리는 지점도 위험지점이다. 승강기나 에스컬레이터는 통상 건물 내 공공시설물로 불특정 인원이 타고 내릴 때 경호대상자와 자연스럽게 조우할 수 있다. 이때 경호대상자가 승강기를 타기 위해 대기하는 동안 불특정 인원으로 가장한 공격자가 자연스럽게 접근하거나 승강기를 타고 내려오면서 문이 열리는 순간을 이용하여 공격할 수 있다. 또한 경호대상자가 승강기를 내리는 순간에 승강기 앞에서 대기하던 공격자가 공격을 감행 할 수 있다.

〈그림 5-1〉 건물 내부 행사장 경호 요령

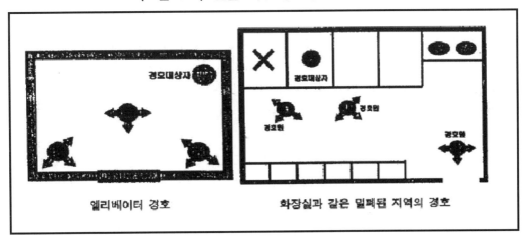

엘리베이터 경호　　　　　화장실과 같은 밀폐된 지역의 경호

　　출처 : 최정택(2008), 경호학개론, 인천: 진영사, p. 250.

　둘째, 건물 외부 행사장이다. 건물 외부에서 행사시에는 지형적 위험요소가 더욱 광범위해진다. 행사장을 관측할 수 있는 주변의 모든 건물이 위험요소가 될 수 있다. 이때 건물 규모와 관계없이 공격자는 주변건물에 은거하여 공격을 감행할 수 있다.

공격자는 관측시야가 넓어지는 관계로 원거리에서 공격을 감행할 수 있으며 경호대상자의 행동범위 중 가장 취약한 순간을 포착하는데 유리하고, 공격자는 통상 경호대상자가 정지된 동작에 있거나 노출부위가 최대일 때에 공격할 확률이 높다.

공격자가 건물 내부 공격장소로 출입하기 위해 다양한 위장방법을 사용할 수 있다. 공격자는 행사장 주변건물에 상주하는 주민이나 일반 방문객으로 위장하여 출입을 시도할 가능성이 높다.

위해장비는 이삿짐 및 일반 물품으로 위장하거나 은닉하여 반입할 수 있다. 이때 공격자 자신이 직접 운반하거나 아니면 경호근무자의 관심을 회피할 수 있는 노약자, 장애자 등을 사주하여 운반할 수도 있다. 그러나 행사장에 대한 행사보안이 노출되었을 경우 공격자는 경호활동이 시작되기 전에 공격장소에 위해 장비를 반입할 것이며, 공격장소에 사전 은거하여 치밀한 공격을 준비할 수 있다.

외부 행사장에 공격자의 관측 시야를 차단할 수 있는 시설물이 설치되지 않았을 경우에는 공격행위는 더욱 용이하고 그 결과도 치명적이 될 수 있다.

외부 행사장에서의 위해 행위는 여러 명의 공격자에 의해 다양한 공격수단과 방법으로 이루어질 수 있다.

셋째, 야지행사장 즉, 천연적인 자연적 위협요소인 개활지, 산악, 강, 바다, 하천 등에 위치하거나 인접한 행사장으로 다양한 행사가 이루어진다. 이들 지역은 광범위하여 공격자 침입, 은거, 공격행위 및 공격행위 후 현장이탈 등이 매우 용이하다. 반면에 경호근무자 입장에서는 공격자의 침입통로가 다양하며 검측대상이 넓어지고 관측이 곤란하고 경호대상자 및 경호근무자 활동이 노출되는 등 매우 취약한 행사장이다. 또한 공격자들의 다양한 방법에 의한 양동작전 및 파상공격이 가능한 행사장이다.

넷째, 연도 즉 경호대상자가 지나다니는 도로가 매우 취약한 지형적 요소이다. 연도는 일반인 및 차량이 다수 사용하는 지역으로 사전 안전 활동이 제한되고 지역이 광범위하여 공격자의 계획적인 위해 행위가 용이하다. 특히, 연도상에 곡각지, 교량, 육교, 터널 등은 매우 취약한 장소로 공격자들이 이용할 가능성이 높다.

〈그림 5-2〉 보행 신변보호 대형

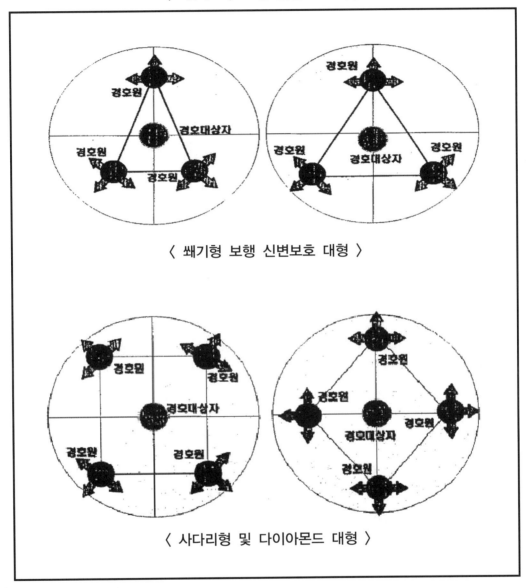

〈 쐐기형 보행 신변보호 대형 〉

〈 사다리형 및 다이아몬드 대형 〉

출처 : 최정택(2008), 경호학개론, 인천: 진영사, pp. 249-250.

제3절 예방적 신변보호작용

공격자는 위해행위를 성공시키기 위해 사전에 경호대상자의 행동습관이나 일정에 대한 정보를 수집하게 되며, 수집된 정보분석 결과에 따라 공격계획을 수립하게 된다. 따라서 공격자의 전문적인 공격력을 감소시키거나 공격의 방향을 타 방향으로 전환 및 오인시키기 위한 경호기만과 위장활동이 필요하다. 이에 공격자의 침투 및 공격방법에 대응하기 위한 경제적이고 효과적인 방어전술 구사가 필요하다.[50]

1. 입체적 종심방어

경호대상자를 보호하기 위한 예방작용은 범행자에 대한 공격이 아닌 방어로서 경호대상자의 신변을 좀 더 안전하게 보호하기 위해서는 일종의 방어막 (Protective Shells) 구성이 필요하다. 방어막 구성을 위해서는 경고(Alams), 장벽(Fences), 시건(Locks), 경호요원(Bodyquards) 등의 방어매체가 필요하며, 매체의 선택수준은 소요되는 비용과 관계가 있다. 즉 경호대상자의 경제력이 풍부한 경우에는 다양한 방어매체를 선택하여 종심 깊은 방어막을 설계하여 신변안전도를 높일 수 있다.

경호대상자의 신변안전도를 위한 예방활동은 경제성을 고려하여 다수의 방어막을 설정하여 종심방어(縱深防禦, Defence In Depth) 체제를 구축하여 공격자의 접근을 모든 방향에서 경계할 수 있도록 해야 한다.

방어막은 경호대상자의 위치에서 볼 때 원거리에서 근거리로 올수록 두텁고 견고하게 구성해야 하고, 마지막 방어막은 충분한 인력과 자원이 집중될 수 있도록 해야 한다. 그러나 실제 대부분의 상황에서 경호요원 장벽은 얇아서 종종 경호대상자가 피해를 입기도 한다.

따라서 최선의 예방작용을 위해서는 다수의 방어막을 설정하여 심각한 위험요소로부터 불의의 우발적인 위험요소까지 차단할 수 있도록 해야 한다.

---

50) 최찬묵(2000), 앞의 논문, pp. 53-58.

　지금까지 미국, 영국 등 선진 국가에서는 신변보호에 있어서 경호대상자가 위치한 지역에서 근거리로부터 근접경호(Inner Ring), 중간경호(Middle Ring), 외곽경호(Outer Ring) 지역 등 3선으로 구분하여 임무를 수행했다. 그러나 최근 좀 더 강력한 예방작용을 위한 방법으로 북한에서는 4선 호위체제를 도입하고 있다. 1, 2선의 호위는 호위사가 담당하고 3선은 호위사의 직할부대가 4선은 국가안전보위부와 사회안전부에서 담당하는 것으로 확인되고 있다.

　4선 방어이론은 최근의 테러행위가 보다 악성유형으로 변화함에 따라 공개적이고 대규모적인 행사장에서의 경호대상자 신변보호시 효과적인 이론으로 대두되고 있다.

　다수 인원이 참석하는 일반 경기장을 예로 들어 4선 방어이론을 적용해 보면, 1선은 경호대상자의 신변을 절대적으로 안전하게 확보해야 하는 핵심방어 지역으로 경기장 핵심내부, 2선은 공격자의 침투를 완전 봉쇄 차단하는 주 방어지역으로 경기장 내곽, 3선은 공격자의 접근 및 침투를 조기에 탐지하고 경보하는 경계지대로 경기장 외곽, 4선은 공격자 및 공격단체의 징후에 대한 정·첩보를 수집하고 분석하는 정·첩보 활동 지역이다.

　그러나 앞으로 방해 공격행위에서 원격조정 비행물체 및 공기부양기구51)를 이용한 공중 위해행위가 가능해짐에 따라 공격자의 다양한 지상 및 공중 위해행위를 사전에 차단할 수 있는 입체적인 종심방어 이론이 요구된다. 특히, 경호대상자가 외부에서 노출되는 지역에 체류시 예방작용간 이 이론은 더욱 필요하다 하겠다.

　입체 종심방어 범위는 경호대상자의 경제력과 결심, 신변 위험도에 따라 결정될 수 있으며 4개 예방지역 및 공중지역 방어막 결정 고려요소 간 상호관계 모형도는 다음 그림과 같다.

---

51) 원격조정 모형비행기, 행글라이더, 대형 고무풍선 등에 위험물질을 탑재하여 위해행위를 할 수 있다.

〈그림 5-3〉 입체적 종심방어

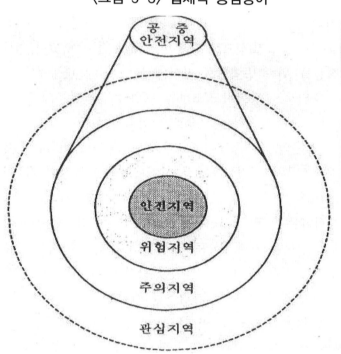

출처 : 최찬묵(2000), "신변보호의 체계적인 예방작용에 관한 연구", 한국체육대학교 석사학위논문. p. 52.

각 방어막에서의 예방활동방법은 주변 환경과 행사성격에 따라 다양하게 실행될 수 있으나 경호의 목적이 공격자의 접근을 사전에 배제하는 것으로 볼 때 노출되는 활동과 노출되지 않는 활동으로 구분할 수 있다.

노출되는 예방활동은 경호의지를 외부로 표출하므로 일반적인 공격자의 범행의지를 사전에 포기케 하는데 효과가 있는 반면에 경호대상자에게 부담을 주거나 주변 일반인들의 불편을 초래할 수 있고 또한 보안을 노출시키는 문제점을 야기할 수 있다. 노출되지 않는 예방활동은 보안유지에 유리하고 경호대상자 및 주변 일반인에게 부담을 주지 않는 반면에 일반 행사방해자나 민원인까지 경호대상자에게 접근시키는 환경을 조성할 수 있다.

따라서 예방작용의 제한요소와 경호목적 고려시 은밀한 비노출 활동이 바람직하고 가능한 경호요원 및 장비 등은 공개되지 않도록 해야 하며 필요시 기만활동으로 공격자의 범행의지가 무산되도록 해야 한다.

2. 위험지역 회피

공격자는 통상 경호대상자를 공격할 목적으로 매복을 실시하게 되는데 전제조건으로 경호대상자의 개인습관, 가족관계, 대인관계, 거주지역 및 직장위치, 최근 활동범위 등 제반사항의 정보를 수집한다. 공격자는 이런 정보를 통해 매복 및 공격방법을 결정하며 매복 3대요소인 위험지대, 방해자, 장애물 등을 이용하여 공격한다.

위험지대(Killing Zone)는 매복자들이 목표물 도착시 공격하기 위해 설정해 놓은 기습지역이다. 위험지대의 특징은 경호대상자의 보호대책이 없고 매복자를 충분히 보호해 주는 장소로써 통상 차량이 저속 주행하는 장소이다.

방해자(Stopper)는 경호대상자를 정적인 목표물로 만들고 탈출행위는 방해하여 정지시키는 역할을 한다. 방해자로 물적 수단(자동차, 도로상의 통나무, 차단막, 삼각대 등)과 안전 수단(보행자. 술 취한 사람, 군인, 경찰, 보행기 밀고 가는 여자 등)이 다양한 형태로 위장되어 이용된다.

장애물(Plug)은 경호대상자의 차량이 방해자와 위험지대를 회피하여 탈출하는 것을 방해하기 위해 설치하는 후미 장애물을 말한다. 장애물로는 차량이나 다른 물리적인 수단이 이용되나 이중차량으로 장애물을 만드는 것이 선호되는 방법이며 경호대상자가 일정장소를 통과하는 순간에 방해자로 오해받지 않고 할 수 있는 방법이다.

이와 같은 공격자의 매복요소를 극복하기 위해서는 2가지 역습방법이 사용될 수 있다.

첫째, 매복장소를 모두 회피하는 것이다. 이는 끊임없는 경계가 요구되며 매복자에게 일정한 습관이 노출되었을 경우에는 공격계획 수립에 큰 도움을 주므로 이동습관을 회피하는 것이다. 이를 위해 경호요원은 사전에 다양한 이동통로를 선정하여 상대적으로 안전한 통로를 선택해야 하며 필요시 사전답사 요원에 의해 통로를 변경시킬 수 있어야 한다.

사전탑사 요원은 필요시 다양한 통로를 수차례 현지답사 후 결정해야 하며 이런 답사는 낯선 지역에서 특히 중요하다. 답사는 이동날짜와 동일한 시간대에 수차례 답사하고 위급상황에 필요한 경찰서와 병원위치를 파악하고 이동시간, 방법 등도 숙지해야 한다.

특히 도심지에서 이동통로 선정시 매복장소로서의 가능성이 높은 육교나 지하도, 단일통로 등은 회피해야 하고 이동통로 주변의 맨홀뚜껑, 우체통, 쓰레기통 등은 폭발물 은닉에 자주 이용되므로 주의 깊게 살펴야 한다. 그러나 사설 경호요원들은 이런 물적 취약시설물에 대해 사용중지명령 또는 검측행위가 불가능하므로 이동계획을 수시로 변경하여 공격자로 하여금 예측하지 못하도록 해야 한다.

특히, 경호대상자가 직장에 출·퇴근시 동일 이동통로 및 동일시간대를 이용하면 공격당할 위험이 현저히 증가하므로 다양한 기동로를 불규칙적으로 사용해야한다. 그러나 많은 기동로가 있더라도 경호대상자의 자택 입·출구는 통상 고정되어 있으므로 공격자의 매복지점이 될 수 있으므로 공격위험도가 높은 경호대상자는 최소 2개 이상의 출·입구를 사용해야 한다.

둘째, 목적지의 방향을 벗어나 도피하거나 공격자들과 싸우는 것이다. 부득이 경호대상자가 이동간 공격을 당할 경우 사전 선정한 퇴로를 이용하여 신속히 현장을 이탈하도록 해야 한다. 그러나 장애물들로 인해 현장이탈이 불가능한 상황에서는 경호대상자가 최대한 엄호된 상태에서 공격자들을 무력화시켜야 한다.

3. 잠재적 공격자 기만

경호대상자의 일상생활에 있어서 습관적인 행동들은 위해분자에게 훌륭한 공격기회를 제공하게 되며 경호대상자와 경호요원에게는 치명적인 결과를 초래하는요소가 될 수 있다. 따라서 경호대상자의 일정에 대한 보안조치가 필요하고 공격자를 기만할 수 있는 수단사용과 행동이 필요하다.

첫째, 경호대상자의 입·출 시간, 차량이동로, 차량종류 및 탑승위치, 복장, 건물 출입통로, 사용시설 등에 대한 불규칙한 변화를 주어야 한다. 이런 불규칙한변화들은 공격자들을 혼란에 빠뜨리고 공격시기를 상실하게 만드는 적극적인 기법들이다.

예를 들어 경호대상자의 입·출 시간을 일정한 범위 내에서 불규칙하게 선정하므로 공격자의 감시망 구축에 부담을 줄 수 있다. 또한 차량 이동경로를 여러 개선정하여 불규칙하게 사용하므로 공격자의 공격준비에 큰 부담을 줄 수 있다. 경호대상자의 차량도 동일 종류로 여러 대 준비하여 입·출시 축자적으로 기만하여사용하거나 평범한 경호요원 차량을 불규칙하게 교체 사용하므로 공격자에게 혼란을 줄 수 있다.

경호대상자와 경호요원의 복장을 동일하게 착용하거나 경호대상자의 복장(모자,

안경포함)에 불규칙한 변화를 줌으로써 공격자에게 혼란을 줄 수 있다. 또한 경호대상자가 건물을 출입시 동일한 통로 및 승·하차 지점 사용을 지양하므로 공격자의 시선을 회피할 수 있고 사용시설물이 주면으로부터 직접 보이거나 외부 일반인들에게 많이 노출되었다면 시설물에 대한 보안장비 설치를 강화하거나 옮겨야 한다.

둘째, 신분위장이다. 경호대상자의 대외적인 신분노출은 신변보호와 밀접한 관계를 가지고 있다. 즉, 경호대상자가 사회적으로 높은 신분 유지시 외부적으로 그 활동이 노출되기 쉽고 공격자의 목표물이 되기 쉽다. 예를 들어, 경호대상자의 생일에 사회적 신분유지를 위해 거대한 리셉션 개최를 결정하고 대외적으로 초청장 발송 등을 통해 행사를 공개했을 경우 공격자에게 훌륭한 기회를 제공할 수 있다.

따라서 위해대상이 될 수 있는 경호대상자는 대외적으로 신분을 낮추어 행동하는 것이 필요하며 신분을 낮추는 데는 다음과 같은 방법을 사용할 수 있다.

① 눈에 잘 띄는 모임(회합)을 회피한다.
② 평범한 자동차를 사용하고 눈에 잘 띄는 화려한 의상을 착용하지 않는다.
③ 개인의 뚜렷한 습관이나 확연히 비싼 물건을 갖지 않는다.
④ 도시내 부유한 마을에 거주를 회피한다.
⑤ 경호대상자의 이름을 전화번호부 명단에 기입하지 않는다(대신 관리인이나 경호요원 이들을 전화번호부 명단에 기입한다.).
⑥ 너무 자주 다른 사람들과 격이 없이 대하거나 대규모 파티를 개최하여 뉴스를 만들지 않는다.
⑦ 개인적으로 알려지는 것을 피한다.
⑧ 공식적인 초청명단에서 사회적 임무를 회피한다.
⑨ 경호대상자의 가족에게도 필요한 예방조치를 취한다.
⑩ 경호요원도 낮은 신분을 유지하여 노출되지 않도록 한다.

4. 경호대상자 노출방지

경호대상자에 대한 정보수집은 위해분자의 사전 공격준비에 필수적이다. 따라서 경호대상자에 대한 정보통제는 위해분자의 공격기회를 사전에 봉쇄할 수 있는 좋은 경호방법 중에 하나이다. 위해분자는 경호대상자의 습관(버릇)과 일상적인 행위에 관한 사항을 알아내기 위해 적극적으로 노력한다. 외국의 많은 사례를 통해 볼 때 이런 정보를 획득하기 위해 하인이나 고용원을 매수하거나 이들에게 물어보기 위한 지인을 만들기도 한다.

따라서 경호대상자의 이동계획을 알려고 하는 고용원 앞에서 이동계획을 의논해서는 안된다. 특히 실수하기 쉬운 것은 사용언어를 이해할 수 없다고 믿는 하인 앞에서 중요한 계획을 의논하는 것으로 가족구성원 모두와 하인 및 고용원들에게 낯선 사람에게 정보를 제공하지 못하게 안전조치를 강구해야 한다. 또한 전화통화를 통해 정보가 쉽게 누설될 수 있는데 전자기술의 발달로 전화기 도청장비는 비약적인 발전을 하여 도청위치를 사전에 탐지하기란 매우 어렵다.[52] 따라서 전화상으로 민감하고 중요한 정보를 논의하지 않는 것이 매우 중요하다. 이와 같은 전화감청 및 도청행위를 차단하기 위해서는 필수적인 2단계 조치가 필요하다.

첫째, 민감한 정보를 비인가된 사람이 그 정보를 정탐할 수 있는 공공장소 및 다른 건물에서 논의하지 않는 것이다.

둘째, 비밀을 논의할 수 있는 안전한 사무실을 준비하는 것이다. 즉, 일반인 출입으로부터 보호되어지는 공간을 말하며 이것은 도청행위를 예방할 수 있는 견고한 건축시설물로 공사되고 필요시 소리의 차폐효과(Sound masking)를 위해 특별한 소음 발전기의 진동을 이용해야 한다.

셋째, 역정보를 통해 공격자를 기만하는 것이다. 전화상으로 경호대상자의 일정계획을 허위로 노출하고 거짓 여행계획을 논의하여 위해분자에게 혼란을 초래하는 것이다.

넷째, 컴퓨터를 통한 개인 신상 노출을 방지하는 것이다. 컴퓨터 기술의 발달로 개인정보 서비스 내용은 간단하게 노출되어 예비공격자들은 목표물에 접근없이 손쉽게 경호대상자에 대한 정보를 수집할 수 있다. 개인의 자동차 등록, 각종 세금고지서, 물품계산서, 신용카드 기록 등을 통해 경호대상자의 주소, 전화번호, 쇼핑정보, 자동차, 식사장소 등을 파악할 수 있으며 특히 공격장소가 될 수 있는 빈번한 출입장소 소재 등을 알아낼 수 있다. 이에 대한 예방조치로는 경호대상자의 개인정보 노출을 최대한 차단해야 한다.

---

52) 도청 및 감청기술은 1시간에 200만건 감청이 가능한 세계적인 통신감청망인 '에셜론(ECHELON)'이 발달되었다(동아일보, 1999.11.4일자 1면).

① 경호대상자의 자동차는 타인의 이름으로 등록한다. 성이 다른 친척이나 경호원 친구의 이름으로 자동차를 등록한다.

② 타인의 이름으로 모든 것을 구매하고 여행을 예약한다(호텔과 임대차량 예약은 경호원, 비서, 고용원 또는 타인의 이름으로 한다).

③ 가능한 완전한 도피방법으로 그리고 위험시에는 신용카드 대신 현찰을 지불하여 쇼핑장소 등이 노출되지 않도록 한다.

④ 경호대상자의 주택이 일반 대중에게 널리 알려지거나 공익사업, 지역민방에 포함된 경우 이외는 그의 회사, 거주 또는 다른 부분에 그의 이름이 게재되는 것을 회피해야 한다.

⑤ 경호대상자의 우편주소는 그의 집주소를 사용하지 말아야 한다. 경호대상자의 우편이 개인적일지라도 그의 사업 주소인 사서함 또는 우체국으로 올 수 있도록 해야 한다. 만일 우체국과 사서함을 사용할 경우에도 경호대상자 자신이 우편물을 직접 수집해서는 안 되는 항상 습격당할 가능성을 고려해야 한다. 또한 경호대상자의 거주지가 이동되더라도 경호대상자의 우체국 주소는 변경하지 않아도 된다.

⑥ 잡지의 정기구독료, 특히 생활스타일을 제공하는 간행물, 우편사서함과 연계되는 것도 항상 가명을 사용해야 한다. 우편사서함은 회사용 목록에 기입하고 우편물은 회사 주소로 여러 사람의 이름으로 수령한다.

⑦ 간호 등을 위해 병원에 입원시 가명을 항상 사용해야 하며 이를 위해서는 병원 측으로부터 적극적인 협조를 확보해야 한다.

제**6**장

기계경비 실무

제1절 기계경비의 의의

1. 기계경비의 개념

기계경비란 일반적으로 인력경비에 대비되는 개념으로써 인력에 의존한 단순 경비업무를 효율적이고 안전하게 경비하기 위해 감지기나, 적외선, CCTV 등의 기계장치를 이용한 시스템경비를 말한다.

「경비업법」 제2조에 의하면 기계경비업무에 대하여 "경비대상시설에 설치한 기기에 의하여 감지, 송신된 정보를 그 경비대상시설 외의 장소에 설치한 관제시설의 기기로 수신하여 도난 및 화재 등 위험발생을 방지하는 업무"라고 정의하고 있다.

다시 말하면 기계경비는 잠재적인 침입행위를 방지하기 위하여 1차적인 물리적 방호장치를 설치하거나, 담장, 울타리, 셔터, 출입문, 벽, 창문, 내부공간, 금고 등과 같은 곳에 침입감지장치(감지기 등)를 설치하여 24시간 항상 같은 상태, 같은 조건으로 감시하게 하여 특정한 목적물인 재산, 시설물이나 생명을 보호할 수 있도록 하는 경비이다. 현행 기계경비는 경비대상시설에 설치된 각종 첨단 안전기기, 송수신할 수 있는 유무선 통신시설, 상황을 접수하여 분석·판단하고 지령하는 관제시설, 이상발생 지역에 직접 출동하여 현장에서 상황에 따라 대처하는 정예화 된 대처요원들로 구성된 체제로 되어 있다. 이와 같이 이들의 상호 유기적인 결합을 통한 체제를 통해 위험발생을 방지하는 업무로써의 성격을 지녀 이를 일반적으로 기계경비시스템이라 한다.[53]

또한 이 시스템은 형태별, 이용방법별, 감시대상별 등과 같이 여러 형태로 구분할 수 있지만 크게 구분하면 Local 기계경비와 무인기계경비로 구분할 수 있다.[54]

---

53) 김태민·신상민(2004), "기계경비 대처요원의 임무수행 실태 및 발전방안", 한국경호경비학회지 7, p. 336.

2. 기계경비의 발전과정

기계경비시스템이 처음 도입된 1980년대 초 기계경비업무는 단순한 전자기기 형태로 제공되었으나, 대부분의 전자·정보·통신기기로 구성되어 있으므로 기계경비시스템은 날로 첨단화되어 가는 전자·통신기술을 바탕으로 시스템이 점차 첨단화되어 가고 있다.

1) 도입단계(1980년대)

1981년 3월 당시 한국안전시스템(現 에스원)이 일본 SECOM사와 기술제휴로 기계경비시스템을 도입하여 국내 최초로 무인기계경비업을 시작하였다.

이어 1984년 한국보안공사(現 ADTCAPS)가 미국에서 무인기계경비기기를 도입하여 무인기계경비업을 시작하면서 2개 회사가 한국의 무인경비시장을 주도하게 되었다.[55]

기계경비시스템이 처음 도입되었던 1980년대 초반에는 각종 방범용 감지기에만 의존하는 단순한 방범서비스 업무만을 제공하였다. 경비대상시설물에 설치된 컨트롤러에서 수신되는 신호의 종류에 따라 관제센터에서는 경비대상시설별로 세트, 해체, 이상, 순회 정도의 대표적인 이상신호만을 LED의 색상으로 표시하는 초보적인 수준이었다.

즉 경비대상시설물별로 구체적인 이상발생지역 및 상황을 판단할 수 없었으며 초기에는 기기의 신뢰성 수준이 낮아 감지기, 컨트롤러 등의 보안기기 오작동으로 인한 잦은 출동과 가입자들의 불만을 초래하였다.

그리고 도입단계에서의 대부분 가입자는 은행, 귀금속점, 전당포 등으로 제한적이었으며, 기계경비시스템에 대한 인식과 홍보의 부족 및 기기의 기술수준, 시스템과 운영의 미숙 등으로 급성장을 기대하기는 어려웠다.

한편 1980년대 중반 이후에는 경비업체의 홍보와 활발한 영업정책을 바탕으로 1986년 아시안게임과 1988년 서울올림픽 등을 성공적으로 거행함으로써 기계경비시스템 산업이 성장할 수 있는 발판을 만들었다.

가입자가 증가하면서 무인기계경비시스템 운영을 위한 전산화작업이 시작되었고, 1986년 9월 한국안전시스템은 국내 최초로 기계경비업무의 전산화 구축으로

---

54) 이강열(2006), 기계경비개론, 서울: 백산출판사, p. 119.
55) 정태황(2003), "기계경비시스템의 변화와 시장전망", 한국경호경비학회지 6, p. 155.

전국을 온라인화하는 시스템을 구축하였다. 이를 계기로 지역적인 사업을 탈피하여 전국적인 사업의 기반을 마련하게 되었다.

2) 성장단계(1990년대)

1990년대에도 시장성장은 지속되면서 기기를 국산화하려는 개발노력이 선발업체에 의해 시도된다. 기존에 단순히 신호를 보내던 수준에서 감지된 신호가 이상구역별로 구분이 되어 관제센터에서 부분적이나마 상황을 분석할 수 있게 되었다. 또한 보안기기의 성능도 개선되어 오보에 대한 불필요한 충돌을 감소시키는 데에 일조하게 되었다.

제공되는 서비스도 방범서비스를 포함하여 방재, 비상통보, 구급통보, 설비이상통보, 가스누출통보 등의 서비스로 다양화되기 시작했다.

특히 이 시기에는 은행자동화코너가 확산된 시점으로 기존의 방범콘트롤러와는 달리 출입관리, 조명, 공조, 셔터제어 등의 설비제어가 필수적이었다. 국내 무인기계경비업계의 선두기업인 한국안전시스템은 1990년 5월 일본 SECOM의 기기를 도입하여 국내 최초로 무인은행자동화코너를 위한 무인기계경비시스템을 개발하여 은행자동화코너의 무인화시대가 가능하게 되었다.

더불어 한국안전시스템은 1998년 11월 국내 최초로 시큐리티 전문 연수원을 개원하여 체계적인 교육 시행을 위한 기틀을 마련하였다.

한국안전시스템과 한국보안공사에 의해 주도되던 기계경비시스템 시장이 점차 특정지역을 중심으로 저가업체들이 진출하면서 양적 성장을 보이지만 시장의 큰 변화를 주도하지는 못했다. 다만 그 간의 공급자 위주의 시장체제에서 소비자가 경비업체를 선택할 수 있는 폭이 넓어져 치열한 가격경쟁구도가 시작되었다.[56] 또한 이 시기 한국안전시스템은 에스원으로 한국보안공사는 캡스로 사명을 변경하면서 글로벌기업에 편입되게 된다.

---

56) 이상철·김태민(2004), "한국 민간경비원 교육훈련 프로그램 개선방안에 관한 연구", 한국경호경비학회지 8, pp. 146-147.

3) 정착단계(2000년대)

1990년대 후반에 진행된 기계경비시장의 개방과 'IMF' 도입이라는 경제위기는 무인기계경비시스템 시장에 여러 가지의 변화를 주지만 IMF 경제위기를 경험하는 동안 달러가치의 상승으로 외국장비에 의존했던 회사는 타격을 입게 되었다.

1999년 미국의 TYCO사가 투자형식으로 한국의 캡스를 인수하여 한국경비시장에 진출하게 되고, '딜러제도'라는 새로운 영업방식을 도입하여 시장공략을 시도하게 되었다. 이어서 2001년에는 경비분야에 오랜 경험을 가지고 있는 영국의 CHUBB사가 국내에 첨시큐리티코리아를 설립하여 국내의 중소업체를 대상으로 업무제휴와 M&A를 주도하였다.

기계경비부문은 업체마다 M&A 정책으로 인하여 지방 군소업체들이 정비되어 인력경비의 약 7%인 146개 사에 이르고 있으나 관제와 통신네트워크, 대처 등 인트라와 운영 노하우 및 마케팅 능력 등이 필요하기 때문에 전국 네트워크를 보유하지 못한 업체들은 점차 사업이 위축되었다.

특히 첨시큐리티코리아는 2001년 8월 진출 이후 의욕적으로 회사를 경영했으나, 산만한 경영과 자금회전의 악화, 무리한 투자로 결국 2004년 3월 한국에 진출한지 2년 반만에 철수하게 되었다.[57]

또한 이 시기 한국통신 자회사인 KT텔레캅이 시장에 진출하여, 저가영업을 통해 경쟁력을 꾸준히 확보하여 후발주자임에도 불구하여 돋보적인 시장점유율을 구축하게 된다.

전국단위 업체와 지역의 중소업체들 중 에스원, 캡스, KT텔레캅의 3개사가 전체시장 매출액 기준 85% 이상을 점유하고 있으며, 이중 전국 네크워크를 보유한 에스원이 절반 이상을 차지하고 있는 실정이다.

선두업체인 에스원과 캡스에서는 지속적인 시스템의 선진화 노력을 경주하였으며, 특히 2001년도 미국의 9·11 테러 이후 안정적인 관제센터의 운영을 위하여 관제센터의 재난 발생시를 대비하여 이중관제시스템인 재난복구시스템을 구축하였으며,[58] 원활한 출동을 위하여 관제센터와 출동요원 간 PDA를 이용한 무선데이터 통신시스템을 구축하였다. 뿐만 아니라 출동요원의 신변보호와 빠른 출동을

57) 김정환·서진석(2009), 한국경비산업발전사, 서울: 백산출판사, p. 599.
58) 관제센터가 천재지변 및 범죄 등으로 인하여 정상적인 업무수행이 불가능할 때 타 관제센터에서 동일한 기능을 수행할 수 있도록 재난복구시스템을 구축하여 운영하는 체제를 말한다.

위하여 출동차량에 GPS를 장착하여 관제시스템의 선진화에 앞장섰다.

이러한 과정 속에서 지방의 중소업체들의 인수·합병, 영업전문가, 딜러제도 등의 영업전략으로 인한 무인기계경비시장의 무질서 현상들도 보이게 되었다. 앞으로 무인기계경비시장의 성장은 이러한 양적 성장에서 불필요한 신호를 사전에 제거하기 위한 노력과 오·경보를 감소하기 위한 노력들이 더욱 더 필요할 것이다.

3. 기계경비의 장·단점

기계경비시스템은 일반 사용자가 인력경비에 비해 저렴한 비용으로 개인의 생명과 재산을 지킬 수 있는 수단으로 사용되고 있으며 사용자의 요구에 따라 다양한 서비스를 선택하고 제공받을 수 있는 특징을 갖고 있다. 따라서 현재는 개인이나 회사, 금융기관, 관공서 등 사회 전반에 걸쳐 이용되고 있다.

한편 기계경비는 인력경비와 비교하여 다음과 같은 상대적인 장·단점을 가지고 있다.[59]

1) 기계경비의 장점

기계경비시스템을 운용했을 경우 장기적으로 볼 때 경비 소요비용의 절감효과를 가져올 수 있다. 즉 초기에는 기계장치를 설치하는데 많은 비용이 소요되지만 장기적으로는 유지관리비만 들기 때문에 인력경비에 대하여 비용절감효과를 갖는다고 볼 수 있다.

또 CCTV와 같은 감시장치의 경우 일정한 장소를 효과적으로 감시하고 그러한 감시기록을 유지할 수 있기 때문에 사후에 범죄수사의 단서 등으로 이를 활용하는데 유용하다. 그리고 상대적이지만 첨단 감지 및 감시장치의 운용으로 외부침입을 정확하게 탐지하고, 신속하게 대응할 수 있도록 해준다.

그리고 기계경비시스템은 인력경비와는 달리 24시간 동일한 조건으로 계속적으로 감시할 수 있으며, 강력범죄 등으로부터 인명피해를 예방할 수도 있다. 또한 화재예방과 같은 다른 예방시스템과 통합적으로 운용이 가능하다는 장점이 있다.

기계경비시스템을 운용했을 경우 잠재적 범죄자 등에 대해 경고효과도 크다. 즉 인력경비를 통행 순찰활동을 수행할 경우 감시대상은 순찰동선에 따라 변하기 마

---

59) 이윤근(2001), 민간경비원론, 서울: 엑스퍼트, pp. 76-77.

런이고, 따라서 특정지역을 계속 감시하는 것은 불가능하다. 그러나 특정지역에 CCTV를 설치했을 경우 또는 그러한 감시 및 감지장치를 설치했다는 경고표시를 했을 경우 일정한 가시성을 갖게 되며, 따라서 잠재적 범죄자의 범행욕구를 차단시키는 효과를 갖는다고 볼 수 있다.

2) 기계경비의 단점

장기적으로 기계경비시스템을 운용했을 경우에는 비용에서 절감효과를 가져다주지만 단기적으로는 비용 면에서 적지 않은 부담요인이 된다. 실제로 많은 아파트단지에서 범죄예방효과를 향상시키기 위하여 CCTV 등 감시장치를 설치해야 한다는 논의가 전개되지만 결국, 초기의 비용부담 문제로 인하여 보류되고 설치하지 못하는 경우도 있다.

기계경비시스템을 너무 맹신했을 경우 오히려 범죄자들에게 역이용될 가능성이 있다. 감시 및 감지장치를 설치했음에도 불구하고 이를 적절하게 차단하거나 또는 아예 단순한 물리적 방법으로 침입하여 범죄를 저지르는 경우가 적지 않다.

예를 들어 가정집의 경우 가족들의 출입이 빈번한 주간에는 출입문에 설치된 경보시스템 등이 작동하여 오히려 불편함을 초래할 수 있는 가능성이 있기 때문에 주간에는 전원을 켜지 않고, 야간에만 작동시키는 경우도 있다. 그런데 범죄자들은 이러한 점을 역이용하여 주간에 침입하여 가족들이 방심하고 있는 사이에 범죄를 저지르기도 한다는 점이다. 따라서 기계경비시스템에 대한 신뢰는 하되 맹신은 위험하다고 볼 수 있다.

오늘날 기계경비시스템이 안고 있는 가장 큰 문제 가운데 하나가 바로 오경보(false alarm) 문제라고 할 수 있다. 실제로 범죄 및 위험사태가 발생하지 않았음에도 불구하고 기계장치의 자체적인 결함 또는 이용자의 부적절한 작동, 그리고 미세한 환경변화에 민감하게 작동하는 경우 등 여러 가지 요인으로 인해 오경보 문제는 많은 비능률성의 원인이 되고 있다.

그리고 기계경비시스템의 유지보수에 있어서도 의외로 적지 않은 비용이 들며, 또 이를 위해서는 전문인력이 투입되어야 한다는 점이다. 실제로 기계경비는 사용자가 작동방법을 잘 알지 못하여 고장이 생기는 경우도 발생하게 되며, 고장이 발생했을 때 인력경비는 본연의 업무 외에도 다른 업무를 추가적으로 수행할 수 있지만 기계경비는 입력된 업무 자체만 수행할 수밖에 없을 것이다.

　기계경비시스템이 안고 있는 또 다른 문제점으로서 공경비인 경찰과의 관계 등에서 나타나는 문제인데, 경찰은 경찰관서에 직접 연결하는 기계경비시스템의 사용에 대해 거부감을 갖고 있다는 점이다. 경찰의 입장에서는 관할 구역 내의 일반 시민을 상대로 하는 범죄대응활동에도 업무부담을 느끼고 있는데, 특정 시설과 연결된 기계경비시스템에 대한 대응까지 해야 한다는 점에서 많은 부담을 갖고 있는 것이 사실이다.

　그리고 특히 오경보로 인해 경찰이 헛되어 출동하는 문제가 적지 않게 발생하고 있다는 점이다. 따라서 기계경비시스템을 운용하는 업체는 경찰과 유기적인 협력관계를 구축하고 아울러 중앙통제센터 담당자는 경보장치에서 발생한 정보를 경찰에 통고하기 전에 경보의 확실성을 검토하는 등 다소의 융통성을 가지고 적절하게 대처해야 할 것이다.

〈표 6-1〉 기계경비와 인력경비의 장·단점

구분	기계경비	인력경비
장점	·장기적으로 경비절감 효과 기대 ·경제적 부가비용 불필요 ·감시구역 전체 동시 통제 가능 ·24시간 계속적 감시 가능 ·첨단 컴퓨터 등의 운용으로 정확성, 신속성, 계속성 기대 ·강력범죄로부터 인명사상의 예방 및 최소화 가능 ·화재, 가스 등 다른 위해요소들로부터 인명의 사상 예방 ·사고발생시 표시, 기록장치로 증거보존 효과 ·오경보가 없을 경우 사용자로부터의 신뢰성이 높음	·사건발생시 현장에서 직접 상황대처 가능 ·상황발생시 신속한 대처 ·경비업무 외 다른 업무 수행의 갈등(안내, 질서유지, 보호, 보관 등) ·인적 요소이기 때문에 경비업무의 전문화 가능 ·고용창출 효과 ·고객 접점 서비스 효과

단점	• 오경보의 위험성이 큼 • 긴급출동요원이 도착하기 전까지 다소 시간 소요 • 신속한 현장의 자체적인 대처 불가능 • 초기 투자비용이 많이 들 수 있음 • 유지보수에 많은 비용과 전문 인력 요구 • 사용자가 작동을 하지 않거나, 작동법을 모르는 경우 발생 • 고장시 신속한 대응 불가 • 방범업무가 주요 기능이고, 부가적인 업무는 한정적	• 인건비 과다 소요 • 사건발생시 인명피해 예상 • 경비원의 사상시 현장과 상황연락이 두절 • 생리적인 현상으로 인한 야간 경비활동의 효율성 저하 • 경비원이 낮은 보수, 저학력, 고령일 경우 경비의 질 저하

제2절 기계경비시스템 구성과 기능

1. 기계경비시스템의 구성

기계경비시스템은 울타리, 창문, 출입문, 금고 등 적용기준에 맞는 각종 감지장치를 설치하여 중앙통제센터에서 컴퓨터시스템을 이용하여 관리 운영된다.

보호시설 및 대상에 감지기 및 신호수신기를 설치하여 중앙통제센터와 온라인으로 시스템을 구축하고 통제센터에서 24시간 이상정보를 탐지하여 이상정보가 발생했을 경우 출동경비원이 긴급출동하여 상황에 대응하게 된다. 그리고 필요한 경우에는 공경비인 경찰, 소방 및 구급출동에 통보하여 대상물의 사고확대를 방지하도록 시스템을 구축하고 있다.

기계경비시스템의 기본적 운용목적은 범죄 및 각종위험과 관련된 문제에 대한 예방이지만 최종적으로는 발생한 사건에 대해 적절히 대응할 수 있어야 한다. 즉 모든 위험문제를 사전에 예방한다는 것은 불가능하며, 따라서 기계경비시스템 역시 이러한 점이 고려되어야 한다.

〈그림 6-1〉 기계경비시스템 기본 설계

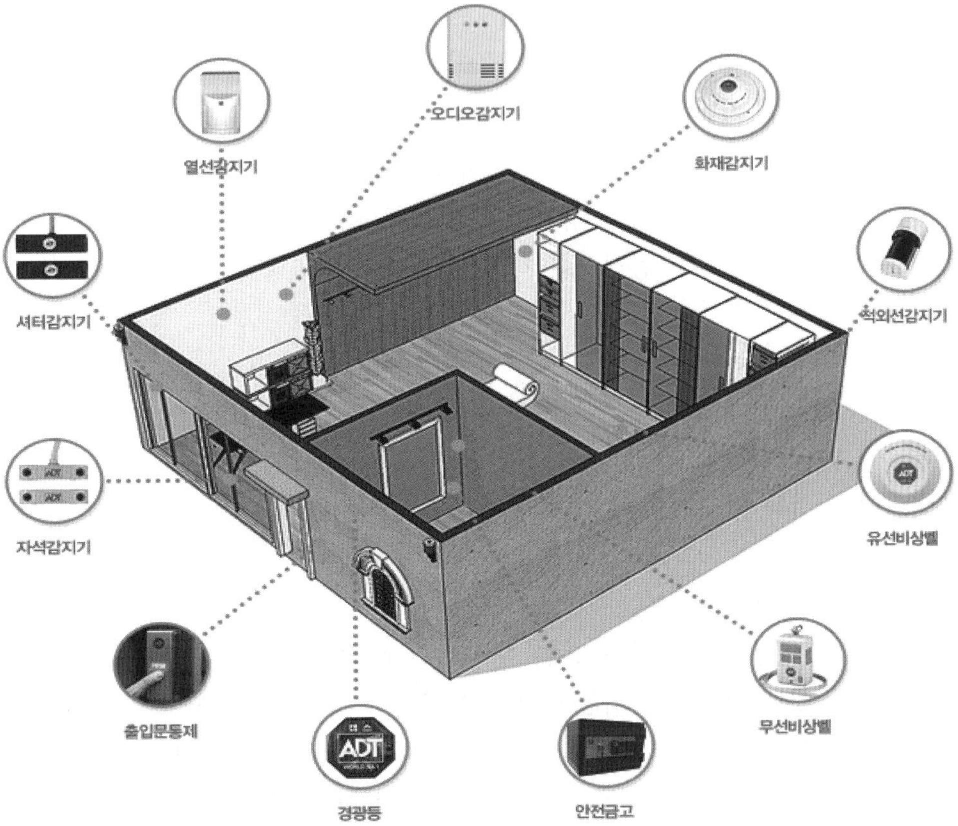

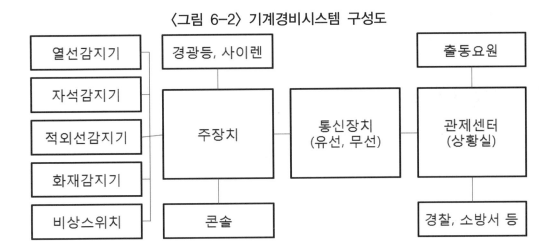

오디오감지기

열선감지기

화재감지기

셔터감지기

적외선감지기

자석감지기

유선비상벨

출입문통제

무선비상벨

경광등

안전금고

출처 : ADT 캡스 홈페이지(http://wwww.adtcaps.co.kr)

〈그림 6-2〉 기계경비시스템 구성도

열선감지기	경광등, 사이렌		출동요원
자석감지기			
적외선감지기	주장치	통신장치 (유선, 무선)	관제센터 (상황실)
화재감지기			
비상스위치	콘솔		경찰, 소방서 등

또한 범죄를 중심으로 기계경비시스템이 작동되었을 경우 다음과 같은 과정을 거치게 된다.[60]

1) 불법침입에 대한 감지 및 경고

이는 기계경비시스템이 외부의 침입행위로 인한 상태변화를 감지하여 경비기기 운용자(관제센터)와 침입자에게 경고하는 과정이라고 할 수 있다. 예를 들어, 외부 침입시에 경보장치가 작동하도록 하는 것을 들 수 있다.

2) 침입정보의 전달

기계경비시스템이 효과적으로 작용하기 위해서는 단순히 경고의 메시지를 보내는 수준에 그쳐서는 안 되며, 이와 관련된 신호가 적절하게 전달되어야 한다. 즉 관제센터에 침입을 알리는 정보가 적절하게 전달되어야 한다는 것을 의미한다.

3) 침입에 대한 대응

기계경비시스템은 통제센터를 통한 대처요원에 신속한 연락뿐만 아니라 침입자의 행동을 지연시킬 수 있는 기능도 아울러 갖추고 있다면 더욱 효과적일 것이다. 즉 침입감지시에 각종 물리적 보호장치가 작동되도록 하는 것이다.

예를 들어 출입문에 외부 침입이 감지되었을 때 다른 방호벽이 작동하여 침입을 지연시키는 것이 이에 해당한다. 또는 무인현금코너에 침입절도가 들어와 강제적으로 현금을 인출하려 했을 때 침입자가 밖으로 쉽게 나가지 못하도록 자동적인 출입차단장치가 작동하도록 하는 것 등을 들 수 있다. 이와 같이 침입자의 행동을 지연시키는 과정에서 대처경비원이 출동하여 사태를 통제해야 할 것이다.

2. 기계경비시스템의 기능

오늘날 기계경비는 단순히 범죄예방기능에 국한되지 않고, 다양한 서비스와 결합되어 더욱 활성화되고 있다. 이른바 '토탈시큐리티(total security)'가 이루어지고 있는 셈이다. 이렇듯 기계경비시스템은 다양한 형태의 기능을 수행하게 되는데, 다음과 같다.[61]

---

60) 최선우(2012), 민간경비론, 서울: 진영사, pp. 292-293.

1) 범죄예방 및 대응서비스

기계경비시스템의 기능 중 범죄예방은 가장 기본적인 기능이라고 할 수 있다. 기계경비는 24시간 외부침입을 사전에 예방(기계경비장치가 설치됨으로써 얻는 일반예방의 효과), 침입이 시도되었을 때 이를 조기에 발견하여 조치토록 함으로써 피해를 최소화시킬 수 있다.

2) 화재감지서비스

보호시설인 사업장이나 가정에 화재수신 기타 각종 화재감지기를 설치하여 화재 발생 여부를 감지하고, 화재 이상을 수신했을 때 119에 통보와 긴급대처업무를 수행한다.

3) 가스누출통보서비스

사업장의 가스시설에 가스센서를 설치하여 각종 설비의 이상 유무를 감시하고, 고객에게 통보해주고, 또 대처요원을 출동시켜 대응토록 해준다.

4) 구급통보서비스

노약자, 고혈압 환자, 심장마비의 위험성이 있는 사람들이 갑자기 건강에 이상이 생겨 무선 구급버튼을 누르면 통제센터에서 이를 감지하여 119에 신고, 구급차량을 보내게 된다.

또한 혼자 사는 고객이 쓰러져 장시간 방치되는 것을 방지하기 위한 것으로서 고객이 쓰러져 24시간 정상적인 활동을 하지 않으면 통제센터로 자동 통보되며, 통제센터에서는 고객과 사전에 합의한 연락처로 통보하게 된다.

5) 홈시큐리티서비스

가정의 안전을 지키기 위해서 가스누출, 화재, 도난 및 각종 비상사태를 감지하는 첨단 감지기를 설치하여 24시간 출동체제를 통해 관련서비스를 제공해 준다.

---

61) 이상원(2005), 범죄예방론, 서울: 대명출판사, pp. 546-548.

6) 설비이상통보서비스

전기보일러, 물탱크, 저수조의 만수상태, 에어컨 등 각종 설비이상 유무를 감지하여 고객에게 통보해주고, 경우에 따라서는 대처요원을 출동시켜 적절한 조치를 취하도록 한다.

7) 설비제어서비스

기계경비를 통해 은행자동화코너의 자동운영과 같이 셔터, 출입문, 전등, 안내방송, 현금자동지급기 전원 등의 설비를 365일 프로그램에 의하여 자동적으로 제어하는 업무를 수행한다.

제3절 기계경비시스템 운용

1. 침입감지시스템 운용

1) 침입감지시스템의 의미

침입감지시스템은 인가되지 않은 사람의 침입을 감지하여 경보형태로 이를 필요한 사람 즉, 시스템 이용자, 관제센터, 경비원 등에게 전달하는 시스템이다. 이 시스템으로 인해 인가되지 않은 사람의 침입상황을 파악하고, 대응할 수 있게 된다.

침입감지시스템은 무인경비시스템, 도난경보시스템, 전자경보시스템 등 여러 가지 이름으로 불리고 있으며, 침입감지시스템은 아무도 없는 시설이나 장소를 경비하는 개념에서 출발하였지만 가스누출 감지, 설비이상 감지 등 적용범위가 확대되고 있는 추세이다.[62]

2) 침입감지시스템의 기본요건

침입감지시스템이 기능을 다하기 위해서는 다음과 같은 세 가지 요소가 충족되어야 한다.

첫째, 경비대상시설로 인가되지 않은 사람의 침입을 감지해야 한다. 감지는 침

---

[62] 한국경호경비학회(2011), 앞의 책, pp. 165-178 참조.

입감지시스템이 우선적으로 제공하는 보호기능으로 침입자에 의한 상태변화를 인지하는 것이다.

둘째, 침입정보를 경보의 형태로 필요한 사람에게 전달될 수 있어야 한다. 경비기기의 기능을 수행하기 위하여 필요한 정보가 필요한 사람에게 전달되어야 하는 것은 당연하다.

셋째, 침입상황에 적절히 대응할 수 있어야 한다. 경비기기를 운용하는 최종 목적은 이상상황에 대응하는 것이다.

3) 침입감지시스템의 구성

침입감지시스템이 요구하는 기본요건을 만족하기 위해서는 센서, 주장치(controller), 경보장치가 필요하며, 센서는 침입행위를 감지하기 위한 장치이며, 주장치는 경보신호를 전달하기 위한 장치이고, 경보장치는 시스템 운영자가 경보신호를 수신하여 경보상황에 대응하는 적절한 조치를 취할 수 있게 해 준다.

경보장치에 따라 경보형태를 달리하게 되는데, 센서가 설치된 장소에서 발생하는 경보음이나 경보 등은 범인에게 경고하는 기능을 잘 수행한다. 디지털 기술을 침입감지시스템에 적용하여 문자형태의 경보신호를 수신할 수 있게 하였기 때문에 누구나 쉽게 경보신호를 수신하고 확인하는 것이 가능하다.

특히 경보신호를 영상신호 형태로 수신할 수 있는 시스템이 도입되고 있는데, 침입상황을 영상신호로 볼 수 있다면 경보신호의 신뢰도가 증가하여 자신 있는 현장대응이 가능하다. 센서에서 감지된 경보신호를 필요한 사람에게 전달하기 위해서는 통신망이 필요한데, 과거에는 일반적으로 유선이 많이 사용되었지만 최근에는 CDMA 등 무선망의 발전으로 무선이 다수 사용되고 있다.

4) 경보시스템의 형태

(1) 현장경보시스템

현장경보시스템은 경비대상 시설에서 발생한 경보신호를 현장이나 현장 상황실에서 수신하여 현장의 근무자가 대응할 수 있게 하는 시스템으로 현장경비원의 운용이 가능한 곳에 유리하게 적용된다.

예를 들어, 제조공장에서 각종 시설에 경보장치를 설치하고, 이를 통제할 수 있는 경비실에서 직접 신호를 받아 자체적으로 자체 경비요원이 대응할 수 있게끔 하는 시스템을 생각할 수 있다.

(2) 관제센터(중앙상황실)시스템

관제센터시스템은 경비대상 시설에서 발생한 경보신호를 원거리에 위치한 관제 센터, 즉 상황실에서 수신하여 출동요원을 경비대상시설에 출동시켜 현장조치를 할 수 있게 하는 시스템이다. 이는 현재 기계경비시스템을 운용하는 경비업체의 경우를 생각하면 될 것이다.

(3) 전화통보시스템

침입상황이 발생하면 미리 설정된 전화번호로 이상상황을 통보하는 시스템으로 전화를 받으면 사전에 녹음된 내용이 들리게 된다. 그러나 이 시스템은 대응요원 과 적절히 연결되지 않으면 침입감지시스템의 효과를 얻기 어렵다.

실제 기계경비시스템을 설치하려는 수요자가 비용의 문제로 보류하는 경우가 많 고, 또한 기계경비업체에서도 순찰대원과 순찰차 운용 등에 있어 많은 비용이 필 요하게 되므로 인해, 몇몇 지방의 중소업체들이 이와 같이 출동은 하지 않는 대신 상황이 발생하였을 경우 고객에게 통보해주는 시스템을 주로 이용하였다.

(4) 직접통보시스템

직접통보시스템은 현장에서 발생한 경보신호를 경찰이나 소방기관으로 직접 통 보하는 시스템으로 주로 공안기관요원에 의해 현장조치가 이루어지게 하는 시스 템이다. 그러나 이 시스템은 법규에 따라 적용이 제한적일 수밖에 없을 것이다.

5) 감지기

침입을 감지하는 센서를 감지기라고 하며, 대표적으로 다음과 같은 감지기가 실 제 사용되고 있다.

(1) 자석감지기(Magnetic Sensor)

　어떤 장소를 경비하기 위해서 가장 기본적인 것으로 출입문의 감시가 필수적이다. 외부에서 가장 침입하기 쉬운 곳이 출입문이나 창문이기 때문이다.

　자석감지기는 가장 간단하면서도 널리 사용되는 센서로 출입문이나 창문 등이 열리고 닫히는 것을 감지하는 역할을 한다.

　자석감지기는 자력의 변화를 이용한 감지기로 주요 구성은 영구자석과 리드스위치로 구성되며, 동작전원이 필요 없고 구조가 간단하여 쉽게 설치할 수 있는 1차 감지기이다.

(2) 열선감지기(Passive Infrared Sensor)

 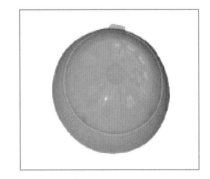

　침입자의 체온에서 방사되는 원적외선을 감지하는 감지기로서 적외선 수동센서라고도 하며, 실내 감시용으로 가장 많이 사용되고 있다.

　감지원리는 절대 영도의 온도차이를 감지하여 이상 유무를 출력하는 방식이다.

(3) 적외선감지기

투광기와 수광기로 구성되어 투광기에서 가시광선보다 파장이 긴 적외선 영역 중 가시광선 가까이에 있는 영역의 적외선을 투광하고 수광기에서 수광하고 있다가 이 적외선이 차단되면 감지하는 방식이다.

적외선감지기는 주로 창문이나 벽, 울타리에 설치하여 이를 통해 침입하는 침입자를 감지한다.

(4) 오디오감지기

오디오감지기는 유리에 직접 유리파손 감지기를 부착하지 않고도 유리파손을 음향으로 감지하는 센서이다.

최근 건축시 인테리어를 고려해 건물 전면부 대부분을 유리로 장식하는 사례가 많은데, 이러한 인테리어를 고려해 직접 유리면에 부착하는 타입의 센서를 지향하고 유리파열시 파열음의 음향에 의해 감지하면서 광범위하게 감시지역을 설정할 수 있는 장점 때문에 최근 많이 사용되고 있다.

(5) 기타

충격감지기   금고감지기

인장감지기   셔터감지기

가스감지기   연기감지기

이 밖에도 대형 금고 내부 벽면 및 중요지역의 벽면 등에 설치하여 진도의 이상 유무를 감시하는 충격감지기, 금고의 개폐 및 파손 등의 이상 유무를 감지하는 금고감지기, 출입셔터의 이상 유무를 감지하는 셔터 감지기 등이 많이 사용된다.

또한 가스 누설을 감지하는 가스감지기, 화재시 나타나는 연기를 감지하는 연기감지기, 일정한 선이 늘어지는 것을 감지하는 인장감지기 등이 있다.

2. 출입통제시스템 운용

1) 출입통제시스템의 개념

출입통제란 인가된 사람과 인가되지 않은 사람을 구분하여 출입을 통제하는 것으로 오래 전부터 출입통제를 위해 여러 가지 방법이 사용되고 있으며, 출입통제장치는 단지 그 이름과 작동형태를 달리하는 경비기기의 한 형태이다.

출입통제장치를 통과하기 위해 출입하려는 사람을 확인하는 수단으로는 키나 카드와 같은 인식표로부터 손가락 지문, 눈의 동공과 같은 신체의 특징까지 다양하다. 특히 사람 신체의 특징을 이용하는 출입통제장치의 이용이 증가하면서 '생체인식시스템'이라는 새로운 이름이 등장하고 있을 정도이다.

효과적인 출입통제를 위하여 사람뿐만 아니라 물품이나 차량의 출입통제도 적절히 이루어져야 하며, 위험물품이 경비대상시설로 반입되는 것을 방지함과 동시에 귀중품이 밖으로 반출되는 것도 방지할 수 있어야 한다.

2) 출입통제장치의 구성

(1) 확인단계

스마트카드사원증

지문인식기

번호키리더기

출입통제장치에 의해 출입이 허용되기 위해서는 수단이 필요한데, 인식카드와 같이 인가된 사람에게 주어지는 증표에 의한 방법과 지문과 같이 사람의 신체적 특징을 이용하는 방법 등이 있다.

키는 출입자를 확인하기 위한 증표 중 가장 잘 알려진 것이지만 분실이나 도난 또는 협박으로 탈취될 수 있고 주인 몰래 복제하여 사용할 수 있다는 취약점을 가지고 있다.

플라스틱카드는 인식카드의 한 형태로 출입통제장치에 널리 사용되고 있으며, 출입통제를 위한 수단 외에 여러 가지 목적으로 사용된다. 특히 '스마트카드'라는 이름의 기능이 다양한 카드가 사용되고 있는데, 스마트카드는 카드가 CPU를 내장하고 있어 다양한 기능을 수행할 수 있다.

버튼 누름식 번호키는 키를 대신하여 사용되는 대표적인 방법으로 키를 휴대할 필요는 없지만 번호를 우연히 또는 고의로 알아내어 사용할 수 있다는 위험이 있다.

인식증표를 분실하거나 위조 또는 복제로부터 보호하기 위해 개선된 방법이 있다면 개인별 차이가 있는 인간의 신체특징을 이용하는 것이다. 출입통제를 위하여 신체특징 중 현재 가장 많이 이용되는 것이 지문이지만 손바닥, 음성, 동공, 정맥 등과 같은 신체특징을 이용하기도 한다. 신체적 특징을 이용하여 출입자를 확인하는 방법은 출입확인을 위한 결정시 대조할 수 있도록 신체특징을 사전에 등록하는 절차를 거쳐야 한다.

(2) 출입허용단계

출입통제장치의 확인과정에서 출입이 허용되거나 거절되면 이 정보를 통제장치에 전달하는 것이 필요하며, 일반적으로 출입자를 확인하는 장치와 출입을 허용해주는 장치가 같이 사용된다.

인가된 사람이 출입문으로 접근하여 카드판독기(카드리더기)나 키보드와 같은 장치에서 매번 확인하는 절차를 거칠 필요 없이 판독장치에 노출되면서 자동으로 출입이 결정되게 하는 근접식별시스템을 사용하면 보다 편리하고 신속하게 출입할 수 있을 것이다.

출입문이 인가되거나 통제되면 출입문이 최종적으로 문을 통제하게 되는데, 출입문은 전자적으로 통제되며 사용된다. 출입문 통제장치는 문의 형태에 알맞게 선정되며, 스트라이크형, 데드볼트형, 전기장형의 장치가 주로 사용된다.

3) 출입통제장치의 보완

수준이 높은 출입통제를 위하여 건물 내에 별도의 통제구역을 설정하고, 그 입구에 확인방법을 달리하는 출입통제장치를 추가로 설치할 수 있다.

상황실을 운용하여 출입을 원하는 사람을 출입문에 설치된 CCTV와 인터폰을 통해 상황실 근무자가 직접 확인하여 원격으로 출입을 통제하는 방법을 사용할 수 있다. 이 방법을 보다 효과적으로 사용하기 위해 인식카드와 같은 고유의 증표를 이용하여 1차문을 통과하게 한 후 상황실 근무자에 의해 확인을 받은 다음 원격으로 조정되는 2차문을 통과하게 할 수 있다.

인가되지 않은 사람이 인가된 사람과 같이 들어가고자 하는 것을 방지하기 위해 2중문을 설치하여 1차문을 통과한 후 센서를 거치는 동안 한 사람 이상이면 2차 출입문이 작동하지 않게 하는 방법을 사용할 수 있다.

3. CCTV 운용

1) CCTV의 개념

CCTV(closed circuit television)는 폐쇄회로 텔레비전이라고 하며, 공간에 전파를 발사하지 않고 유선계(系) 속에 전파를 집어넣어 텔레비전 신호를 전송하는 방식을 취한다. 특정 건축물 또는 특정 시설 등에서 유선 텔레비전을 이용해 영상을 전달하는 장치인 것이다.

CCTV는 공중파를 이용한 방송용 TV와 구분된 이름으로 카메라와 모니터가 유선으로 연결된다는 것을 의미한다. 그러나 공중파를 위해 유선TV가 등장하고 무선을 이용한 CCTV가 사용되고 있지만 CCTV는 감시장치의 한 형태로 널리 사용되고 있으며, 경비목적 외에 교통상황감시나 공장에서 공정감시, 병원에서 환자감시 등으로 사용되기도 한다.

CCTV는 현장에 설치된 카메라와 연결된 모니터를 통해 현장상황을 감시할 수 있게 도와준다. 그러나 범행이 근무자가 모니터를 주의 깊게 주시할 때까지 기다렸다가 발생하지 않으므로 모니터를 주시하는 공백을 없애지 않으면 근무자의 잘못된 자신감을 갖게 하고 자원과 돈을 낭비하는 결과를 초래할 수도 있다.

2) CCTV의 기능

경비활동시 근무자가 얻는 1차적인 정보는 보는 것으로부터 얻게 되며, 사람은 넓은 시야를 확보하기 위해 높은 장소를 선정하고 여러 명의 감시자를 필요로 하지만 CCTV는 이러한 문제를 해결해 준다.

또한 실내에서 소수의 인원으로 비교적 사각지역 없이 감시할 수 있으며, 근무자가 범행에 직접 노출되는 기회를 줄일 수 있고, 침입감지장치와 함께 사용되어 경보상황을 영상으로 직접 확인함으로써 자신 있는 현장 대응을 가능하게 한다.

그리고 현장상황을 녹화하여 나중에 재생할 수 있으므로 유익하며, 출입통제장치와 같이 사용하여 출입인원을 원격으로 확인하고 통제할 수 있는 장점도 있다.

3) CCTV의 구성

(1) 촬상부

촬상부는 물체를 촬영한 영상신호를 전기신호로 변화시키는 부분으로 카메라, 렌즈 그리고 카메라를 고정시키기 위한 브라켓이나 하우징을 포함한다.

(2) 전송부

전송부는 촬상부에서 받은 신호를 수신부로 전달하는 부분으로 신호전달을 위해 동축케이블이나 광케이블과 같은 유선매체가 널리 사용되지만 무선매체가 사용되기도 한다.

특히 최근에는 이동통신이나 인터넷이 CCTV의 전달매체로 사용되면서 CCTV의 적용범위가 확대되고 있다.

(3) 수신부

수신부는 카메라에서 보낸 전기신호를 영상신호로 재생하는 부분으로 모니터를 의미한다.

4) 주변기기

(1) 녹화장치

CCTV는 감시대상자의 자유로운 활동을 보장해 주는 상태에서 단지 진행되는 상황을 녹화하여 문제가 발생했을 때 그 장면을 다시 보거나 법적인 증거자료로 활용할 수 있다. 현장상황을 녹화하기 위하여 여러 가지 방법을 사용할 수 있는데 필요시 근무자가 직접 녹화장치를 작동하게 하거나 움직임경보장치와 함께 사용하여 영상변화가 있을 때 자동으로 녹화할 수 있다.

(2) 움직임 경보장치

CCTV 운용시 발생하는 문제 중 하나는 근무자가 모니터의 영상변화에 집중하기 어려운 것으로 이를 해결하기 위해 모니터의 영상변화를 감지하여 근무자에게 경고하여 주는 움직임 감지장치를 적용할 수 있다.

(3) 영상분할장치 및 영상절화장치

일반적으로 여러 대의 카메라를 운용할 때 카메라의 수에 맞는 모니터가 필요하지만 여러 개의 영상을 분할하여 한 대의 모니터에 나타나게 하는 영상분할장치나 일정한 시간 간격으로 영상을 하나씩 차례로 보이게 할 수 있는 영상절환장치를 사용할 수 있다.

(4) 팬틸트 장치

실내전용 팬틸트

옥외용 팬틸트

시선이 고정되어 있는 카메라를 사용할 경우 근무자는 한정된 범위만을 볼 수 있으므로 움직이는 물체를 주시할 수 있는 시간이 짧아진다. 이러한 단점을 보완하기 위하여 카메라를 상·하·좌·우로 조정하여 그 상황을 추적할 수 있다.

그러나 침입자가 팬틸트 장치를 조작할 때까지 기다려주지 않을 경우 이 장치를 유용하게 사용할 수 없으므로 범인의 행동을 추적할 수 있을 정도의 속도로 조정할 수 있는 장비를 선택하여야 하며 그렇지 않으면 여러 대의 카메라를 이용하는 것이 좋다.

(5) DVR

DVR은 디지털기술의 발달과 함께 CCTV 시스템에 적용되어 널리 사용되고 있는 장비로 영상신호를 디지털로 변환하여 영상신호 저장과 영상신호의 원거리 전송을 쉽게 해 준다. 특히 영상신호를 테이프가 아닌 하드디스크에 저장함으로써 녹화된 영상을 쉽게 검색할 수 있으며, 영상저장과 검색을 오랫동안 하여도 선명한 영상을 얻을 수 있다.

DVR은 다른 장치와 연계하여 복합적인 기능을 수행할 수 있으며 자체적으로 영상분할 기능이나 움직임감지기능 등이 포함되어 있어 이를 위한 별도의 장치를 설치할 필요가 없게 된다.

5) 경비기기의 통합 운용

침입감지시스템과 출입통제장치 및 CCTV는 단독으로 사용되기도 하지만 서로 연계하여 사용함으로써 그 효과를 증가시킬 수 있다.

예를 들어 침입감지시스템과 CCTV를 연계하여 사용할 경우, 침입감지장치에서 발생되는 경보신호를 CCTV를 통하여 확인함으로써 자신있게 현장대응을 할 수 있으며, 그 신뢰도 역시 상승할 것이다. 또 CCTV와 함께 출입통제장치를 연계하여 사용할 경우 CCTV를 통해 출입자를 확인할 수 있으므로 출입통제장치를 보다 효과적으로 사용할 수 있다.

특히 정보통신기술을 기계경비에 적용할 경우, 경비기기의 기능이 다양화되고 경비기기를 이용한 경제적이고 효과적인 경비활동이 가능할 것이다.

제**7**장

혼잡·교통유도경비 실무

제1절 혼잡 · 교통유도경비의 의의

1. 혼잡·교통유도경비의 개념

사전적 의미로 혼잡(混雜)이라는 것은 '한데 뒤섞여 매우 어수선하고 떠들썩한 상태'를 의미한다. 이러한 혼잡한 상황은 사람이나 차량 등이 특정한 장소 등에서 뒤섞여 있을 때 발생하게 된다. 예를 들면, 대형 행사장, 옥외집회, 도로공사 현장 등을 들 수 있다. 혼잡·교통유도경비는 이러한 혼잡한 상황에서 발생할 수 있는 위험을 적절하게 통제하여 사람이나 차량이 안전하고, 원활하게 진행하도록 하는 활동이라고 할 수 있다.[63]

혼잡경비와 교통유도경비를 나누어 설명해보면, 먼저, 혼잡경비란 인구 밀집, 차량 혼잡, 사고 위험이 높은 장소에서 안전과 질서를 유지하고 사고를 예방하기 위해 민간경비원이 수행하는 전문 경비활동을 의미한다. 이는 공사 현장이나 대규모 행사, 축제 등에서 발생할 수 있는 손실을 방지하기 위한 예방적 조치와 긴급 상황대처를 포함한다. 혼잡경비는 보행자와 차량의 질서 있는 이동을 돕고, 공공 안전을 강화하는 역할을 한다.

다음으로 교통유도경비는 도로와 접속된 공사 현장, 행사장, 사고 지역 등에서 차량과 보행자의 통행을 유도하고 안전 사고를 예방하기 위한 민간경비원이 경비 활동을 의미한다. 이는 교통흐름을 원활하게 하고, 차량과 보행자 간의 충돌을 방지하며, 신속한 사고 대처를 통해 2차피해를 예방하는 것을 목적으로 한다.

따라서 일반적으로 혼잡경비는 보다 넓은 범위의 밀집 상황을 관리하며, 보행자 및 차량 모두를 질서유지 대상으로 하는 것과는 달리, 교통유도경비는 주로 도로

---

63) 최선우(2024), 민간경비론, 진영사, p. 54.

및 차량 흐름의 안전성과 효율성에 중점을 둔 세부적인 활동을 의미한다.[64]

혼잡경비와 교통유도경비

혼잡경비
교통유도경비

2. 혼잡 · 교통유도경비의 중요성

우리는 일상에서 수많은 스포츠 행사, 지역축제 등에 참여하고, 또 주변에는 건설공사, 도로공사가 빈번하게 진행되고 있음을 알 수 있다. 이러한 과정에서 발생하는 혼잡한 상황은 시민들에게 불편을 초래할 뿐만 아니라 사회적·경제적 부담을 증가시키는 요인이 된다. 또한 지역행사나 대규모 집회, 그리고 공사현장에 군중과 차량이 밀집하는 상황에서는 안전사고의 위험성이 높아진다.[65]

따라서 혼잡 및 교통 유도관련 전문 인력의 확보는 차량 사고를 예방하고 보행자와 운전자의 안전을 보장하는 데 중요한 역할을 한다. 혼잡한 상황과 교통흐름을 효과적으로 관리함으로써 충돌 가능성을 줄이고 전반적인 도로 안전을 강화할 수 있다. 또한 경찰 인력의 한계를 보완하여 경찰의 업무 과부하를 줄이고 교통관리 업무의 효율성을 높일 수 있기 때문이다.[66]

---

64) 유효은(2024. 12. 06), "혼잡교통유도경비의 법적 역할과 책임강화 방안에 관한 연구," 한국민간경비학회 추계학술대회, p. 36 재인용.

65) 참고적으로, 교통 혼잡은 국가 경제에도 부정적인 영향을 미친다. 2019년 미국에서는 교통 혼잡으로 인한 비용이 약 870억 달러에 달하며, 이는 연료비와 시간 손실 같은 직접 비용뿐 아니라 생산성 감소와 같은 간접 비용도 포함하는 수치이다. 국내의 경우, 한국교통연구원의 조사에 따르면 2016년 교통 혼잡 비용은 55조 8,595억 원이었으나, 2017년에는 58조 6,193억 원으로 증가하고, 2018년에는 거의 68조 원에 이른다. 이와 함께 교통 혼잡은 운전자들의 스트레스와 피로를 증가시켜 사고 발생 가능성을 높이며, 긴급 차량의 이동을 지연시켜 긴급 대응이 늦어질 위험성을 초래함은 물론이다. 유효은(2024. 12. 06), "혼잡교통유도경비의 법적 역할과 책임강화 방안에 관한 연구," 한국민간경비학회 추계학술대회, p. 36 재인용.

66) 한국도로공사 집계에 따르면, 2015년에서 2019년까지 5년 동안 고속도로 작업장 교통사고는 132건으로 매년 평균 30건에 사고가 발생한 것으로 나타났다. 충청매일(2024.06.25.), "위험천만 고속도로 작업장 교통사고."; 유효은(2024. 12. 06), 위의 논문, p. 36 재인용.

3. 혼잡 · 교통유도경비의 법적 근거

우리나라에서도 경비업법이 개정되어(2024.1.30, 시행 2025.1.31), 혼잡·교통유도경비의 법적 근거가 마련되었다.

지난 2022년 10월 29일 발생한 이태원 참사 이후, 혼잡한 장소나 공사 현장의 질서 유지를 요구하는 목소리가 높아지면서, 개정된 경비업법령에 따라 2025년 1월 31일부터 혼잡·교통유도경비가 추가로 시행된 것이다. 이번 경비업법 개정은 그동안 발생했던 혼잡·교통으로 인한 인권보호의 사각지대를 보완하려는 시도로 볼 수 있다.

혼잡 · 교통유도경비업무(경비업법 제2조 제1호 바목)

도로에 접속한 공사현장 및 사람과 차량의 통행에 위험이 있는 장소 또는 도로를 점유하는 행사장 등에서 교통사고나 그 밖의 혼잡(混雜) 등으로 인한 위험발생을 방지하는 업무

경비업법이 개정되기 전까지 우리나라 경비업법상에서 혼잡·교통유도경비라는 것은 경비업무의 한 유형으로서 명시적으로 규정되어 있지 않았지만, 시설경비나 신변보호업무 등에 어느 정도 포함되어 있다고 본다.

예를 들면, 경비업법 제2조에서 규정하고 있는 '시설경비업무'에 대해서 '경비를 필요로 하는 시설 및 장소에서의 도난·화재 그 밖의 혼잡(混雜) 등으로 인한 위험발생을 방지하는 업무'로 규정하고 있다는 점에서 이의 근거를 찾을 수 있다. 한편, 공경비인 경비경찰의 활동에도 혼잡·교통유도경비(집회시위 및 각종 행사 등)가 포함되어 있다고 볼 수 있다.

혼잡·교통유도경비의 제도화와 관련하여 미국의 경우, 2009년도 16개 주에서 시행하던 교통유도경비제도를 2010년도에는 49개 주에서 도로공사 및 건설공사 현장에서 차량이나 보행자의 안전을 확보하기 위하여 교통유도경비제도를 실시하고 있다.

일본 또한 1972년 경비업법 제정하면서부터 혼잡·교통유도경비를 경비업무의 하나로 규정하여 오늘에 이르고 있다.[67] 그리고 일본에서는 이러한 교통유도경비

---

67) 일본 경비업법에서는 '사람 또는 차량의 혼잡(混雜)한 장소 또는 이들의 통행에 위험이 있는 장소에서의 부상 등의 사고의 발생을 경계하고 방지하는 업무'를 규정하고 있다(제2조 제2항).

를 개별자격증으로 인정하고 있으며, 이것이 민간경비업 분야에서 차지하는 비중이 매우 높다.[68] 지난 10여년간(1995~2005) 일본민간경비에서 혼잡경비(교통유도 등)업무가 차지하는 비중은 전체 민간경비원의 50%를 넘어서고 있다는 점에 주목할 필요가 있다.[69]

---

[68] 일본은 1972년 경비업법을 제정하면서 이러한 혼잡경비 즉, 교통유도경비를 경비업무의 일부로 규정하였으며, 2005년 국가공안위원회 규칙 제20호 「경비원 등의 검정 등에 관한 규칙(警備員等の検定等に關する規則)」을 통해 정식으로 경비원 검정제도(検定制度)를 실시하고 있다. 여기에서 혼잡경비에 대한 법적 근거는 본문에서 설명한 경비업법 제2조 제1항 제2호에서 찾을 수 있고, 보다 구체적으로는 위의 「경비원 등의 검정 등에 관한 규칙」 제1조에서 특정 종류별 경비업무를 정의하고 있다. 즉, 동 규칙 제4항을 보면, 경비업법 제2조 제1항 제2호에서 규정하는 경비업무 중 "공사 현장이나 기타 사람 또는 차량 통행에 위험이 있는 장소에서의 부상 등의 사고 발생을 경계하여 방지하는 업무를 '교통유도경비업무'(교통유도에 관한 것에 한함)"라고 정의하고 있다. 이처럼 일본의 교통유도경비는 도로공사 현장이나 주차장 등에 출입하는 차량이 도로를 통행하는 차량이나 보행자에게 피해가 가지 않도록 그 출입을 유도하고, 도로공사 등이 대중교통에 미치는 피해를 줄이기 위해 일반차량이나 보행자의 통행을 유도하는 것임을 알 수 있다. 신성균(2013), "교통유도업무의 제도화방안에 관한 연구," 동국대학교 박사학위논문, pp. 65~66.

[69] 일본전국경비업협회(2005. 8), Security Times, vol. 309, pp. 10~14.

이태원 압사사고와 대응 문제

2022년 10월 29일 서울특별시 용산구 이태원 세계음식거리에 위치한 헤밀톤호텔의 서쪽 골목에서 할로윈 축제를 즐기는 수많은 인파가 순식간에 몰려들어 159명이 사망하고, 195명이 부상한 대형참사가 발생하였다.

사고 당일인 오후 10시경, 헤밀톤호텔 서쪽 골목 저지대 중간(저지대 입구에서 약 25m 올라간 곳)의 18.24㎡(5.5평) 공간에서 병목 현상이 일어나 행인들끼리 우왕좌왕하는 과정에 서로 뒤엉켜 불편한 자세를 유지한 상태가 되어 있었다.

한편, 헤밀톤호텔의 북서쪽 세계음식거리 삼거리에서는 20분만에 막대한 인파가 빠르게 유입되는 바람에 서쪽 골목 중간에 위치한 18.24㎡(5.5평) 공간의 상황은 순식간에 심각해졌다. 사고 초반 뒤쪽에 있던 사람들도 이동하여 앞쪽으로 누적되어 갔고, 뒤쪽 인파에서 세 차례 정도 밀치자 사람들이 우르르 넘어져 이른바 '연쇄 깔림'으로 인해 앞쪽 참변이 가중되었다.

이러한 극도의 혼잡 속에서 사람들은 스마트폰을 꺼내 도움을 요청하기도 어려웠을 뿐만 아니라, 트래픽 과잉으로 인해 전화와 데이터 통신까지 먹통인 상황이었다. 그리고 뒤쪽에서 이동하는 사람들은 이때까지도 상태의 심각성을 파악하는 것은 불가능하였고, 그저 멈추지 않고 아래로 내려오고만 있었다. 이때, 경사로 앞쪽에서 심각한 압박을 받은 많은 사람이 안면에 청색증 및 구토 현상을 보였다. 이를 목격한 많은 사람은 일제히 '뒤로! 뒤로!'를 외쳤고, 다행히 18.24㎡(5.5평) 뒤쪽에 있던 대부분의 사람은 역행하여 빠져나갔다.

그러나 18.24㎡(5.5평) 공간에는 이미 300여 명의 사람이 의식을 잃고, 몸이 서로 끼어 있어서 빼내기조차 힘든 상황이었다. 일부 사람들은 이미 외상성 질식이 진행되었고, 밑에 깔린 사람들은 장기 파손으로 인한 복부 팽창이 진행되던 상태였다. 이로 인해 18.24㎡(5.5평) 공간에서 수많은 사상자가 발생한 것이다.

당시 압사사고 신고를 받고 출동한 구급차들은 도로 상황이 원활하지 못해 현장 진입에 어려움을 겪다가, 경찰의 도로통제가 정상적으로 이루어진 11시경이 되어서야 비로소 진입이 원활해졌다. 그러나 구급차가 들어오는 건 가능했지만, 수많은 구급차가 서로 뒤엉키면서 인근의 이용가능한 병원으로 빠져나가는 것 또한 지연되었다. 그리고 일부의 구급차는 부상자가 아닌 사망자를 먼저 이송하는 등의 혼란이 가중되어 상황은 더욱 심각한 결과를 낳게 되었다.[70]

---

70) https://namu.wiki/w/이태원 압사 사고.

제2절 군중심리와 안전사고의 원인

1. 군중심리

1) 정상군중심리

넓은 의미에서 군중심리(群衆心理)는 개개인이 각 군집상황 속에서 갖게 되는 심리상태를 말한다. 불특정다수의 대규모 군중이 운집한 상황에서 안전사고가 발생하는 이유는 시설물자체의 결함에서 비롯되기도 하지만 경우에 따라서는 평상시에 가지고 있는 정상적인 심리적 균형상태가 깨지고 이로 인한 혼란으로 사태가 악화되기 때문이라고 볼 수 있다.

물론 불특정다수의 군중이 모였다할지라도 항상 위험한 상황이 발생하는 것은 아니지만, 일반적으로 정상적인 상황에서는 군중들은 호기심, 동정심, 안전, 수치심, 집단동질성 등과 같은 정상군중심리(Normal Crowd Psychology)를 가지고 주어진 상황을 파악하게 된다. 정상군중심리는 구성원들 상호간의 신임, 충성, 단결 등의 내적심리기재가 작동하게 된다.[71]

〈표 7-1〉정상군중심리의 특징

호기심리	새로운 상황에 직면하였을 때 탐구를 통한 상황인식 및 문제이해를 하게 되는 심리
동정심리	다른 사람의 슬픔, 기쁨 등에 대하여 동질적인 감정을 가지게 되는 심리
안전심리	다른 사람과의 상호작용 속에서 자신의 안전을 추구하는 심리
수치심리	다른 사람의 시선을 의식하고 자신의 명예나 체면을 의식하는 심리
집단심리	사회적 동물인 인간이 타인과 어울려 집단을 구성하려는 심리

2) 이상군중심리

그러나 대규모 군중이 운집한 상황에서 특별한 외부의 자극(생명위협 등)이 주어지면 비정상적인 이상군중심리(Abnormal Crowd Psychology)가 발생하기도 하는데, 이는 불안, 불만, 항거, 냉소, 파괴 등의 행위와 관련된다.[72]

예를 들면, 감정이 격해진 시위현장, 흥분된 경기장, 화재가 발생한 시설 등은

---

71) 경찰대학(1998), 경찰경비론, pp. 10~11.
72) 위의 책, pp. 11~14.

그 좋은 예이다. 따라서 대규모의 군중이 운집한 상황하에서는 때로는 의외의 무모하고 잔인한 반사회적인 행동이 일어나는 경향이 있는가 하면 조금만 질서를 지키면 모두가 안전하게 대피할 수 있음에도 불구하고 밀고 밀리는 혼잡 와중에 대형사고를 당하는 모습을 지켜보게 된다. 이처럼 사람들이 큰 무리를 지었을 때 지극히 비합리적이고, 비도덕적이며, 퇴행적인 행동을 함으로써 사회의 안녕질서의 파괴와 인명 및 재산의 손실을 초래하게 된다.

<표 7-2>이상군중심리의 특징

정서의 충동성	정서적 평형작용의 붕괴로 사랑, 슬픔, 두려움, 분노 등 개인의 강렬한 감정아래 주관적으로 경험하는 심리적 격동 상태
추리의 단순성	개인이 혼자 있을 때에는 이지적 판단이 지배하는 반면 군중 속에 있으면 정서적 충동에 의해 크게 지배를 받는 상태
욕망의 확장성	사회적 평가와 제약 때문에 개인적으로 추구하지 못했던 누적된 욕망이 증폭되면서 군중 속에서 비합법적인 수단을 강하게 표출하는 심리상태
도덕적 모순성	개인이 군중 속에 있을 때 정서적 격동에 의하여 이지의 소멸과 욕망의 확장에 따라 개인이 군중 속에 들어가면 도덕관념이 모호해져서 모순된 가치체계를 동시에 갖게 되는 상태

(1) 정서의 충동성

이러한 정서적 충동에 의해 신체는 많은 변화를 가져오게 되는데, 호흡곤란·심장박동수의 증가·혈압상승·동공확대·내분비증가 및 근육긴장 등의 현상이 일어난다. 만약 한 사람이 정서가 지나치게 과민하면 감정이 불안해지거나 폭발하기 쉽고, 그 반대의 경우에는 정신위축상태가 나타난다. 따라서 개인이 군중 속에 있을 때, 정서의 상호작용·상호전염의 결과로 그 행위는 종종 극단적으로 가는 경향이 있다. 이로 인해 군중 속에서 개인의 정서는 극히 충동적이고, 이러한 충동은 이상폭력행위를 유발하게 되며, 일상생활 속에서 쌓였던 분노와 불만을 군중행동에 실어서 자신도 모르는 사이에 위법적인 행동으로 나아가게 된다.

(2) 추리의 단순성

평상시에는 이지적·이성적으로 판단하는 것이 일반적이다. 그러나 수많은 군중이 모인 상황에서는 정서적 충동에 의해 어떠한 결의나 행동을 취하는데 있어서 복잡한 판단을 필요로 하지 않는다. 따라서 그것이 옳고 그른지를 판단하지 못하게 되고 군중이 찬성하는 방향 또는 군중이 취한 행동에 동조하여 따르게 된다. 추리의 단순성으로 인해 군중은 어떤 관찰이 결여되고, 리더의 제시에 의해 바로 행동하는 것이 특징이다.

(3) 욕망의 확장성

욕망이라는 것은 어떠한 것을 필요로 하여 획득하기 위하여 가지는 일체의 행동의 원동력이 되는 심리상태라고 정의할 수 있다. 욕망과 감정 및 이지는 매우 밀접한 관련성을 가지고 있는데, 욕망이 커지면 긴장된 정서 상태를 불러오고, 격렬한 행동을 표현하게 된다. 개인이 군중 속에 있을 때 심리적으로 서로의 영향을 받기 때문에 욕망은 자연히 무한대로 확장되는 경향을 띤다.

(4) 도덕의 모순성

도덕은 개인이 사회생활 중에 당연히 준수해야 할 행위규범을 의미한다. 어떤 사회든 그 나름대로 공인된 도덕적 표준행위를 가지고 있다. 그런데 개인이 군중 속에 있을 때 정서적 격동에 의하여 이지적·이성적 판단력이 약해지고 욕망이 확장됨에 따라 도덕에 대한 인식이 평소와는 다르게 나타난다. 물론 완전히 야만인이 되거나 도덕성을 상실하는 것은 아니다. 그리고 어떤 때에는 파괴·난동·잔인한 행동 등을 하고, 또 어떤 때에는 충성·의협·단결 등의 행위를 하기도 한다. 이는 바로 개인이 군중 속에 들어가면 도덕관념이 모호해져서 모순된 가치체계를 동시에 갖게 되는 특징을 말해주는 것이다.

2. 안전사고의 원인

공공기관 및 많은 기업은 해마다 기업이미지 재고를 위해서 거액의 비용을 책정하여 특별한 이벤트 및 행사 등을 개최하고 있는데, 문제는 이러한 행사를 진행하는데 발생할 수 있는 잠재적 위험성에 대해서는 그다지 신중한 고려를 하지 못하고 있다는 것이다. 그런데 예기치 못한 안전사고, 범죄사건, 그리고 비상사태 등이 발생하게 되면, 행사의 본래 의도는 완전히 사라지고 불행한 결과를 가져다준다.[73] 군중이 모인 집회장소에서 발생할 수 있는 안전상의 문제는 질서유지, 무임으로 행사장에 진입하려는 사람의 통제, 행사장 내외에서 발생하는 범죄문제의 예방, 부상자에 대한 응급조치, 그리고 보행자 및 차량에 대한 통제 등과 관련된다.

공연 · 행사안전의 1차 책임자는 행사주최자 측에 있다. 그러나 행사주최자는 행사진행 및 의전에 많은 비중을 두고 질서유지나 안전관리는 소홀히 하는 경향이 있고, 이는 안전사고의 원인과 직결되는 결과를 가져다준다. 따라서 '설마'하는 '안전 불감증'은 대형 안전사고를 유발하는 주요한 원인이 된다.[74]

1) 시설물에 대한 안전성 검토의 미흡

이러한 안전 불감증으로 인해 1차적으로 공연 · 행사장에 시설물을 설치할 때 안전성 문제를 정확하게 고려하지 않고, 아울러 이에 지속적인 안전점검이 이루어지지 못하고 있다는 점이다. 따라서 어떤 시설 또는 장소가 공연 · 행사장으로서 적합한지를 결정하기 전에 현장을 방문하여 사전에 여러 가지 안전점검을 실시하는 것이 중요하다. 예컨대, 시설물 내의 각종 시설(관람객 좌석, 출입문 및 비상출입문, 소방시설, 응급시설 및 설비, 위생시설, 각종 놀이기구의 상태 등)의 상태, 각종 설비(물, 하수, 가스, 전기, 전화 등)의 상태, 도로 및 보행로(비상진입로), 주변환경(호수나 강과 같은 사고 발생 위험요인의 존재 여부)의 검토, 관람객 수용능력 정도 등 수많은 요소들을 고려할 수 있을 것이다.

2) 현장관리능력의 부족

(1) 현장 안전관리요원의 전문성 부족

현장에 투입된 안전관리요원들의 전문지식 부족으로 구체적인 임무와 행동요령에 대한 이해가 부족하다. 지난 2005년 10월 3일 상주MBC 가요콘서트에서 발생한 사건(일명 '상주참사')당시, 상주공설 운동장 직3문에서 일어난 안전사고도 출입문을 관리하는 담당자가 현장상황을 제대로 예측하지 못하고 출입문을 개방하여 대형사고가 발생하였음을 주목할 필요가 있다.

현장 안전관리요원은 대부분 자원봉사자로서 전문 민간경비업체의 경비원들에 비해 질서유지 및 안전관리요원으로서의 기본지식 및 전문성이 부족하다. 그러나

---

73) Werth, Richard P.(1994.01), "The Special Needs of Special Event Security," Security Management, p. 32.

74) 소방방재청(2006), 공연 · 행사장 안전매뉴얼, pp. 12~13.

민간경비업체 역시 적지 않은 문제점을 안고 있다. 즉 공연·행사장 진행에 드는 비용을 절감시키기 위해 무자격 민간경비업체에 경비용역을 맡기는 경우가 있기 때문이다. 실제로 위 상주참사 당시 경비책임을 맡았던 경비업체는 무허가인 것으로 밝혀졌다.

(2) 동선관리의 소홀

현장관리 가운데 동선관리는 특히 중요하다. 동선관리는 장소·시설 등의 구조물의 활용, 대상자·행사일정 등 시간의 적절한 관리(지연), 이동거리의 연장과 단축, 대상자별 이동로·통로의 분리 등 안전관리의 핵심적 요소에 해당한다.

따라서 충돌이 예상되는 열성팬, 응원단 간의 공간이나 동선을 사전에 분리하지 않아 분위기 과열 시 압사, 집단충돌, 폭력난동 상황 등으로 발전하는 경우가 있다. 2000년 10월 14일에는 올림픽 공원 합동콘서트장에서 팬클럽회원 상호간에 야유하다가 물리적 충돌이 일어났다. 그리고 2001년 7월 28일 프로축구 수원과 대전 경기 직후 흥분한 양 팀 응원단이 수원경기장 밖에서 집단 충돌하는 사건이 발생하였다. 따라서 집단별 블록 설정과 시차별 간격을 두고 해산을 유도하여 자연스럽게 동선이 분리되도록 하는 조치가 중요하다.

수백 명 또는 수천 명 이상이 모이는 공연·행사 등을 초정장이나 입장권 없이 선착순 또는 무료입장시키는 경우 동선관리는 무엇보다도 중요하다. 지정좌석 없이 선착순 또는 무료로 입장하는 관람객들의 경우 서로 관람하기 좋은 자리를 차지하기 위해서 성급한 마음을 갖게 되고, 질서를 지키기보다는 앞을 다투어 행사장 안으로 진입하려는 경향이 강하다. 이는 혼란한 상황으로 전개되어 결국 대형 참사를 일으킬 우려가 있다. 따라서 다수의 인원이 일시에 운집하는 출입문 주변에 임의의 통제선(統制線)을 설치할 필요가 있다.

위의 상주참사 발생시, 행사를 관람하기 위해 운동장 직3문 출입문에 약 5천명의 관람객이 모여 있었는데, 이들의 동선을 적절하게 유도 및 통제할 수 있는 통제선이 설치되지 않은 상태에서 출입문이 열리자 일시에 이들이 밀리면서 11명이 사망하고, 162명이 부상하는 등 대형 압사사고가 발생한 것이다.

이러한 출입문 앞 또는 매표구 앞의 통제선은 직선보다는 'ㄹ'자 또는 'S'자와 같이 힘을 분산시킬 수 있는 형태가 중요하다고 본다. 그리고 최근 행사장 및 위락시설, 그리고 공공시설에 이러한 형태의 통제선을 설치하는 것은 바람직하다고 본다. 예컨대 광주 기차역의 경우 종래에는 일정한 통제선을 설치하지 않아 매표시간에 다수의 사람들이 매표구에 운집하여 혼란한 상황을 야기하였는데, 최근 매표구 앞에 'ㄹ'자 형태의 통제선을 설치하여 이용객들의 혼잡을 예방하고 질서 있는 상태를 유도하고 있다.

- **사례**: 2005년 10월 3일 상주시민운동장에서 벌어진 MBC '가요 콘서트' 공연장 참사의 원인은 안전 불감증이라는 진단이 대체적이다. 당시 안전요원은 130명뿐 이었고, 이들도 전문요원이 아니라 대학생들이라는 것이다. 더구나 경찰들도 뒤늦게 대응하였다는 지적이 있다. 여기에 출입문을 하나만 열어 놓아 사고를 결정적으로 불러 왔다는 것이다. 여기에 급경사 구조로 된 입구를 고려하지 않은 점도 들 수 있다.

  그리고 공연장에는 자리가 정해지지 않고 최대한 먼저 들어가면 좋은 자리에 앉을 수 있었기 때문에 무대를 잘 볼 수 있는 자리를 맡기 위해 급하게 쏟아져 들어갔던 것이다. 여기에서 이날 공연은 모두 돈을 내고 지정석을 받는 것이 아닌 공짜표에 따른 임의 좌석제라는 점을 알 수 있다. 1996년 12월 대구 우방랜드에서 열린 MBC '별이 빛나는 밤에' 공개방송 압사사고도 마찬가지로 지정석이 없는 공짜 공연이었다. 근본적으로 보자면, 이러한 공짜 공연문화는 많은 문제점을 갖는다. 공짜 공연문화는 지정석이 대개 아니므로 상주참사와 같이 경쟁적 행동을 불러 대형사고를 항상 내재한다는 점을 인식할 필요가 있다.

- **사례**: '빛(L.I.G.H.T)'을 주제로 2007년 10월 5일 김대중 컨벤션센터에서 개막된 '2007 광주디자인 비엔날레'에는 지난 28일까지 내·외국인 관람객 19만3,937명이 다녀갔다. 개막 24일 동안 하루 평균 8,080명의 유료 관람객이 전시장에 찾아온 것이다. 특히, 단체 관람 위주의 과거 비엔날레와는 달리 외국인을 제외한 전체 관람객 17만 8,986명의 절반을 웃도는 수치인 9만 7,703명이 개인관람객이었다. 행사주최측은 단체 관람객들의 관람편의를 위해 지난 23일부터 하루 5,000명 이상의 단체 관람객이 올 때만 운영요원의 인솔하에 관람을 시키고 5,000명 이하일 때는 단체관람일지라도 줄을 세우지 않고 자유 관람을 할 수 있도록 하였다.

  그런데 당시 행사장의 경우 입구와 출구의 불명확하여 상당수의 사람들이 출구를 찾지 못해 입구로 다시 나오는 경우가 종종 발생하였다(물론 입구에서는 행사진행요원이 출구로 나갈 것을 다시 지시함). 그리고 행사사장 내의 이동경로가 불명확하여 관람객의 동선이 곳곳에서 교차되었다. 이러한 문제는 전시장 내부구조가 복잡하고, 조명상태가 매우 어둡기 때문이며, 이로 인해 관람객이 일괄적인 동선을 유지하며 관람하는 것은 사실상 불가능하였다. 대낮인데도 불구하고 전시된 작품의 특성을 살리기 위해 전시장 내부의 전체 조명을 어둡게 설정한 까닭이다. 아울러 관람객의 휴식공간의 절대 부족하였다. 즉, 중앙센터에 설치된 약간의 의자들과 화장실 옆에 비치된 음료수자판기가 전부였다. 더욱이 관람객들은 전시장 내에는 음료를 가지고 갈 수 없기 때문에 화장실 옆에서 음료를 마셔야 하는 불편한 상황이 연출되었다.

그리고 행사장에 진입하는 관람인원은 행사장 내부규모와 출입문의 규모를 고려해야 하는데, 그러한 점을 전혀 고려하지 않아 곳곳에 지나치게 많은 불특정 다수인이 밀집함으로써 관람객들의 정체현상이 두드러지게 나타났다. 특히 통로에서의 밀집성은 문제시되었다. 그리고 행사진행요원의 주요 역할은 어린이 및 관람객들이 작품에 손을 대지 못하도록 하는 것에 치중하였고, 화재나 비상사태에 대한 안내 및 주의의 공지는 관람기간 내에 전혀 이루어지지 않았다. 그리고 특히 주말에 노약자나 어린이 및 유아를 동반한 가족 관람객의 수가 많은 상황이었다는 점을 지적하지 않을 수 없다. 이상과 같은 문제로 인해 화재 등 비상사태가 발생했을 경우 대단히 치명적인 결과를 가져다 줄 우려를 안고 있다.

제3절 안전관리의 주요대상과 기본원칙

1. 안전관리의 주요대상

많은 사람들이 모이는 공연·행사장에서 발생하는 안전상의 문제는 모든 장소에서 발생할 가능성이 있다. 그러나 그렇다고 해서 공연·행사장의 모든 장소가 동일한 비중의 잠재적 위험성을 갖는 것은 아니다. 즉, 특정장소와 그에 상응하는 특정 시간대에 그러한 위험성의 발생가능성이 보다 높다는 점을 인식할 필요가 있다. 따라서 안전상의 문제는 일정한 시간과 공간의 역학관계 속에서 발생한다는

점이다.[75)]

〈표 7-3〉안전문제의 주요장소 및 시점

안전문제의 주요장소	안전문제의 주요 시점	비고
주 차 장	행사 전과 종료 후	행사진행 중에는 절도 및 반달리즘
티켓창구	행사 전	경우에 따라서는 예매기간 동안
출 입 문	행사 전	행사 직전에 가장 우선적인 고려
시설내부	행사진행 중	-

1) 주차장

행사장의 안전문제와 관련하여 먼저 주차장을 들 수 있다. 주차장에서는 자동차 절도, 강간, 강도, 폭행 등이 발생할 수 있다. 특히 야간에 진행되는 행사의 경우 조명장치의 미흡 등으로 인해 주차장에 대한 안전관리가 소홀해질 수 있기 때문에 안전문제에 보다 신경을 써야 할 것이다. 사실, 관람객 및 참가자 등이 행사장에 안전하고 편리하게 주차하는 것 자체만으로도 깊은 인상을 갖게 한다. 따라서 주차장 내의 안전요원들의 적절한 안내 및 주변경계, 적절한 경비조명의 설치, CCTV를 적재적소에 설치하는 것 등은 매우 중요하다(그리고 중요한 국제행사의 경우에는 헬리콥터 및 망루 등이 적용될 수도 있을 것이다). 또 일부 시설의 경우, 관람객들이 매우 많거나 행사장의 특성상 행사장과 주차장이 상당한 거리를 두고 떨어져 있으며, 그 사이를 운송열차 및 전동차 등이 운용되기도 한다.

향후 행사장에 찾아온 관람객들이 주차장에 들어오게 되면 컴퓨터시스템에 의해 자동으로 출입을 통제되고, 적절한 주차장소를 안내하는 역할까지 수행하게 될 것이다. 또 주차장과 같이 넓은 장소를 적절하게 경계·감시하기 위해서는 주차장 천정에 감시카메라를 설치하고 이것이 이동 케이블에 의해 자유롭게 주차장 전역을 움직이면서 감시하는 기능을 수행하게 될 것이다.

---

75) Shirley, Joe(1987), "Sporting Event Security in the Year 2000," In Security in the Year 2000 and Beyond, by Tyska, Louis A., Fennelly, Lawrence J.(eds.), CA: ETC Publication, pp. 255~256.

2) 티켓창구

행사장의 안전문제와 관련하여 티켓창구 역시 빼놓을 수 없는데, 특히 다수의 관중 및 열렬한 팬들이 행사가 진행되기 몇 시간 전부터 장사진을 이루고 길게 줄을 서서 기다리는 상황에서 주의할 필요가 있다. 티켓창구에서 발생할 수 있는 문제점으로는 소매치기, 대기하는 줄의 배치, 화장실 등 위생·편의시설의 이용가능성, 그리고 돌발적인 상황의 발생 가능성 등을 들 수 있다.

그리고 티켓창구와 줄을 서서 대기하는 관람객 사이에 일정한 완충지대(Buffer Zone)를 두는 것은 군중통제에 상당히 유용한 방법이 된다. 티켓창구 바로 앞에 관람객들이 대기하도록 하기보다는 주변의 구조적 특성에 따라 일정거리를 유지해야 할 필요가 있다. 또 기다리는 줄을 일직선으로 하기보다는 'S'자 형이나 'ㄹ'자 형 등으로 배치하여 군중이 한꺼번에 몰리는 것을 통제하는 것이 바람직하다.

한편, 컴퓨터 전자시스템이 적용되어 관람객들에게 보다 편리성을 제공하는 것도 고려할 필요성이 있다. 티켓창구 앞에 설치된 전자스크린에 의해 좌석배치 확인서비스가 제공되고, 아울러 구입가능한 잔여좌석도 확인할 수 있을 것이다. 티켓창구 역시 안전관리요원이 배치될 필요가 있음은 물론이다. 이들 안전관리요원은 티켓창구에서 발생 가능한 위험성을 경계·관찰하고, 아울러 군중들이 질서 있게 티켓을 구입하고 행사장에 진입할 수 있도록 적절하게 통제해야 하기 때문이다. 최근 인터넷예매가 일반화되고 있으며, 이로 인해 인기 있는 행사 및 이벤트의 경우 단시간에 많은 인원이 인터넷사이트에 접속함으로써 서버가 다운되는 등의 문제도 발생하고 있다. 따라서 적절하게 대응할 수 있는 시스템구축 역시 강구되어야 할 것이다.

3) 출입문

행사장 진입시 군중통제를 적절하게 하고, 특히 갑작스럽게 군중들이 밀치고 들어오거나 나아가는 것을 피하기 위해서는 시설에 충분한 출입문을 설치해야 한다. 따라서 출입문 내외의 안전질서를 적절하게 유지하기 위해서는 티켓확인자의 능률적인 티켓처리, 제복을 착용한 민간경비원의 적절한 통제, 안내 게시판에 의한 출입 시의 주의사항에 대한 명확한 고지, 그리고 출입문의 적절한 작동 등 모든 요인들이 고려되어야 한다. 향후 출입문 통제는 비상조명, 비상차단장치, 확성장치(Public Address System, 약칭 PA system), 감시카메라, 그리고 자동잠금장치 등이 갖추어진 컴퓨터시스템에 의해 기계적으로 작동될 것이다. 출입문에서 관람객을 통제 · 유도와 관련하여 다음과 같은 방법을 고려할 수 있을 것이다.[76]

(1) 대열 정렬

출입구에서 행사장에 진입하기 위하여 대기하는 관람객의 줄은 출입구와 같은 너비로 만드는 것을 기본으로 한다. 바꿔 말하면 출입구의 폭보다 줄을 서 진입하는 관람객의 폭이 커서는 절대로 안 된다. 그리고 출입구 앞 공간의 상태에 맞추어 구불구불하게 사행시키거나 구역별로 줄을 세운다. 또한, 이러한 사행, 구역별 정렬에 있어서 행사장 입구 가까이에 도로 등이 있을 경우에는 관람객의 맨 끝줄에서 도로로 불거져 나오는 것을 막을 수 있다.

(2) 선두 유도

개장하는 것과 동시에 관중이 앞을 다투어 뛰어나오는 현상(통칭 버펄로 현상)으로 인해 넘어지는 사고를 방지하기 이하여 선두그룹을 억제하며 질서 있게 행사장에 진입하도록 유도하는 것이 중요하다.

(3) 분단 유도

행사장이 포화상태에서 전진이 불가능한 경우에는 대기 인원을 나누어 뒤에서부터 오는 관중의 진입압력을 완화시키기 위하여 분단유도(통칭 뗏목 타기) 방법을 사용하도록 한다. 즉 안전요원의 지시와 통제에 의해 다수의 관람객들을 몇 집단으로 구분하여 일정한 거리상의 간격을 두고 대기 · 진입하도록 하는 것이다.

4) 시설내부

시설내부 또는 행사장 내부에서도 마찬가지로 고도로 숙련된 안전요원들은 공경비와 협력하여 군중통제 역할을 수행하게 된다. 그런데, 시설내부에서 발생하는 안전문제는 시설외부에서 발생하는 것보다 훨씬 심각한 수준에 이를 수 있다. 그것은 시설내부가 갖는 특성(밀폐성 · 협소성 등) 때문에 비롯된다. 따라서 시설내부에 대한 안전질서유지는 난폭한 행동을 할 우려가 있는 군중에 대한 감시카메라의 작동, 비상 경비조명의 작동, 비상대피(Emergency Evacuation) 등이 총체

---

76) 소방방재청(2006), 앞의 책, pp. 31~32.

적으로 결합된 사전 모의훈련에 의해 체계화된 안전절차에 따라 철저하게 이루어져야 한다.

시설내부에서는 특히 적절한 공공관계(Public Relation)의 형성이 강조된다. 시설내부에 들어온 관람객들과 안전요원 간에는 상호신뢰에 의한 협력관계가 형성되어야 유사시에 질서 있게 대응할 수 있게 된다. 고도의 숙련성을 갖춘 안전요원의 친절·공손하고, 어떤 문제발생시 도움을 제공하는 능력은 향후 관람객들이 다시 관련시설을 방문하게 하는 중요한 작용을 할 것이다.

2. 안전관리의 기본원칙

1) 안전관리계획의 수립

공연·행사는 아무런 계획 없이 이루어지는 것이 아니라 일정한 단계와 절차를 거치게 된다. 일반적으로 공연·행사 계획단계, 공연·행사 시작 전 단계, 공연·행사 관중입장 시 단계, 공연·행사 진행 중 단계, 공연·행사 종료 시 단계 등으로 구분된다. 여기에서는 공연·행사와 관련하여 첫 단계인 안전관리관련 계획단계를 중심으로 살펴보기로 한다.[77]

공연·행사 준비 및 계획단계에서는 관람객통제, 교통통제, 화재대비, 응급처치, 그리고 행사 중 발생할 수 있는 경미한 사고 및 대형사고, 그리고 돌발상황 등에 대비해 안전계획을 수립해야 한다. 따라서 공연법(公演法)에 따라 '공연장운영자는 화재나 그 밖의 재해를 예방하기 위하여 그 공연장 종업원의 임무·배치 등 재해대처계획을 정하여 관할 특별자치도지사·시장·군수·구청장에게 신고하여야 한다. 이 경우 특별자치도지사·시장·군수·구청장은 신고 받은 재해대처계획을 관할 소방서장에게 통보'도록 규정하고 있다(제11조, 재해예방조치).

이러한 재해대처계획의 신고사항에는 아래와 같은 사항이 모두 포함되어야 하며, 재해대처계획의 신고는 공연장 등록 신청과 함께 하여야 하고, 신고한 재해대처계획을 변경하려는 경우에는 그 계획을 적용하기 전에 변경신고를 하도록 규정하고 있다(공연법 시행령 제9조 제1·2항).

---

77) 각 단계에 대한 자세한 논의는 앞의 책, pp. 17~80 참조.

재해대처계획(공연법 시행령 제9조 제1항)

> 공연법 제11조(재해예방조치) 제1항에 따른 재해대처계획에는 다음의 사항이 모두 포함되어야 한다.
>   ① 공연장 시설 등을 관리하는 자의 임무 및 관리 조직에 관한 사항
>   ② 비상시에 하여야 할 조치 및 연락처에 관한 사항
>   ③ 화재예방 및 인명피해 방지조치에 관한 사항
>   ④ 공연법 제11조의2 부터 제11조의4까지의 규정에 해당하는 안전관리비, 안전관리조직 및 안전교육에 관한 사항

그리고 공연장 외의 시설이나 장소에서 '1천명 이상'의 관람이 예상되는 공연을 하려는 자는 법 제11조 제2항에 따라 해당 시설이나 장소 운영자와 공동으로 공연 개시 '7일 전'까지 위 표(제1항 각 호)의 사항과 안전관리인력의 확보·배치계획 및 공연계획서가 포함된 재해대처계획을 관할 특별자치도지사·시장·군수 또는 구청장에게 신고하여야 하며, 신고한 사항을 변경하려는 경우에는 해당 공연 '3일 전'까지 변경신고를 하도록 하고 있다(시행령 제9조 제3항).

공연·행사장의 안전관리와 관련하여 민간경비원들의 적절한 배치도 요구된다. 이와 관련하여 경비업법 시행령 제30조(경비가 필요한 시설 등에 대한 경비의 요청)에서는 "시·도경찰청장은 행사장 그밖에 많은 사람이 모이는 시설 또는 장소에서 혼잡 등으로 인한 위험의 발생을 방지하기 위하여 경비업법 제2조 제3호의 규정에 의한 경비원에 의한 경비가 필요하다고 인정되는 때에는 행사개최일 전에 당해 행사의 주최자에게 경비원에 의한 경비를 실시하거나 부득이한 사유로 그것을 실시할 수 없는 경우에는 '행사개최 24시간 전'까지 시·도경찰청장에게 그 사실을 통지하여 줄 것을 요청할 수 있다"고 규정하고 있다.

이상과 같은 법적 근거를 토대로 공연·행사장의 설계시 다음과 같은 사항들이 기본적으로 고려 될 수 있을 것이다.

(1) 최대 수용인원 확인

공연·행사장의 최대 수용인원은 관람객 수용면적 및 비상 탈출구의 수에 따라 결정된다. 그리고 공연·행사장에 관람좌석이 비치될 경우, 최대 수용인원은 좌석이 차지하는 공간과 비상 대피처로 인해 더욱 적어진다. 그 외에는 수용 인구밀도 수를 이용하여 계산하도록 한다.

(2) 비상탈출구 및 대피로 확인

공연·행사장에 필요한 탈출구 및 대피로는 예상 수용인원과 행사장의 구조에 의거하고, 대피에 소요되는 시간에 따라 달라진다. 그리고 행사장 담장에 비상 탈출구 및 탈출방법을 형광으로 표시하고 관람객들이 쉽게 알아볼 수 있도록 한다. 그리고 출구 안팎으로 장애물이 없도록 한다.

■ **사례**: 2003년 2월 18일에 대구지하철에서 192명이 사망하고, 148명이 다치는 참사가 발생하였다. 이 사건은 정신지체장애 2급 판정을 받은 방화범이 갑자기 휘발유를 뿌리고 전동차에 불을 붙여서 일어난 것인데, 전동차에 불이 나라 수백 여명의 승객들이 서로 먼저 빠져나오려고 아우성을 지르는 등 아비규환으로 변했다. 그런데, 사고 직후 정전으로 지하철 중앙로역 일대가 암흑천지로 변해 승객들이 출입구를 찾느라 우왕좌왕하는 등 큰 혼잡을 빚어 피해는 더욱 컸다. 대구지하철참사는 비록 공연·행사장의 안전과 관련된 사례는 아니지만, 사건발생시 정전상황에서 적절한 비상탈출구에 대한 안내표시가 이루어지지 못하였고, 또 승객들이 평소에 대피방법을 잘 숙지하지 못하고 있었다는 점은 시사하는 바가 크다.

(3) 공연·행사장 진입로 확인

공연·행사장 진입은 교통수단에 대한 계획 및 위치, 주차시설, 진입도로에 관한 계획 등을 다룬다. 행사장 진입로는 주차시설의 위치에 따라 달라지며, 진입로는 최대한 여러 군데로 분산하여 한 곳으로 집중되지 않도록 한다. 아울러 진입로는 최대한 단순하고 찾기 쉽게 하며, 교차지점을 피하여 직선으로 만든다.

(4) 공연·행사장 출입구 확인

출입구를 같이 사용하는 공연·행사장이 있는가 하면 축구경기장처럼 출구와 입구를 분리하는 경우도 있다. 그리고 출연자와 귀빈을 위한 출입구는 별도로 계획하여야 한다. 출입구와 관련된 설계 및 위치는 필요한 출입구 숫자와 어디에 위치할 것인지, 각 출입구별 수용 가능한 최대 인원은 몇 명인지에 따라 달라진다. 관람객들이 질서 정연하게 공연·행사장 안으로 들어가기 위해서는 최대 수용인원에 맞게 출입구를 충분히 마련해야 한다.

출입구의 출입문은 진행방향으로 열려야 한다. 진행방향으로 출입문이 열려야

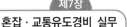

비상사태 시에 피해를 최소화시킬 수 있기 때문이다. 그리고 출입로의 모든 문은 손잡이로 열리거나 수평압력을 이용하여 스스로 밖으로 열리도록 설계해야 한다. 또 공연·행사장의 출입구는 평지로 계획하여 안전사고를 예방하도록 하여야 한다. 출입구가 경사졌을 경우 비상사태 시에 많은 관람객들이 경사 아래방향으로 쏠리게 되고 이는 대형 압사사고로 이어질 우려가 있다.

(5) 소방시설 및 응급설비 등의 확인

응급처치실, 대피처, 환자 대기소 등은 사전점검 후 눈에 띄는 지점에 설치하도록 한다. 소방시설은 공연·행사장 곳곳에 비치하여 특히 각 시설물별 50m 이내에 비치하도록 하는 것이 바람직하다. 또 비상진입로를 마련하고 장애물이 가로막지 않도록 하여야 한다.

■ **사례**: 2007년 12월 25일 프로복서 최○○은 경기 후 제대로 된 응급조치와 치료를 받지 못해 사망한 것으로 인식되고 있다. 사고발생 당시, 구급차가 복싱경기가 열린 체육센터 앞 주차장에서 20분 가까이 지체한 것은 최 선수의 생명에 치명적이었다. 구급차가 불법주차 차량 5~6대를 피하느라 애를 먹었기 때문이다. 또 불법으로 이중주차한 차량 가운데는 사이드 브레이크를 채운 것도 있었다니 주차상식마저 지키지 못한 것이라 할 수 있다. 도로교통법상 응급상황에서 불법주차로 인한 피해가 발생하였다면 형사처벌도 가능하다. 이들 차량에 대해 처벌을 고려하지 않는 경찰만 나무랄 일은 아니다. 그러나 근본적인 문제는 행사 주최측이나 구급차 운전자가 구급차 주변을 미리 정리해두었어야 했다는 점이다. 아울러 시민의 기초질서 준수의식을 다시 한번 성찰하게 하는 계기가 되어야 할 것이다.

(6) 시설물의 안전성 확인

공연·행사장의 기초시설이라 할 수 있는 시설 내의 기둥, 보 등 구조물의 손상 및 균열여부, 지반침하 등에 따른 구조물의 위험여부, 철골 등 철골구조물의 위험성 여부, 행사장 내 석축·옹벽 등의 붕괴위험 여부, 축대·울타리 등 부대시설의 안전성 여부에 대하여 철저하게 검토하여야 한다. 이 밖에도 관람객 좌석배열이나 각 지점의 경사도 등을 철저하게 확인하는 것이 요구된다. 문제발생의 여지가 있다고 판단되는 경우에는 사전에 전문기관에 의뢰하여 결과에 따라 행사를 추진해야 할 것이다.

2) 안전관리요원의 배치 및 역할

공연·행사장에는 일정한 안전관리요원을 배치해야 한다. 이들은 행사장 내의 일정한 안전관리업무를 수행하고, 필요시 경찰이나 구조대를 지원하는 임무도 맡는다. 안전관리요원은 경비업법의 허가를 받은 경비업자가 채용한 민간경비원으로서, 채용 후 일정한 교육과 비상대피훈련을 받고 배치하여 안전사고에 대비하여야 한다. 그리고 공연·행사의 규모 및 지역적 특성, 관람객의 규모, 위험성 정도에 따라 안전관리에 필요한 안전진행요원의 숫자를 파악해야 한다.

대부분의 다용도 시설은 평상시에 자체적으로 소규모 경비부서를 운영하고 있는데, 큰 행사를 치를 경우 주최자 측에 대해서 추가적인 경비인력을 증원·배치하여 운용하도록 하는 것이 일반적이다. 특히 개최되는 특별행사의 예상되는 관람객수에 따라서 경비인력의 규모는 다르게 된다. 개최되는 행사에 따라 관람객이 수천 명에서 수만 명에 이르는 등 차이가 있기 때문에 그에 상응하는 경비시스템이 운용될 필요성이 있는 것이다.[78] 예컨대, 평상시의 국내축구경기에서는 관람객수가 수천 명에서 1~2만 명 정도에 불과하지만 지난 2007년 7월 20일 상암경기장에서 FC서울과 맨체스터 유나이티드와의 축구친선경기에서 무려 6만 3천여 명의 관람객이 경기장을 방문한 것으로 나타났는데, 이러한 경우 경기장 내의 안전관리문제는 보다 체계적으로 수립되어야 하는 것은 당연한 일이다.

따라서 경비책임자 또는 경비관리자는 사전에 관람객의 수를 파악하기 위하여 공연 및 행사 관람티켓의 예매 현황을 수시로 체크하고, 공연 및 행사의 특징에 따라 그에 맞는 안전관리시스템을 운용해야 할 것이다. 공연 및 행사의 특징과 관련하여 그것이 정치적 행사인지, 스포츠 행사인지, 공연 행사인지, 아니면 종교적 행사인지 등에 따라 참가하는 관람객의 성향(성, 연령, 세대, 신념 등)은 차이가 있기 마련이다.

안전관리요원의 배치에서 무엇보다도 중요한 것은 바로 행사장 내의 안전관리요원의 위치이다. 이는 위에서 제시한 안전관리의 주요대상(주차장, 출입구, 티켓창구, 시설내부 등)을 중심으로 안전관리요원을 배치해야 한다는 것을 의미한다. 즉 관중들이 주로 이용하는 주출입구, 현장테두리, 통제선, 통로, 사고의 위험성이

---

78) Hess, Kären M. and Wrobleski, Henry M.(1996), op. cit., p. 546.

있는 곳, 노점상 단속 등을 총괄적으로 책임지는 관리자가 판단하여 중요도 순으로 안전관리요원의 인원을 배치하여야 한다. 이러한 안전관리요원은 쉽게 확인할 수 있는 별도의 제복을 착용하고, 일정한 안전관리 관련사항을 숙지하고 있어야 한다.[79]

안전관리요원의 숙지사항

① 공연·행사장의 안전과 관련하여 사전에 점검활동을 실시한다.
② 현장도면을 잘 숙지하여 관람객에게 필요한 정보를 잘 전달할 수 있도록 한다.
③ 관련정보에는 범죄, 화재, 응급처치 등이 포함되며, 아울러 공연·행사장 내의 위생시설, 편의시설, 기타부대시설의 안내 등도 해당된다.
④ 공연·행사장 입장 및 퇴장 시 관중 통제 및 자리안내를 한다.
⑤ 공연·행사장 내에서 이동하는 관람객의 원활한 흐름을 유지관리하도록 한다.
⑥ 관람객의 안전한 분산 배치 및 몰림현상을 방지하기 위해 관람객의 유동상태를 점검한다.
⑦ 통로 및 출입구를 통제하여 공연·행사의 안전한 진행을 유도하며, 관람객이 좌석위로 올라가는 등 돌발행동을 금지 및 제지시켜야 한다.
⑧ 공연·행사 시 일정한 사고 및 문제가 발생한 경우에는 즉시 보고하도록 한다.
⑨ 쉽게 흥분하는 관람객을 자제시킨다.
⑩ 화재 초기단계와 같은 긴급상황 발생시 대처요령을 잘 숙지하고, 경보음을 울리거나 응급대처행위를 수행한다.
⑪ 비상사태 발생시 관중대피에 대해 코드화된 메시지나 관련 대응업무를 적절하게 수행할 수 있도록 한다.
⑫ 비상사태 발생시 통제실이나 지휘·감독자와 긴밀한 연락을 취한다.
⑬ 공연·행사장의 노점상 단속 등을 실시한다.

3) 군중관리의 기본원칙

대규모 군중이 운집한 상황에서는 때때로 무모하고 잔인한 반사회적인 행동이 일어나는 경향이 있는가 하면, 조금만 질서를 지키면 모두가 안전하게 대피할 수 있음에도 불구하고 밀고 밀리는 혼잡의 와중에 대형사고가 발생하기도 한다. 이와 같은 사람들이 큰 무리를 형성할 때 비합리적이고 비도덕적이며, 극단적인 행동을 함으로써 결과적으로 인명 및 재산의 손실을 초래하게 된다.

79) 소방방재청(2006), 앞의 책, p. 55.

따라서 공연·행사장의 안정성확보의 성패는 '군중통제'(Crowd Control)보다는 효율적인 '군중관리'(Crowd Management)에 그 초점이 있다. 군중관리에 있어서 공연·행사를 진행하는 안전관리요원과 공연·행사에 참가하는 군중은 서로 다른 철학과 생각을 가지고 있다는 것을 명심해야 한다.

〈표 7-5〉군중관리의 기본원칙

밀도의 희박화	제한된 면적의 특정한 지역에 많은 사람이 모이게 되면 상호간에 충돌 현상이 나타나고 혼잡을 야기하게 되므로 가급적 많은 사람이 특정 장소에 밀집되는 것을 막아야 한다.
이동의 일정화	군중은 현재의 자기 위치와 갈 곳을 잘 몰라 불안감과 초조감을 갖게 되므로 일정 방향을 향해 일정한 속도로 이동시켜 주위의 상황을 파악할 수 있는 여건을 조성시킴으로써 안정감을 갖도록 해야 한다.
경쟁적 상황의 해소	군중이 질서를 지키면 손해를 볼 수 있다는 분위기를 느끼게 되면 남보다 먼저 가려고 하는 심리상태로 인하여 혼란한 상태가 발생하므로 안내방송을 통해 질서를 지킴으로써 모두가 안전할 수 있다는 것을 납득시켜야 한다(차분한 목소리로 안내방송을 하는 것도 한 방법이다).
지시의 철저	자세한 안내방송으로 지시를 철저히 하여 혼잡한 사태와 사고를 예방하도록 한다.

군중통제는 안전관리요원들이 수행해야 할 많은 사항 중 한 가지에 불과하고, 안전관리요원은 군중에게 지시사항을 알려주고, 시설물을 안내하며, 위험지역이나 허가가 나지 않은 지역으로 군중이 들어가지 않도록 하는 일들을 수행한다. 군중관리와 군중통제의 가장 기본적인 차이점은 군중통제가 군중에게 강압적인 방법을 사용하는 것이라면, 군중관리는 개개인이 아닌 대중에게 초점을 맞추고 있다는 것이다.

효율적인 군중관리는 군중이 공연 및 행사를 즐기도록 하는 것이고 그들에게 지원·설득·제재를 적절히 잘 활용하는 것이다. 지원은 규율이나 지시사항에 대한 정보를 군중에게 제공하는 것을 말하는데, 이러한 지원을 통하여 군중들이 자발적으로 협조할 수 있는 토대를 마련해야 한다. 또한 설득을 통하여 상호 개인 간의 의사소통 스타일을 존중하면서 공연 및 행사에 참여하는 군중에게 바라는 바를 전달하고 이러한 지원과 설득에 의하여 효율적인 군중관리가 이루어지지 않을 경

우 최종적인 수단인 제재를 사용해야 한다.[80]

4) 관람객의 행동요령

공연·행사장을 찾은 관람객 역시 안전사고 및 관람예절과 관련하여 일정한 기본지식을 갖추어야 한다. 안전관리요원의 적절한 관리 및 통제만으로는 안전관리를 하는 데에는 한계가 있기 마련이다. 따라서 공연·행사장에 찾아온 관람객은 다음과 같은 행동요령에 따라 관람을 하는 것이 사고를 사전에 예방하고 효과적인 사후대응을 유도할 수 있다.[81]

관람객의 행동요령

① 공연·행사장 입장 및 퇴장시 뛰거나 앞사람을 밀면 안전사고의 원인이 되므로 걸어서 입장 및 퇴장하여야 한다.
② 관람객은 입장 및 퇴장시 안전관리요원의 안내를 받아 줄을 서서 이동통로와 정해진 출입문을 이용하여야 한다.
③ 관람객은 공연 및 행사시간을 사전에 확인하고 입장 및 퇴장하는 등 공연시간을 잘 준수해야 한다.
④ 공연·행사 주최자와 시설물 운영자는 관람객들에게 행사 시작 전에 위급상황 발생시 대처방법을 충분히 설명하여야 하며, 관람객은 이를 숙지하여 위급상황 발생시 협조하여야 한다.
⑤ 공연·행사장 등 공공장소에서는 흡연을 해서는 안 된다.
⑥ 공연·행사장 내에서 관람객이 소리를 지른다거나 장난을 쳐서는 안 되며, 특히 어린아이와 함께 행사장을 관람하는 경우에는 더 주의가 요구된다.
⑦ 공연·행사시간에는 핸드폰이 울리지 않도록 진동으로 하거나 꺼야한다.
⑧ 공연·행사장 내에서는 행사 주최자의 안내에 따라 행동을 하여 행사가 잘 진행될 수 있도록 협조하여야 한다.
⑨ 공연·행사시간에는 옆에 있는 관람객이 관람을 하는데 지장을 주는 행동을 해서는 안 된다.
⑩ 공연·행사장에서는 폭죽, 폭음탄 등 위험물을 사용하는 경우에는 화재의 위험성이 있으므로 사용하지 말아야 한다.
⑪ 공연·행사장에 관람객이 가지고 온 물건 등은 버리지 말고 가져가야 한다.

---

80) 위의 책, pp. 10~11.
81) 위의 책, p. 14.

제4절 유관기관과의 상호협력 및 관계 재정립

1. 유관기관과의 상호협력체계의 구축

　행사장 내에서 안전문제를 담당하는 안전관리요원들은 공경비인 경찰 등과 밀접한 상호작용을 해야 한다. 또 경찰뿐만 아니라 지방자치단체, 소방기관 등 유관기관과의 밀접한 상호작용 속에서 행사가 진행되는 것이 일반적이다. 따라서 행사 주최자는 계획단계에서 지방자치단체, 경찰, 소방 등 유관기관과 사전 합동회의를 개최하여 협의하여 사전에 안전대책을 강구하는 것이 매우 중요하다. 이들 유관기관의 주요 협의사항으로는 다음과 같은 것을 들 수 있다.[82]

유관기관 주요 협의사항

① 행사장에 참여하는 예상 군중규모 예측
② 행사진행 안전관리요원의 적정인원 파악
③ 안전관리요원의 배치장소 및 행동요령 숙지
④ 안전관리요원에 대한 사전 안전교육의 실시
⑤ 예상 위험요소에 대한 해결방안의 모색
⑥ 유사시 각 기관별 역할분담 논의
⑦ 사고발생 가능성 및 발생시에 대한 사전 협의사항 수립
⑧ 최악의 상황을 고려한 모의훈련의 실시 등

　공연·행사장의 안전관리 또는 혼잡경비와 관련하여 민간경비와 유관기관과의 관계는 특히 경찰과 관련된다. 그러나 이러한 공연·행사장의 안전관리를 위해 투입된 경찰과 민간경비가 유기적으로 상호협력체계가 잘 이루어지지 않는다는 점이 지적된다.

　민간경비의 관점에서 볼 때, 일반적으로 공연·행사 기획단계에서부터 민간경비의 적극적인 참여가 이루어지지 않고 있으며, 정보교환 및 효율적인 역할분담·배치가 이루어지지 않고 있다. 선진국에서는 민간경비와 경찰이 적절히 조화되어 사회안전망을 공동으로 구축하고 있으며, 민간경비에 대한 경찰과 시민들의 신뢰를 바탕으로 대규모행사를 진행하고 있다. 따라서 우리나라에서도 민간경비의 역할이

---

82) 위의 책, p. 36.

상호 존중되어 다양한 협력방안을 모색할 필요가 있다고 본다.

2. 경찰과의 관계 재정립

공연 · 행사장의 안전관리와 관련하여 공경비인 경찰과 민간경비의 관계는 나라
마다 차이가 있다. 미국의 경우, 일부 지역에서는 군중이 모이는 장소에는 경찰이
의무적으로 참관할 것을 요구하기도 하고, 또 일부지역에서는 비번중인 경찰공무
원들이 민간경비와 협력하여 안전문제를 담당하도록 하고 있다. 종래 우리나라의
경우 시민참여 대규모행사시 발생할 수 있는 다양한 긴급상황에 대비하여 공경비
인 경비경찰이 주축이 되어 안전관리활동을 수행해 왔다. 그러나 오늘날 수익성
행사의 안전관리의 경우 민간경비에 위탁하여 실시하는 경우가 일반적이고, 국제
적 규모의 행사 또는 귀빈(VIP)이 참석하는 각종 공식행사의 경우 경찰인력의 추
가적인 지원이 이루어지고 있다.

그러나 우리나라의 경우, 여전히 경찰의 역할이 중요한 비중을 차지하고 있는
것이 사실이다. 영국 · 미국 · 일본 등의 각국에서는 민간경비제도가 상당히 정착되
어 영리를 목적으로 하는 공연 등 행사에 대해서는 수익자부담의 원칙에 입각하
여 관련시설 및 행사주최자 측에서 자체적으로 민간경비원을 고용하여 활용하고
있으나 우리나라의 경우에는 공경비인 경찰이 직접 그 임무를 수행하는 경우가
상대적으로 많은 것이 사실이다.[83]

이는 비록 수익자부담원칙에 의해 주최 측에서 공연 · 행사장의 안전관리에 책임
이 있다 할지라도 경찰은 법적으로 혼잡경비에 대한 안전관리 책임을 지기 때문
에 공연 · 행사장의 안전관리에 대해 일정한 역할을 수행하도록 요구되고 있기 때
문이다. 그러나 공경비인 경찰이 일일이 이러한 행사에 적극적으로 관여하여 안전
관리책임을 지는 데에는 한계가 있다. 2002년 기준으로 서울지역에서 방송 및 언
론사가 주최가 된 대형 마라톤대회를 포함해서 시민단체가 주축이 된 가족걷기대
회, 단축마라톤 행사 등 한 해 동안 개최되는 마라톤대회가 약 20여 개에 달하는
것으로 나타났다. 이처럼 많은 행사에 경찰이 직접적으로 관여하는 것은 한계가
있기 마련이다.

어쨌든 공연 · 행사장의 안전관리와 관련하여 상호협력체계를 구축하는 것은 중

---

83) 경찰대학(1998), 앞의 책, p. 106.

요한 일이며, 그러한 과정에서 향후 상호 적절한 역할관계를 설정(경찰의 필요최소한의 개입, 양적인 개입보다는 질적인 개입의 요구 등)하는 것 역시 중요한 일이라고 본다.

따라서 대규모 공연·행사에 대한 안전관리에 있어서 민영화(Privatization)는 단기적으로 경찰과 같은 국가공권력의 경비업무 부담을 감소시키고, 장기적으로는 민간경비산업을 발전하게 하는데 있어서 필요한 과제라고 할 수 있다. 시민참여 대규모 공연·행사가 민간경비업체에 위탁관리 되어 안전서비스를 제공하게 될 경우, 민간경비업체는 행사주최 측과 긴밀한 사전 협의 및 협조를 통하여 질서유지 및 긴급상황 발생 시 대처할 수 있는 구급팀, 예비대, 비상팀을 효율적으로 운용할 수 있을 것이다. 아울러 상황에 따라 소방대 및 경찰지원을 요청하는 등 탄력성 있는 안전관리 활동이 가능할 것이다.

한편, 거리행사의 경우, 이동 간에 이루어지는 행사로서, 시민들의 질서유지의 어려움 및 차량통제의 어려움이 배가되는 상황이기 때문에 사전 행사기획 단계에서부터 이동경로의 선택 및 참가예상인원의 파악 등이 민간경비업체를 통하여 관리되도록 하는 것도 가능할 것이다. 이와 함께 행사가 개시되면 행사종료 시까지 행사주최 안전요원, 안내요원, 경비요원 등의 유기적인 상호협조체제가 이루어질 수 있도록 행사 전, 그리고 행사 후까지 안전사고대책계획의 준수여부가 안전관리요원에게 각별히 요구된다.

실제로 2002년 한·일 월드컵대회를 공동으로 주최한 일본의 민간경비업계는 그 동안 지속적으로 발전해왔던 민간경비산업을 바탕으로 일본경찰과 함께 경기장 시설관리를 비롯한 각종 안전관리활동을 주도적으로 수행하여 성공적으로 대회운영을 진행했다는 평가를 받고 있다.[84]

- **사례**: 일본에서 개최된 월드컵경기의 경우 일본축구협회가 주축이 된 '일본월드컵조직위원회'(JAWOC)에서 안전관리에 관련된 제반사항을 별도의 민간경비업체에 위탁하여 실질적으로 월드컵경기대회의 안전관리에서 민간경비가 중요한 역할을 담당하였다.[85]

특히, 일본 월드컵 조직위원회에서는 경기장 지역의 안전관리와 관련하여 민

---

84) 이윤근·김창윤·조용철(2007), 민간경비론, 서울: 엑스퍼트, pp. 293~295.
85) 일본전국경비업협회(2002.10), Security Times, vol. 274, p. 12.

간경비원과 정리원, 그리고 자원봉사자로 구분하여 행사지역의 경비 등 안전관리에 만전을 꾀하였다. 여기에서 민간경비원은 해당지역의 경비상 중요한 장소를 중심으로 고정 배치시켜 ㉠ 경기장 및 시설물의 출입관리, ㉡ 수하물 및 반입물품 검사, ㉢ 차량검문 및 차량유도, ㉣ 기타 안전과 관련된 제반 경비활동을 책임지게 하였고, 정리원은 경비원을 보조하면서 입장객들의 행렬정리 및 좌석배치 유도, 안전관리 홍보 등의 활동을 수행하였다.

〈표 7-6〉한·일 월드컵 대회의 일본지역 경기장 민간경비 활동 현황(단위: 명)

경 기 장	경비원수	정리원수	소 계	자원봉사자	합 계
삿 포 로	870	251	1,121	696	1,817
미 야 기	851	175	1,026	474	1,500
이바라기	902	156	1,058	531	1,589
사이마타	1,031	191	1,222	834	2,056
요코하마	1,397	264	1,661	829	2,490
니 가 타	869	78	947	606	1,553
시즈오카	829	270	1,099	650	1,749
오 사 카	926	225	1,151	586	1,637
고 베	925	174	1,099	449	1,548
오 이 타	883	118	1,001	504	1,505

이러한 전반적인 안전관리활동을 경찰로부터 지도감독을 받으면서 기타 필요한 지원상황을 협의하였으며, 전반적인 인력의 운용 및 관리는 일본 월드컵조직위원회가 책임을 맡았다. 따라서 이러한 시민참여 대규모 행사시 안전관리활동은 일본 월드컵조직위원회와 계약을 맺은 일본의 민간경비업체들이 참여하여 활동하게 된 것이다. 이미 일본은 월드컵 이전부터 대규모 행사시의 안전관리는 민간경비회사에서 지원받아 민간경비원들에 의해 이루어져 왔다는 점에서 우리나라와 같이 전투경찰이나 의무경찰의 지원을 받아 대규모행사의 안전관리활동을 수행하는 것과는 구별된다고 할 수 있다.

제**8**장

사고 예방대책

제8장

사고 예방대책

제1절 응급처치

1. 개념

응급처치(first aid)라는 것은 응급의료행위의 하나로, 응급환자(부상당한 사람 또는 급성질환자)에게 사고현장에서 즉시 조치를 취하는 것을 말한다. 그러므로 어떤 환자에서 어떤 손상이나 질병이 발생했을 때 구급차나 의료진이 도착하기 전에 최초의 도움을 주는 물리적 의료행위를 하는 것을 말한다. 응급구조는 어떤 사람이라도 유용하고 효과적인 응급처치를 할 수 있다. 그러나 응급처치를 시행하는 사람은 일정한 이론과 실제과정의 교육을 이수한 후 소정의 시험에 통과된 사람만이 할 수 있도록 되어 있다.

2. 응급처치의 목표

응급처치는 생명을 보존하고, 현상을 유지하여 부작용을 억제하고, 회복을 돕는 것을 최고의 목표로 하고 있다. 응급처치는 생사의 기로에 있는 환자의 생명을 최대한 안전하게 유지하고 전문진료팀의 전문적 진료를 받을 수 있도록 하는데 그 목적을 두고 있기 때문이다. 모든 환자들이 처치행위가 확실하고 안전하다는 느낌을 받을 수 있도록 해야 한다. 확신을 가지고 틀림이 없다는 분위기를 만들어 가면 더욱 좋은 효과를 볼 수 있기 때문이다. 그러므로 처치하는 사람은 자신감과 문제해결 조절력을 가져야하며, 부드러우면서도 확신을 가지고 환자를 처치하고, 어떤 치료를 하려는지 환자에게 분명하게 설명할 수 있어야 한다. 생명을 보존하고 현상을 유지하여 부작용을 억제하고 회복을 돕는 것이기 때문이다. 그러므로 고도의 훈련을 받고나서 시험을 거치고 일정기간에 다시 시험을 거쳐서 최신의 지식과 기술을 갖추어야 한다. 응급처치는 전문의료인이 진료를 하기 전에 행하여지는 최초로 행하여지는 행위이므로 일정한 교육을 이수한 일반인이 하는 기본응급처치와 일정한 자격을 가진 자가 할 수 있는 전문응급처치로 구분한다.

3. 응급처치의 역사

응급처지의 역사는 고대국가의 사마리안(Samarian) 민족으로부터 시작되었다는 것이다. 역사적으로 적대관계에 있는 유대인이 위험에 처해 있는 것을 보고 같은 민족이면서도 위험을 못본 체 외면하고 지나가는 것을 사마리아인이 구출했다는 사실에 착안하여 선한 사마리언법(good Samarian principle)을 만들어 시행하면서부터 시작된 것이다. 선한 사마리아인은 성경의 누가복음 제10장 30~37절에 등장하는 이야기이다. 사마리아인은 팔레스타인 사마리아 지방에 살았던 이스라엘 민족의 한 분파이다. 이들은 참된 율법의 수호자로 자처하면서 스룹바벨의 성전 재건을 방해하는 등 유대인들과 오랜 적대관계의 역사를 가지고 있다. 예수는 신약성서 누가복음 10장 30절 이하에 여리고에서 강도를 만나 거의 죽게 된 유대인을 유대인 제사장 일행이 못 본채 지나가는 것을 보고 구출한데서 시작되었다. 착한 사마리아인의 원칙이란 "타인의 생명이나 신체에 중대한 위험이 발생하고 있음을 목격한 사람이 자신에게 특별한 부담이 생기지 않음에도 불구하고 그 구조에 나서지 않는 경우에 처벌한다는 것이다. 다시 말하면 도덕적인 의무를 법으로 강제하는 것이라 할 수 있다.

현대에 들어서는 미국에서 최초로 응급처치를 시작하여 큰 효과를 보고 있다. 1964년 미국정부에서는 많은 사람들이 위급한 상황에서 구조를 받지 못하고 사망하는 사례를 참고하여 전체 국민을 상대로 응급처치 교육을 확산시켜 현제는 전체 국민의 50%이상이 응급처치 교육을 받아 현장에서 위급한 상황에 대처하고 있다. 교육은 초등학교에서부터 공무원단체의 교육에 이르기 까지 광범위하게 이루어져 모든 조직의 교육과정에 응급처치교육을 부가하도록 하고 있다.

우리나라에서는 응급의료와 관련하여 1994년 「응급의료에 관한 법률」을 제정(2000년 전부개정)하였다. 이 법은 '국민들이 응급상황에서 신속하고 적절한 응급의료를 받을 수 있도록 응급의료에 관한 국민의 권리와 의무, 국가·지방자치단체의 책임, 응급의료제공자의 책임과 권리를 정하고 응급의료자원의 효율적 관리에 필요한 사항을 규정함으로써 응급환자의 생명과 건강을 보호하고 국민의료를 적정하게 함을 목적'으로 하고 있다(응급의료에 관한 법률 제1조).

4. 중요성

응급처치는 초단위 시간을 다투는 사람의 생사에 관련된 행위이므로 신속하고 정확하게 실시하여야 생명을 지킬 수 있기 때문에 그 중요성에 대해서는 아무리 강조해도 지나치지 않다. 응급처치가 중요하다는 것은 환자의 생명을 구하고 유지하며, 현상의 악화를 방지하고 고통을 경감시키는 행위이기 때문에 더욱 중요한 것이다. 응급처치에서 가장 중요한 것이 인공호흡과 심장마사지이다. 왜냐하면 호흡이 없거나 맥박이 정지되었을 때 즉각 조치를 취하지 않으면 즉시 사망으로 이어지기 때문에 호흡과 맥박의 유무가 가장 중요하다.

응급처치를 할 때에는 우리 몸의 구조와 기능을 확실하게 알고 대처하는 것이 필요하다. 우리 몸에서 가장 중요한 기관은 뇌, 심장, 폐 등으로 생명과 직결되어 있어 의학에서는 생명유지 중요 3대장기라고 말하고 있다. 그러므로 응급처치를 시행하는 사람은 3대 중요 장기에 대한 중요성을 숙지하고 대처하는 것이 절대적으로 필요하다.

1) 뇌

뇌(Brain) 또는 골이라 함은 신경 세포가 하나의 큰 덩어리를 이루고 있으면서 동물의 중추 신경계를 관장하는 기관으로 우리 몸의 통제기능을 맡고 있다. 본능적인 생명활동에 있어서 중요한 역할을 담당하는데, 여러 기관의 거의 모든 정보가 일단 이곳에 모여 여기에서 여러 기관으로 활동이나 조정명령을 내린다. 뇌는 학습의 중추이며 뇌가 기능을 다하지 못하면 우리 몸은 조절능력이 마비되어 사망으로 이어진다. 뇌는 머리에 위치하며 머리뼈(해골)로 보호되고 외부충격을 피하기 위해 머리뼈의 내쪽에는 3막으로 방충하여 보호되고 있다. 성인의 뇌 무게는 약 1,400g 정도이다. 뇌는 대부분의 움직임, 행동을 관장하고, 신체의 항상성을 유지시킨다. 즉 심장의 박동, 혈압, 혈액내의 농도, 체온 등을 일정하게 유지시킨다. 뇌는 인지, 감정, 기억, 학습 등을 담당하기 때문에 생명의 중추적인 역할을 하고 있는 것이다.[86]

2) 심장

심장(heart) 또는 염통은 가슴의 왼쪽에 자리잡고 있는 근육질로 둘러싸인 혈액을 순환시키는 역할을 하는 인체 순환기관이다. 심장은 자기의 주먹만한 크기이다. 가슴 한가운데 흉골을 기준으로 왼쪽에 2/3, 오른쪽으로 1/3이 위치하고 있다. 심장은 인체에 퍼져 있는 총 100,000km(성인 기준) 이상 되는 혈관으로, 태아에서부터 생명을 다할 때까지 쉬지 않고 혈액을 순환시킴으로써 물질대사를 비롯하여 인체가 살아있도록 하는 데에 결정적인 역할을 하고 있다. 심장은 내막, 중막, 외막으로 둘러싸여 보호되고 있다. 심장은 가슴의 왼쪽 중심 가까이에 있으며 흉골과 척추 사이에 끼여 있으므로 흉골을 위에서 압박하면 심장을 수축하여 심장 속의 혈액이 밀려나서 뇌와 폐 등 인체의 모든 기관에 혈액이 공급된다.[87]

3) 폐

폐(lung)는 대기호흡을 하는 척추동물의 흉강에 있는 일견 2개의 호흡기관으로 (사람의 경우, 삭제) 각각의 폐는 늑막(肋膜)이라고 하는 얇은 막 주머니에 둘러싸여 있으며, 각각은 기관지에 의해 기관(氣管)에 연결되어 있고 폐동맥에 의해 심장에 연결되어 있다. 정상적인 폐는 부드럽고 가벼우며 스폰지처럼 탄력성 있는 기관으로 태어난 뒤부터 항상 어느 정도 공기를 함유하고 있다. 건강한 폐는 물에 뜨고 비틀면 바삭바삭 하는 소리가 난다. 병든 폐는 가라앉으며, 사산된 태아의 폐도 마찬가지이다. 각 폐의 안쪽에 폐의 바닥에서 꼭대기 쪽으로 약 2/3쯤 되는 곳을 문(門)이라 하는데, 기관지문은 폐동맥·폐정맥·림프혈관 등이 폐로 들어가는 지점이다. 주기관지는 폐로 들어가면 8~10개의 가지로 나뉘고 다시 더 작은 많은 가지로 나누어져 지름이 1㎝ 미만이다. 각 폐의 기관지 계통은 마치 거꾸로 세운 나뭇가지 같다. 이 가지들 가운데 가장 작은 것은 세기관지(細氣管枝)이며 폐포라고 하는 작은 공기주머니가 달려 있는데, 폐포에서 호흡기관과 모세혈관 사이의 산소와 이산화탄소 가스교환이 일어난다. 각 폐는 엽(葉)으로 나누어지는데, 각 엽은 조직의 열구(裂溝)에 의해 서로 분리되며 내부에서 수백 개의 소엽으로 더 세분된다. 각 소엽들은 세기관지와 이와 연관된 가지들, 얇은 벽, 폐포덩어리

---

86) Morris Fishbein(1999), Medical and Health, Stuttman co., Publishers New York: pp. 343-344.
87) 위의 책, pp. 1122-1123.

등을 포함하고 있다. 오른쪽 폐는 3개의 엽으로 나누어지는 반면 왼쪽 폐는 단지 2개의 엽으로만 되어 있는데 이는 왼쪽에 있는 심장이 뛸 때 왼쪽 폐도 함께 들썩거려 더 많은 공간을 차지하기 때문이다.[88]

5. 구조자의 임무

1) 구조자의 책임

응급구조자는 어떤 행위나 처치를 잘못하여 비난을 받을 수도 있다. 선한 사마리안의 법칙대로 처치를 수행한다면 문제가 될 것이 없지만 지나치게 잘못이 있으면 안된다. 특별한 잘못의 고의가 개입되지 않는 한 문제가 되지 않기 때문에 확신을 갖고 다음과 같은 절차에 따라 적극적으로 실시한다.

① 현장파악을 빠르고 안전하게 판단하고 필요한 도움을 청한다.
② 가능한 한 빨리 손상상태나 질병상태를 판단하고 파악한다.
③ 우선순위에 따라 신속하게 적절한 처치를 해 나간다.
④ 환자를 병원으로 이송하거나 119에 연락하여 타당한 처치를 받을 수 있도록 한다.
⑤ 후속조치로 환자가 적절한 의료진의 치료를 받을 때까지 같이 있는다.
⑥ 메모를 만들어서 남겨두고 필요한 도움을 주도록 한다.

2) 신속한 처치

현장의 안전을 확보한 후 소생술의 초기단계에 맞게 환자를 평가한다. 이때의 판단이 구조활동을 결정하여 구조자가 자신뿐이라면 구조에 필요한 도와줄 주변 사람을 불러서 같이 도와 줄 것을 요청하고 다음과 같은 사항을 확인하다.

① 의식의 유무를 확인한다.
② 의식은 없지만 호흡은 있는지 확인한다.
③ 호흡은 있지만 맥박의 유무를 확인한다.
④ 의식이 있으면 현재의 상태를 묻고 확인한다.

---

88) 위의 책, pp. 353-356.

3) 어린이 처치

어린 아이들은 너무 예민해서 뭔가 불확실한 것에 대해서는 두려움을 느낀다. 다치거나 질병이 있는 아이들을 상대로 얘기할 때에는 부모나 가까운 친척과 얘기를 해서 믿음을 주어야 한다. 부모나 친척이 구조를 믿으면 아이들도 믿고 따르기 때문이다. 어린 아이라도 무슨 일이 일어났는지, 어떤 질환이 있는지, 알기 쉽게 설명해주는 것이 필요하다. 이야기를 할 때에는 마주보고 얘기해야 하며 뒤쪽이나 머리위에서 얘기해서는 안된다. 그리고 아이를 부모나 친척의 보호 하에서 떼어 놓은 일이 있어서는 안된다.

6. 환자의 확인

어떤 상황에서 환자가 무방비 상태에 놓여 있거나 생사의 기로에 처해 있을 때에는 누구든지 환자의 유무를 확인하여 필요한 응급의 조치를 취하여야 한다. 응급의 조치를 취하기 위해서는 환자를 확인하여야 하는데 이 때 환자의 의식여부와 호흡과 맥박의 유무 등을 확인하여 판단하여야 한다. 이러한 확인을 하기 위해서는 의식이 없을 때에는 호흡과 맥박을 확인하는 것이 필요하다. 시술자는 환자의 흉부 곁에 무릎을 꿇고 앉아서 한손으로 경동맥(頸動脈)을 짚고 맥박의 유무를 확인하고, 한쪽 귀로는 환자의 코와 입에 가까이 대고 숨을 쉬고 있는지의 여부를 확인하고 눈으로는 환자의 가슴과 복부의 움직임을 보고 호흡의 유우를 확인한다. 호흡과 맥박이 없으면 즉시 119로 긴급사항을 알리고 응급처치에 들어가야 한다. 맥박이 짚일 경우에는 인공호흡을 계속하고, 짚이지 않을 경우에는 즉시 심장 마사지를 시작한다.

1) 현장안전관리

현장의 위험이 계속되면 구조자 자신의 안전을 먼저 생각해야 한다. 만약 최초의 구조자가 위험에 처하면 아무도 구조할 수 없다는 사실을 명심해야 한다. 간단한 조작으로 현장의 안전을 유지할 수 있는 경우도 종종 있고, 매우 복잡한 조작이 필요한 경우도 있다. 필요 없는 일을 해서 구조자 자신은 물론 부상자를 더 큰 위험에 처하게 해서는 안된다. 항상 자신의 능력과 한계를 알고 안전관리를 하는 것이 중요하다.

2) 생존의 조건

인체가 생존하기 위해서는 산소를 뇌 등 신체의 중요기관에 공급해야 한다. 이를 위해서는 호흡과 맥박의 박동이 필수적이며, 뇌 등의 기능수행이 정상적으로 이루어져야 하기 때문에 다음과 같은 조건이 마련되어야 한다.

① 산소가 몸으로 들어가기 위해서는 기도가 개방되어야 한다.
② 산소가 폐의 혈류에 들어가기 위해서는 호흡이 유지되어야 한다.
③ 산소를 신체의 기관에 공급하기 위해서는 혈류순환이 되어야 한다.

7. 응급상황시 행동 원칙

1) 응급상황시 고려할 점

① 자기 자신을 위험한 상황에 노출시키지 않는다.
② 주변에 기름이나 가스 같은 위험물질이 있는지 확인한다.
③ 혼자서 너무 많은 것을 하려고 하지 않는다.

2) 응급상황시 우선 순위

① 현장 상황 및 주변 환경이 안전한지 파악한다.
② 환자 상태를 확인한다.
③ 응급한 문제에 대하여 도움을 제공한다.
④ 다른 사람에게 도움을 요청한다.

3) 위급상황시 행동 원칙

(1) 위험

어떤 잠재적인 위험이라도 해가 될 수 있으므로 먼저 확인해야 한다.
① 주변에 위험한 요소는 없는지, 구조자가 위험에 노출되지 않도록 한다.
② 지나가는 사람도 위험에 노출되지 않도록 한다.
③ 위험요소의 제거가 안전하게 이루어질 수 있다면 즉시 제거한다.
④ 화재 현장 같은 위험한 상황이 아니면 환자를 옮기지 않는다.

(2) 반응

환자의 반응 정도를 확인해야 한다.
① 환자가 의식이 없거나 혼미한 경우에는 환자에게 크게 소리쳐서 반응을 확인한다.
예) "제 말 들리세요?"
② 만약에 크기 불러도 반응이 없다면 양 어깨를 두드린다.
③ 영아(1세 미만) 발바닥을 때려 확인한다.

(3) 도움요청

① 만약 반응이 없으면 지나가는 사람이나 동료에게 소리쳐서 신고를 위한 도움을 요청해야 한다.
② 가능하면 아는 사람을 지목하도록 하며, 눈을 맞추어 이해했는지 확인해야 한다.

(4) 기도

① 기도(입부터 허파까지의 호흡을 위한 길)가 적절한 호흡을 위하여 문제가 없는지 확인해야 한다.
② 입을 열고 기도를 막고 있는 물질이 있다면 제거해야 하는데, 앞쪽에 잘 보이는 경우만 기구를 써서 제거한다.

(5) 호흡

환자가 호흡을 하고 있는지 확인하고 호흡이 없다면 보조한다.
① 가슴이 오르락내리락 하는지 확인한다.
② 귀를 환자의 입 가까이 갖다 대어 호흡음을 들어 본다.
③ 뺨이나 귀를 환자의 얼굴에 갖다 대어 호흡이 느껴지는지 확인한다.
④ 다른 생명의 증거를 확인한다.(예: 몸의 자발적 움직임, 침을 삼킴, 기침함)
⑤ 먼저 2번의 인공호흡을 시행한다.

(6) 순환의 증거

순환이 있는지 확인한다.
① 호흡, 기침 혹은 어떤 움직임이 있는지 확인한다.

② 특별히 숙련된 의료인이나 응급의료종사자가 아니면 굳이 맥박을 만져서 확인하려고 노력할 필요는 없다.

③ 순환의 증거가 없으면 흉부 압박을 시행한다. 흉부 압박 등을 하려면 기초적인 술기의 교육을 받아야 한다.

(7) 전화로 도움을 요청할 때

응급 서비스 : 119

(8) 전화로 도움을 요청할 때 무슨 말을 해야 하나?

① 전화 건 사람의 이름을 말하고 응급상황에서 도움을 주려는 사람이라고 밝힌다.

② 전화건 사람의 전화번호

③ 상황 발생 장소 : 주소나 거리 이름, 눈에 잘 띄는 대표적인 유명한 장소를 기준으로 설명.

④ 상황의 종류 : 예) "교통사고인데, 두차가 충돌하였고, 도로는 막혔으며, 세 명이 차 안에 있음"

⑤ 희생자들의 수, 성별 및 대략의 나이와 기타 희생자들의 상황에 대한 가능한 정보

⑥ 위험물질에 대한 자세한 정보 : 가스 유무, 현장의 기후 정보(안개, 얼음 등)[89]

8. 성인의 심폐소생술

호흡이 정지되거나 심장이 멈춘 경우 4분 이내에 심폐소생술이 시행되지 않으면 환자는 생존의 가능성은 떨어진다. 하지만, 구급차가 환자에게 도착하기까지 적어도 10분 이상 소요되므로 현장 일반인들의 심폐소생술 시행 여부가 환자의 생존에 영향을 미치게 된다. 환자의 연령이 9세 이상이거나 체중이 25kg 이상인 경우 아래의 심폐소생술의 단계에 따라 심폐소생술을 시행할 수 있다.

---

89) 중앙응급의료센터 홈페이지(http://www.nemc.or.kr/)

229

| 신속한 | 신속한 | 신속한 | 효과적 | 심정지 후 |
| 심정지 확인과 신고 | 심폐소생술 | 제세동 | 전문소생술 | 통합처리 |

갑자기 쓰러진 심정지 환자가 심정지가 발생하기 직전까지 정상적인 호흡을 하였다고 확인되는 경우에는 폐와 혈액 속에 약간의 용존산소가 남아 있다고 볼수 있다. 이때는 사고발생 직후부터 약 4분 동안 인공호흡을 먼저 하지 않고, 가슴압박을 먼저 시행해 주어도 뇌(조직)세포 손상을 최소화 할 수 있다. 그러나 일반적으로 인공호흡 2회, 가슴압박 30회를 번갈아 해주는 것이 필요하다.

〈그림 8-1〉 일반인 구조자에 의한 기본소생술 흐름도

```
            ┌────────────────────────────┐
            │      반응이 없는 환자 발견      │
            └────────────────────────────┘
            ┌────────────────────────────┐
            │  무호흡 또는 비정상호흡(심정지 호흡) │
            └────────────────────────────┘
            ┌────────────────────────────┐
            │   119신고 및 자동제세동기 요청   │
            └────────────────────────────┘
  예        ┌────────────────────────────┐       아니오
◄───────── │   심폐소생술을 할 수 있습니까?   │ ──────────►
            └────────────────────────────┘
┌──────────────────────┐         ┌──────────────────────┐
│     심폐소생술 시작        │         │      가슴압박 소생술       │
│ (가슴압박:인공호흡 30:2 반복) │         │                      │
└──────────────────────┘         └──────────────────────┘
            ┌────────────────────────────┐
            │        자동제세동기 도착        │
            └────────────────────────────┘
            ┌────────────────────────────┐
            │        자동제세동기 사용        │
            └────────────────────────────┘
  제세동 필요    ┌────────────────────────┐   제세동 불필요
            │       심장리듬 분석        │
            └────────────────────────┘
  ┌────────┐
  │  제세동  │
  └────────┘
            ┌────────────────────────┐
            │     2분간 심폐소생술      │
            └────────────────────────┘
```

출처 : 중앙응급의료센터 홈페이지(http://www.nemc.or.kr/)

1) 의식의 확인

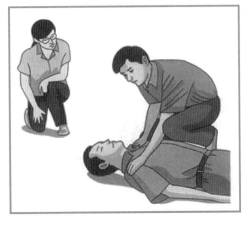

① 환자에게 접근하기 전에 구조자는 현장이 안전한 상황인지를 확인한다.

② 구조자는 일단 현장이 안전하다고 판단되면 환자에게 다가가 반응을 확인한다.

③ 환자의 자세를 반듯하게 하고(척수손상 고려, 교육필요), 양쪽 어깨를 가볍게 잡고 흔들면서 큰소리로 "괜찮으세요?" 라고 물어보며 반응을 확인한다.

④ 이 때 환자의 호흡상태도 확인하도록 한다.

* 일반 구조자가 외상환자를 구조할 때에는 꼭 필요한 경우에만 환자를 이동시키도록 한다. (예: 건물에 화재가 발생한 경우 등 현장이 안전하지 않은 상황)

2) 응급의료체계에 신고

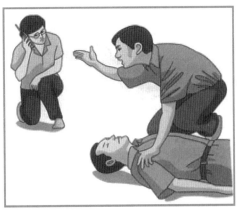

① 의식이 없다는 것이 확인되면 즉시 큰 소리로 주변 사람에게 119에 신고할 것을 요청하고, 주위에 자동제세동기가 비치되어 있다면 자동제세동기도 함께 요청한다.

② 주변에 아무도 없는 경우에는 즉시 스스로 119에 신고한다.

3) 흉부 압박

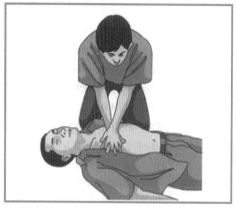

① 먼저 환자의 가슴의 정 중앙에 한 손바닥을 올려놓고 그 위에 다른 손을 겹친다.
 * 손가락이 가슴에 닿지 않도록 주의
② 분당 100~120회의 속도로, 약 5~6cm깊이로 압박, 압박과 이완의 시간은 같은 정도로 하고, 각각의 압박 후에는 가슴이 완전히 올라오도록 해야 한다.
 * 압박 시 양팔을 쭉 편 상태에서 체중을 실어서 환자의 몸과 수직이 되게 하고 하나, 둘, 셋....호창하면서 압박 한다.

4) 인공 호흡

① 먼저 머리를 젖혔던 손의 엄지와 검지로 환자의 코를 잡아 막는다.
② 구조자의 입으로 환자의 입을 완전히 덮은 다음 1초 동안 가슴이 충분히 부풀어 오를 정도로 숨을 불어 넣는다.
③ 코를 막았던 손가락을 떼고 환자의 올라갔던 가슴이 다시 내려오는지 확인한다.
④ 한 번 더 시행한다.
 * 첫번째 인공호흡으로 환자의 가슴이 올라오지 않는다면 구조자는 두 번째 인공호흡을 시행하기 전에 기도의 개방여부를 확인한다.

5) 흉부 압박과 인공호흡의 반복

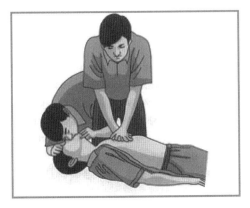

① 2회의 인공호흡, 30회의 가슴압박을 반복해서 시행한다.

② 자동제세동기가 도착하면 제세동기를 부착하고 필요한 경우 제세동을 시행한다.

  * 제세동을 적용하고 난 후 바로 심폐소생술 4주기(30:2) 시행 후 다시 리듬 확인을 반복한다.

  * 심폐소생술을 중지하는 경우

  : 119 구급대가 도착한 경우

  : 호흡이 돌아온 경우. 회복자세를 취하도록 함(교육필요)

  : 구조자가 지친경우에는 다른 시행자와 교대로 시행

※ 기도 여는 방법

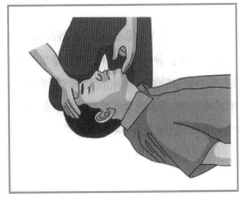

* 한 손으로 환자의 머리를 젖히고 시지와 중지로 턱 끝을 들어 올려서 시행

* 턱 끝을 들어 올릴 때는 턱의 뼈 부분을 들어 올려야 함.[90]

9. 소아의 심폐소생술

영아 심정지의 주원인은 호흡부전, 영아 돌연사 증후군 등이지만, 1세가 넘은

---

90) 중앙응급의료센터 홈페이지(http://www.nemc.or.kr/)

소아에게서는 심정지의 가장 흔한 원인이 외상이다. 이 때문에 성인에서의 급성 심정지와 달리 소아의 심정지의 상당부분은 예방이 가능하다.

① 영아 돌연사 증후군의 경우 아이를 엎드려 재우지 않고, 푹신한 바닥에 눕히지 않는 것 등을 통해 예방한다.

② 대표적인 손상인 교통사고는 안전띠 착용, 소아용 카시트 장착 등을 통해 예방한다.

| 심정지의 적절한 예방 | 신속한 심정지 확인과 신고 | 신속한 심폐소생술 | 효과적 전문소생술 | 심정지 후 통합치료 |

〈그림 8-2〉 일반인을 위한 소아기본소생술 흐름도

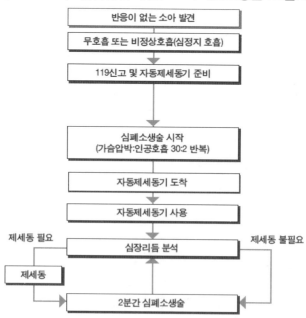

출처 : 중앙응급의료센터 홈페이지(http://www.nemc.or.kr/)

1) 심정지 확인 후 도움 및 119 신고 요청

① 어깨를 흔들며 반응을 확인한다.
  * 1세 미만의 경우 발바닥을 긁거나 때려 반응을 확인한다.
② 반응이 없는 경우 주변에 사람이 있으면 도움을 요청한다.(119)
  * 혼자인 경우 1분간 심폐소생술 시행 후 응급기관에 연락한다.

2) 가슴압박 30회 실시

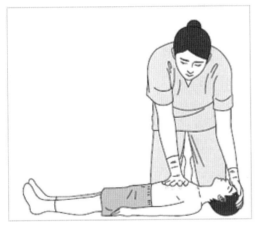

① 환아의 양쪽 젖꼭지를 연결한 선의 중앙 (흉골과 만나는 부분)에 한 손을 데고 다른 한 손을 그 위에 올린다.
 * 체중이 작은 아이의 경우 한 손으로 압박한다.
② 가슴의 1/3-1/2 깊이로 압박한다.(이때 압박의 강도는 매우 주의를 요한다).

■ 영아에서 흉부 압박

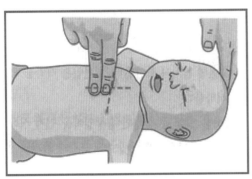

- 양쪽 젖꼭지를 연결한 선의 중간 지점 (흉골과 만나는 곳)의 아래를 압박한다.
 : 충분한 힘으로 흉부 전후 지름의 1/3 내지 1/2을 누른다.
 : 분당 50-100회의 속도로 누른다.
 : 압박 후에는 가슴이 완전히 퍼지게 한다.
 : 압박 사이의 중단하는 시간을 최소화 한다.

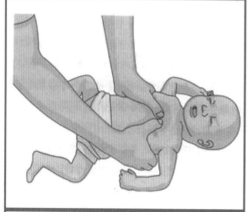

- 두 손을 사용하여 엄지손가락으로 압박
  하는 법

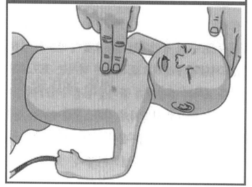

- 한 손을 사용하여 두 손가락으로 압박
  하는 법

3) 인공 호흡 2회 실시

① 호흡이 없으면 환아의 기도를 유지한
  채 1초 간 구조호흡을 한다.
② 가슴이 올라 오는 정도를 본다.
③ 2회 연속 시행한다.
 * 소아의 경우 입 대 입, 영아 (1세 미만)
  의 경우 입으로 입과 코를 포함하여
  숨을 불어 넣는다.

4) 가슴압박과 인공호흡을 반복

119에 신고 후에도 인공호흡과 가슴압박을 119 구급대원이 도착할 때까지 반복하여 시행한다.

10. 응급의료지원기관

1) 119 구조대

중앙119구조대 소방방재청과 그 소속기관 직제 제21조에 근거하여 설치되어 중앙119구조대 운영규정에 따라 운영되며, 다음과 같은 규모 이상의 재난발생시 또는 중앙긴급구조본부통제단장이 필요하다고 판단하여 명하는 경우 출동한다.

① 구조활동이 12시간 이상 소요될 것이 예상될 때
② 화재·붕괴 등 재난으로 인하여 사망 20명 또는 사상자 50명 이상의 인명피해가 발생하였거나, 동 규모 이상의 피해가 예상될 때
③ 유관기관과의 공조체제가 필요하다고 판단되는 대규모 재난 발생시
④ 재난 및 안전관리기본법 제58조에 의거 국제구조대 파견요청이 있을 경우
⑤ 시·도지사의 구조활동 지원요청이 있고, 지원이 필요하다고 대장이 판단한 경우

2) 중앙119구조대의 임무

① 재난현장에 출동하여 소방방재청장의 명을 받아 현장지휘 및 구조활동
② 재난유형별 구조기술의 연구·보급 및 구조대원에 대한 교육훈련
③ 시·도지사가 구조활동을 요청하는 재난사고현장 구조활동 지원
④ 중앙긴급구조통제단장이 필요하다고 판단하여 명하는 국내외 재난사고 인명구조활동 및 현장수습활동과 관련한 임무의 수행
⑤ 국민 안전문화 정착을 위한 119안전체험 및 안전교육 운영
⑥ 구조대원의 각종 교육훈련
⑦ 항공기 사고발생시 신속하고 효율적인 수색구조활동 실시 및 수색구조업무의 국제적 협력을 위한 구조조정본부 운영

제2절 테러대응요령

1. 개념

테러(terror)는 일반적으로 테러리즘의 약칭으로 폭력주의 또는 공포정치를 뜻한다. 그러나 진정한 의미에서의 테러는 조직화된 사회적 활동의 일환으로 고려되고 있으며 계획적이고 의도적으로 마음의 상태 또는 심리적 효과를 강조하고 심리전의 한 형태로 사용하고자 하는 폭력집단 또는 정권의 조직적인 행위로써 살상·파괴 등의 특수 폭력행위라고 말할 수 있다. 이와 같이 테러는 혁명·반혁명의 과정에서 발생하는 정치현상 또는 개인, 단체 등의 물리력의 행사라는 의미를 가지고 있다고 말할 수 있다. terror라는 용어는 라틴어 terre에서 영어에 전이된 것으로 극심한 공포 또는 죽음의 심리적 상태를 뜻한다.[91] 테러는 정치, 종교, 사상적 목적을 위해 무차별적으로 폭력을 행사하는 테러리즘과 정보통신망에서 무차별적으로 공격하는 사이버테러리즘 등으로 나누어 볼 수 있다. 우리국어사전에서의 테러란 폭력을 써서 적이나 상대편을 위협하거나 공포에 빠뜨리게 하는 행위로 '정치적·이념적 폭력'으로 정의되나 이념대립, 종교, 민족, 이해관계 등에 따라 논란이 많은 개념이다.

2) 테러의 일반적 정의

(1) 국가정보원

정치적·사회적 목적을 가진 개인이나 집단이 목적을 달성하거나 상징적 효과를 얻기 위하여 계획적으로 행하는 불법적 폭력행위를 말한다.

(2) 국제연합

공포의 결과를 초래하며, 희생물이 있고, 기본적인 목표물이 설정되어 있으며 폭력을 사용하고 정치적 목적을 달성하기 위한 행위를 말한다.

(3) 미국무부

아직 국가단체에 이르지 못한 단체가 어떤 국가의 비밀요원이 보통 대중에 영향

---

91) R.H. Dictionary(1980) 「The Random House Dictionary」 The Random House, Inc. p. 1357.

을 미칠 의도로 비전투 목표물에 대해 자행하는 것으로써 미리 계획되고 정치적 동기를 가진 폭력행위이다.

(4) 미국방부

정치·종교·이념 등 목적을 달성하기 위해 정부 혹은 사회에 대한 위압 혹은 협박의 수단으로 개인 혹은 재산에 대해 비합법적인 힘 혹은 폭력을 사용하거나 협박을 하는 것을 말한다.

(5) 미중앙정보국

직접적인 테러 재물보다는 포괄적인 테러 대상 그룹에 폭넓은 심리적 충격을 가할 목적으로 정치적인 상징 효과를 노린 폭력위협 또는 폭력사용을 의미한다.[92]

2. 연혁

테러의 역사를 시대적 변화과정과 연계하여 시기별로 분류해보면 프랑스 혁명에서 테러리즘이란 용어가 사용되기까지를 근대적 테러리즘 시대라고 본다. 1960년대 이후 현대국가의 형성과 민족의식에 의한 민족해방투쟁시기를 현대적 테러리즘시대라고 볼 수 있으며, 이후부터 1990년대부터는 민간항공기 폭파 등 대량살상무기나 불특정 다수인 및 중요시설 등에 대한 무차별적 공격행위가 나타나는 새로운 양상으로 전개되고 있다.

1) 프랑스 혁명

프랑스 혁명(1789) 당시 혁명정부가 국내 왕당파를 비롯한 반혁명세력에 대하여 그리고 국외로부터의 간섭에 대하여 정권유지와 혁명목적 달성을 위하여 자코뱅당이 단행한 집권적인 폭력적인 강압지배가 유명하다. 헌법에 정해진 방법에 의한 통치로는 도저히 치안을 유지하고 정책을 실행할 수가 없다고 규정하여 반대파에 대한 혹독한 탄압과 처형을 강행하여 구제도의 변혁을 지향했던 것이다. 다시 말해서 단순한 개인적인 암살이라든지 사적 단체에 의한 파괴 등이 아니고 권력 자체에 의한 철저한 강압지배, 혹은 혁명단체에 의한 대규모의 반혁명에 대한 압박

---

92) 손봉선(2005), 경찰외사론, 서울: 대왕사, pp. 107-108.

등을 일컫는다. 프랑스에서는 자코뱅의 공포정치에 대한 강압지배를 적색 테러리즘이라 불렀는데 1794년 이후의 테르미도르 반동, 1815년 혁명 후의 루이 왕조에 의한 보나파르트파에 대한 탄압, 1871년 파리 코뮌의 패배 후 이들에게 가해진 베르사유파에 의한 대량학살 등은 백색 테러리즘의 예이다.[93] 프랑스 혁명 이후를 현대적 의미의 테러라고 말할 수 있다.

2) 러시아 혁명

테러는 혁명을 추진하기 위한 강권정치, 반동파에 대한 탄압 등은 1917년의 러시아 혁명에서도 반대파에 대한 테러행위가 자행되었다. 그리고 히틀러와 무솔리니의 지배확립의 과정, 독재정권 수립 후의 공산주의자 또는 유대인 등에 가해진 잔학한 박해·처형 등도 테러리즘의 예이다.

3) 제2차대전 전후

세계 제2차대전 전·후에 있어서도 좋은 예가 있다. 우리나라가 일본의 식민지로 전락하였을 때 안중근 의사, 윤봉길 의사 등 일본의 식민지 제국주의로부터 해방하기 위한 저항운동도 일본의 일방적 입장으로만 판단하면서 일종의 테러행위라고 주장하고 있다. 중동지방에서 계속되고 있는 IS의 전세계인을 대상으로 한 참수행위와 폭파, 방화, 살인, 이스라엘과 팔레스타인간의 보복과 공격의 악순환도 테러의 일종이다.

4) 9·11 테러

2001. 9. 11. 사우디아라비아 출신의 오사마 빈 라덴의 지령에 의한 아랍계 테러범 모하메드 아타(Mohamed Atta) 외 18명에 의한 미국 뉴욕에 있는 세계무역센터에 항공기 납치 자살공격 테러와 동일 워싱턴의 미 국방성에 항공기 자살테러 등은 세계를 경악케 한 역사상 최대의 테러행위이다. 동 테러사건에서 세계 80개국 국민 3,052명이 사망하고 수만 명에 달하는 사람이 부상하였으며 천문학적인 경제적 피해를 준 세계의 역사에서 가장 참혹한 테러사건이었다.

---

93) Paul(1987), Wilkinson 「Terrorism and the Liberal State」 London Macmillan, pp. 51-52.

3. 국제테러

1) 테러범 인도절차

(1) 테러범죄와 정치범의 분리

테러범의 어떠한 정치적 동기나 목적을 이유로 외국인의 인도범죄 대상에서 제외되어서는 안된다. 그리고 테러범죄를 정치적 범죄로 간주해서는 안된다. 테러범의 지위나 상사의 테러행위 명령이 범죄인 인도의 장애요인이 되어서는 안된다는 사실은 세계평화를 위하여 반드시 필요한 조치이다.

(2) 테러범 우선인도

테러사건에 있어서는 자국민 불인도의 원칙을 적용하여서는 안 되고 반드시 처벌되도록 하여야 한다. 범죄인 인도청구가 경합하거나 인도청구의 순서에 불구하고 우선적으로 인도하여야 한다.

2) 영토주의 원칙

범죄인의 인도청구를 받은 범죄행위지 국가는 자국 내에서 발생한 테러범에 대하여 국가책임을 질 경우 당해 테러범에 대한 형사재판권의 행사에 관하여 영토주의 원칙을 제한적으로 적용하여야 한다. 범죄행위지 국가는 당해 범죄인을 인도하지 않고 직접 형사처벌할 수 있게 되어 피해국에게 이중의 피해를 줄 가능성이 있기 때문이다.

4. 테러의 원인과 유형

1) 원인

테러의 원인은 국가간 또는 집단간에 정치적, 경제적, 사회적으로 해결되어야 할 문제가 해결되지 않음으로써 많은 국민이나 사회집단, 특정집단이 피해를 보거나 피해가 예상되어질 때 정부 또는 국제기구 등에 해결을 요구한다. 그러나 요구의 해결이 미흡하거나 해결되지 않음으로써 폭력의 방법으로 해결하거나 해결하기 위해서 저항하는 행위에서 기인된다고 볼 수 있다. 그리고 개인 또는 집단간의 격차,

가치 또는 이념간의 괴리, 기대와 현실간의 불일치 등 다양한 원인에 의하여 발생하는데 이는 상대적 박탈감에서 폭력적 수단에 의한 신속한 해결을 기대하기 때문이다. 이러한 테러의 원인은 역사적으로 다음과 같은 국가, 민족, 집단간에 다양하게 발생하고 있다.[94] 팔레스타인과 이스라엘 간의 국가건설과 민족문제로 인한 테러와 보복공격, 자살공격과 인질 등이 대표적인 문족문제이다. 팔레스타인은 자기의 영토를 찾기 위한 저항운동이기 때문에 테러가 아니고 정당한 구국운동이라고 주장하고 이스라엘에서는 테러라고 주장하면서 이에 대응하고 있으나 이들 모두는 테러행위로 규정할 수 있다. 제2차 세계대전을 전후한 제국주의와 식민지 국가간의 관계에서 일본 제국주의에 저항하여 권리를 주장하는 식민지 조선민의 폭력적 무장 투쟁사에서도 그 원인을 찾을 수 있다. 그리고 중국의 모택동, 월맹의 호지명, 유태인의 팔레스타인에 대한 시오니즘(Zionism) 운동 등이 있다.

2) 유형

(1) 국내 테러

테러행위의 준비, 실행, 목적, 효과가 한 국가 내부에서 이루어진 공포적 행위를 의미하는 것이다. 테러행위의 원인이 개인적·사회적 불만에서 야기되어 될 대로 되라는 식의 행동양식으로 나타난다. 이는 법의 일반원칙 또는 사회적, 정치적 질서에 대한 범죄형태로 나타난다.

(2) 국가간의 테러

테러행위가 국가간의 영토와 관련되어 정부에 의하여 통제되고 개인이나 집단이 행위하는 것을 말한다. 이러한 테러는 한 국가가 다른 타방국가에 대하여 목표를 달성하기 위하여 공포분위기를 조성하고 목표를 달성하는 수단으로 이용하는 행위를 의미한다.

(3) 비국가적 테러

비국가적 행위자들에 의한 테러행위를 의미하는 것으로 외국의 영토와 국민 또는 집단에 관련된 것을 말한다. 요인납치 또는 살해, 해외기업가 납치, 대사관 점

---

94) Christopher Dobson & Ronald Payne(1982), 「The Terrorists」 New York. Facts on File, Inc. p. 19.

거 또는 폭파, 인질난동 또는 방화, 항공기의 납치 또는 폭파 등을 말한다.

(4) 지배층의 테러

국가 내부의 내란 또는 혁명의 과정에서 주도적인 위치에 있는 세력들이 주체가 되어 반대파나 기득권자에게 가하게 되는 테러행위를 말한다. 러시아 혁명과정에서 테러의 주체는 구소련의 적군이 주체가 된 사례가 많기 때문에 적색테러 행위라고 부르고 있다. 이는 정치적 목적을 달성하기 위하여 내전, 내란, 분쟁, 혁명 등 정치적 혼란기에 주로 발생한다.

(5) 피지배층의 테러

비합법적인 방법으로 주체세력을 공격하는 행위로서 일명 백색테러 행위라고 한다. 국가내의 내분, 내란, 분쟁, 혁명 등에서 주도적 세력이 아닌 집단에서 주도적 세력에게 가하는 공격 또는 타도 행위를 말한다.

5. 테러의 수단

1) 폭파테러

폭파테러라 함은 폭발물을 사용하여 사람을 살상하는 행위, 시설을 파괴하는 행위, 장비를 사용할 수 없도록 하는 등 심각한 피해를 주는 행위를 의미하는 것으로 일반적으로 폭파장치 또는 자살폭탄 등의 전술방법을 말한다.

2) 암살테러

암살테러라 함은 국가의 행정수반, 외국의 원수, 기타 요인을 대상으로 살해하는 행위를 말한다. 암살방법은 폭발물, 무기, 독극물, 기타 흉기 등으로 대상자를 공격하여 살해하는 것이다.

3) 항공기 테러

항공기 테러라 함은 미국의 무역세타 공격과 같이 항공기를 납치하여 일정한 정부기관 또는 테러목표를 항공기 동체로 공격하여 자신은 물론이고 승무원과 승객 등 모두를 폭살시키는 방법이다. 이 때 납치된 항공기는 공중에서 폭파하거나 또는 일정 국가로 강제 착륙토록 하거나, 인질을 석방한다는 조건으로 테러의 목표를 달성하는 것이다.

4) 시설점거 테러

시설점거 테러라 함은 정부청사, 대사관, 공공건물, 호텔 등의 시설물을 점거한 후 사람을 인질로 잡고 테러범이 자기의 목적을 달성하는 방법이다. 이 때에는 테러범과 협상을 하여 인질을 석방토록 하는 등 조치를 할 수 있다.

5) 약탈·방화 테러

테러행위를 하기 위한 자금과 무기 등을 준비하기 위한 방법이다. 이 때에는 방화 또는 폭발물의 폭파 등으로 일정한 지역을 혼란에 빠트린 뒤 그 혼란을 이용하여 목적을 달성하는 행위이다.

6. 인질협상

협상이라 함은 일반적으로 국가간의 외교적 또는 정치적인 타협을 말한다. 테러사건에 있어서 협상은 테러범과 정부기관 간에 서로의 목적을 달성하기 위한 협의를 의미한다. 테러사건에서 협상은 매우 중요하고 필요한 사항이다. 인질협상이란 테러범이 일정한 목적달성을 위하여 인질의 생명과 안전을 보호하고 구출하기 위하여 범인을 설득하고 흥정하는 과정을 말한다. 그러나 테러범이 외국인이거나 인질이 외국인인 경우에는 외국과의 관계를 고려하여 합리적 협상이 성립할 수 있도록 노력하여야 한다.

1) 협상의 방법

(1) 지속적인 대화

대화방법이나 수단에 관계없이 대화가 중단되지 않고 지속될 수 있도록 끈기 있는 협상을 계속한다.

(2) 정보의 입수

테러범을 상대로 사건의 동기와 목적, 신상, 인질에 관한 사항, 위치, 전략, 전술 등 필요한 정보를 최대한 입수한다.

(3) 협상 주도권의 장악

테러범과의 협상에서 대화가 진전되면 협상자가 주도권을 장악하여 사건해결을 시도한다.

(4) 합의점의 모색

대화를 계속하여 서로의 의사를 타진하고 사전에 위험을 제거하면서 상생의 정신으로 합의점을 모색하여 피해를 최소화한다.

2) 협상지침

(1) 제1단계

① 테러범과의 의사소통 과정에 진정성을 보여 신뢰할 수 있도록 한다.
② 평온하고 유연한 상황을 유지한다.
③ 상황진전의 지체를 유발하여 질질 끌면서 맥이 빠지도록 한다.

(2) 제2단계

① 치밀한 정보 분석으로 적절히 대응한다.
② 진지하게 협상을 하여 양보를 얻어낸다.
③ 양보에 상응한 호의를 베푼다.

(3) 제3단계

① 심리적 압박과 양보를 유도한다.
② 끈질긴 대화와 특공작전을 준비한다.
③ 특공작전의 기회를 조성한다.

(4) 제4-5 단계

① 가장 적절한 기회에 특공작전을 감행한다.

② 인질의 피해를 최소화하도록 노력한다.
③ 테러범은 사살 또는 검거한다.

7. 테러 대응 절차

1) 테러경보의 발령

① 대테러센터장은 테러 위험 징후를 포착한 경우 테러경보 발령의 필요성, 발령 단계, 발령 범위 및 기간 등에 관하여 실무위원회의 심의를 거쳐 테러경보를 발령한다. 다만, 긴급한 경우 또는 주의 이하의 테러경보 발령 시에는 실무위원회의 심의 절차를 생략할 수 있다.
② 테러경보는 테러위협의 정도에 따라 관심·주의·경계·심각의 4단계로 구분한다.
③ 대테러센터장은 테러경보를 발령하였을 때에는 즉시 위원장에게 보고하고, 관계기관에 전파하여야 한다.
④ 그밖에 테러경보 발령 및 테러경보에 따른 관계기관의 조치사항에 관하여는 대책위원회 의결을 거쳐 위원장이 정한다.

2) 상황 전파 및 초동 조치

① 관계기관의 장은 테러사건이 발생하거나 테러 위협 등 그 징후를 인지한 경우에는 관련 상황 및 조치사항을 관련기관의 장과 대테러센터장에게 즉시 통보하여야 한다.
② 관계기관의 장은 테러사건이 발생한 경우 사건의 확산 방지를 위하여 신속히 다음 각 호의 초동 조치를 하여야 한다.
  1. 사건 현장의 통제·보존 및 경비 강화
  2. 긴급대피 및 구조·구급
  3. 관계기관에 대한 지원 요청
  4. 그 밖에 사건 확산 방지를 위하여 필요한 사항
③ 국내 일반테러사건의 경우에는 대책본부가 설치되기 전까지 테러사건 발생 지역 관할 경찰관서의 장이 초동 조치를 지휘·통제한다.

3) 테러사건 대응

① 대책본부의 장은 테러사건에 대한 대응을 위하여 필요한 경우 현장지휘본부를 설치하여 상황 전파 및 대응 체계를 유지하고, 조치사항을 체계적으로 시행한다.

② 대책본부의 장은 테러사건에 신속히 대응하기 위하여 필요한 경우에 관계기관의 장에게 인력·장비 등의 지원을 요청할 수 있다. 이 경우 요청을 받은 관계기관의 장은 특별한 사유가 없으면 요청에 따라야 한다.

③ 외교부장관은 해외에서 테러가 발생하여 정부 차원의 현장 대응이 필요한 경우에는 관계기관 합동으로 정부 현지대책반을 구성하여 파견할 수 있다.

④ 지방자치단체의 장은 테러사건 대응 활동을 지원하기 위한 물자 및 편의 제공과 지역주민의 긴급대피 방안 등을 마련하여야 한다.[95]

8. 테러 예방 수칙

1) 일반적 유의사항

(1) 방문·체류지역에 대한 테러발생 가능성 확인

① 현지에 테러조직이 존재여부

② 테러조직이 존재한다면 현재 활동여부

③ 테러조직들의 과거 활동수법

④ 테러조직들의 전술, 무기, 수법 등에 정보입수

⑤ 테러의 목표가 국민, 국가기관, 공공단체 등의 여부

⑥ 현지인들은 우리 국민들에게 호의적 태도 여부

(2) 행동과 복장 등 유의사항

① 거액의 현금을 가지고 다니거나 분위기에 어울리지 않는 사치스러운 복장은 테러조직의 눈에 띄기 쉬움

② 버려진 편지봉투·지갑 내용물·직원 명부 등은 특정인의 신분을 노출

③ 호화스런 VIP 차량·과다한 영접·직책 호칭 등은 주요 인사임이 노출

---

95) 국가대테러활동지침(http://www.moleg.go.kr).

④ 테러는 적대국가의 시설물과 사람들을 대상으로 한다는 점을 염두에 두고 항상 현지인들 틈에 섞여 행동

(3) 테러 영향권 내에 출입금지

① 테러가 자주 발생하는 국가나 분쟁지역 방문은 가급적 삼가고 테러관련 정보가 입수되거나 징후가 보이면 현장을 즉시 떠나는 것이 최선의 방법
② 군사시설·치안불안 지역·낯선 곳은 방문하지 말고 외국계 호텔·백화점·은행·대형식당 이용은 자제
③ 대중집회·데모·시위 발생 지역은 테러뿐만 아니라 현지 당국의 대응 과정에서 본의 아니게 희생될 수 있기 때문에 접근하지 않도록 함
④ 대중교통·호텔·식당 등 대중 밀집 장소나 특정 외국인들이 집단으로 거주하는 아파트 등은 테러 조직들이 노리는 목표

(4) 대테러 안전수칙을 생활화

① 평소 주변에 의심스러운 사람이나 물품 등이 있는지 관심을 가지고 계속 확인하고 점검하는 태도가 필요
② 테러가 일어났을 때를 가정하여 주위 환경과 여건에 맞게 신변안전 대책을 수립하고 교육 및 반복훈련을 실시
③ 테러분자들이 예측할 수 없도록 평소의 행동반경·다니는 길·활동 시간 등을 자주 변경하는 것이 바람직
④ 중동 등 테러 발생이 우려되는 지역을 여행할 때는 외출시 휴대폰을 항시 휴대하여 유사시 위치추적이 가능

2) 체류별·상황별 행동요령

(1) 가정에서(해외 거주자)

① 주변 음폐물 제거, CCTV 등 보안장비 확보, 창문 시건장치 보강
② 대문이나 창문 등의 시건장치
③ 사전 예약된 경우 외 낯선 사람의 방문 삼가
④ 가족은 항상 주변 및 이웃의 움직임을 주시
⑤ 비상시 가족간 비상연락망 및 재회장소를 지정

⑥ 주변의 상황을 주시하고 의심점 발견시 관계기관에 신고

(2) 폭파위협 전화를 받았을 경우

① 즉시 상급자나 안전관계자에게 즉보하고 보안을 유지하며 무시하거나 묵살하지 않는다.

② 통화는 지연시켜 많은 정보를 얻도록 노력하고 협박범이 말한 내용은 모두 기록한다.

③ 협박범의 성별, 목소리 특성·억양·소음 등에 주의를 기울인다.

④ 경찰이 도착하면 접수일시·협박내용·협박범 특징 등 관련 정보를 상세히 진술한다.[96]

제3절 화재의 대처

1. 화재의 개념

화재(fire)라 함은 인간이 방화의 고의로 불을 놓은 것과 업무상 또는 과실로 재물이 연소되는 현상과 자연현상에 의하여 발생하는 연소를 포함하여 인명과 재산의 손실이 발생하는 것을 말한다. 소방은 화재를 예방, 진압, 경계하고 재난, 재해 및 그 밖의 위급한 상황에서의 구조, 구급활동 등을 통하여 국민의 생명, 신체, 재산을 보호함으로써 공공의 안녕질서의 유지와 복리증진에 이바지함을 목적으로 하는 공공조직체 또는 그 직무 자체를 뜻한다.[97]

2. 화재 유형에 의한 분류

화재는 발생하는 대상에 따라서 건축물, 구조물, 기타 시설물에 발생하는 건물화재, 산림 또는 들에 발생하는 임야화재, 자동차, 열차 등에 발생하는 차량화재, 선박에 발생하는 선박화재, 비행기 등에 발생하는 항공기화재, 기타 화재(쓰레기 소각, 모닥불, 논과 밭두렁에서 발생하는 화재)의 여섯 종으로 대별된다.

---

96) 국가정보원(2004), 테러, 이럴 땐 이렇게 하세요, pp. 9-23.
97) 최성용(2001), 소방학개론, 서울: 중앙소방학교, p. 12..

3. 화재의 구분

1) 일반화재(A급화재)

일반 가연성 물질로 나무, 솜, 종이, 고무 등에 발생한 화재로 연소 후에는 재가 남는다. 물로 진화할 수 있는 화재로 분류색은 백색이다.

2) 유류화재(B급화재)

화석연료인 석유, 벙커C유, 타르, 페인트, 가스 등에 발생한 화재로 연소 후에는 재가 남지 않는다. 가스의 경우 폭발을 동반하기도 한다. 물은 효과가 없으며 토사, 화학분말, 소화기 등으로 진화하여야 하며 분류색은 황색이다.

3) 전기화재(C급화재)

합선, 전기스파크, 단락, 과부하 등으로 전기에너지가 화재로 발전하는 것으로 물은 효과가 없으며 분류색은 청색이다.

4) 금속화재(D급화재)

나트륨, 철분, 금속가루, 마그네슘, 칼륨에 발생하는 화재로 물을 사용할 경우 폭발위험을 야기할 수 있다. 금속분의 경우 폭발로 발전할 수 있으며 분류색은 무색이다.

4. 발화초기 안전조치

1) 불을 최초로 발견한 사람이 "불이야"하고 큰소리로 주위 사람들에게 알린다.
2) 비상경보설비가 있으면 비상벨을 누른다.
3) 침착하게 전화로 119로 화재발생을 신고한다.
4) 주위에 있는 소화기, 옥내소화전 등을 이용하여 화재를 신속히 진화한다.
5) 전기 개폐기를 내려서 전기의 흐름을 차단하고 원인을 알아 신속히 대처한다.
6) 창문이나 출입문을 함부로 열지 말고 주변 상황을 침착하게 판단하여 행동한다.
7) 어린이나 귀중품을 구하기 위하여 함부로 재차 무리한 진입을 하여서는 안

된다.

8) 건물 내에 갇혔을 때는 수건 등을 창문 밖으로 흔들거나 고함을 지른다.

5. 화재의 원인과 종류

화재는 원인에 따라 분류하면 방화, 실화, 자연발화, 천재지변에 의한 발화, 기타의 다섯 종류로 구분되고, 소실 정도에 따르면 전소·반소·부분연소로 분류할 수 있다. 계절별 화재 발생 개황(槪況)을 보면 겨울철에 가장 많이 발생하였고, 다음이 봄철, 가을철, 여름철의 순으로 발생한 것으로 나타났다. 하루 중에서는 한밤중에 발생하는 일이 많으며, 공사 중의 출화(出火)의 피해가 많다. 특히 오후 11시~오전 5시까지의 화재에는 사망자가 많으며, 연기 및 유독가스의 발생으로 인해 취침 중에 사망하는 예가 특히 많다.[98]

1) 담뱃불

담배를 피우다가 꽁초의 불을 끄지 않고 가연성물질의 주변에 버린 경우 화재로 발전하여 큰 재화로 비화된다. 담뱃불은 평균온도 500°, 빨 때는 880°로 이로 인한 화재는 산림, 재물, 인명 등 피해는 연간 4~6조에 달하는 것으로 집계되고 있다.

2) 화석유

휘발유, 신나, 등유, 경유, 중유, 윤활유 등이 증발하여 연소되는 것으로 유류 자체가 연소되는 것이 아니고 증발된 가스에 의하여 발화된다.

3) 전기화재

전기시설, 전열기구, 전구, 가전제품 등의 이상현상에 의하여 과열 또는 폭발에 의하여 화재가 발생하는 것을 말한다.

4) 가스화재

가스화재는 액화석유가스(LPG)와 액화천연가스(LNG)가 있는데 모두 폭발에 의

---

98) 손봉선(2004), 범죄수사론Ⅱ, 서울: 대왕사, pp. 92-93.

하여 화재가 발생하며, 액화석유가스는 공기의 1.5~2배 무겁고 연소범위 2.1~9.5%로 누수시 낮은 곳에 고이고 스파크가 있을 경우 폭발한다. 액화천연가 스는 공기보다 0.62% 가볍고 연소범위는 5~15%로 누수시 증발해 버리기 때문에 폭발의 위험은 높지 않다.

5) 난로화재

연탄난로, 석유난로, 가스난로, 전기난로 등이 과열되어 난로의 직상부위에서 화재가 발생하게 되며 난로 주변에 가연성물질이 있을 경우 큰 화재로 발전할 수 있다.

6) 정전기화재

정전기에 의한 것으로는 낙뢰현상에 의한 화재가 있다. 정전기는 절연성이 높은 물 질이 서로 마찰할 때와 공기중의 습도가 45%이하일 때 화재가 발생될 가능성이 높다.

7) 전구화재

전기가 흐르면 발열작용이 일어나는데 도체에 전류를 보내면 저항 때문에 적열 이 발생하면서 열과 빛을 발산하는데 이 때 전구류 주변환경에 의하여 과열되면 화재가 발생한다. 전구의 표면온도는 60W의 경우 110~120°C로 주변에 인화성 물 질이 있는 경우 화재가 발생한다.

8) 분진폭발화재

모든 분말이나 미진은 산화에 의하여 스파크나 열을 가하면 폭발하게 되는데 이 러한 현상을 분진폭발화재라 한다. 이러한 산화가 서서히 진행할 때는 화재라 하 고, 급속하게 진행되면 폭발이라 한다. 소맥분, 금속분, 목분 등은 모두 분진폭발 을 일으켜 화재로 발전할 수 있다.

9) 차량화재

자동차의 엔진과열로 인하여 엔진의 표면에 붙어있는 기름이나 먼지 등에 발화 되면서 화재가 발생하거나, 엔진의 과열로 전선류 등의 피복이 녹으면서 합선되어

화재가 발생하는 경우와 정차 중에도 엔진내 전선의 피복이 벗겨져 합선에 의한 화재가 발생할 수 있다.

10) 자연발화

연소라는 것은 산화반응에 의하여 발생하는 것으로 외부의 온도가 높으면 산화 반응속도가 빨라지고, 낮으면 반응속도가 늦어지는 것으로 이러한 화학반응에 의하여 자연발화현상이 발생하는 것이다. 광물성 유류인 석유, 휘발유, 경유 등은 자연발화를 못하고, 동·식물성유, 석탄, 필름, 건초, 화학약품인 암모니아, 염산, 옥소, 염소, 카바이트, 생석회, 쇄분, 황, 인 등은 자연발화를 일으켜 화재로 발전할 수 있다.

6. 화재예방

화재는 예방이 무엇보다도 우선이다. 일단 화재가 발생하면 당황스럽고 상황이 매우 긴박하게 돌아가기 때문에 초기진화 하는데 실패할 가능성이 매우 높다. 그러므로 평소에 이에 대한 훈련이 필요하며 화재가 발생할 수 있는 환경을 만들어서는 안된다. 다음은 소방방재청에서 국민에게 홍보하기 위하여 만들어 놓은 화재예방을 위한 기본적인 매뉴얼을 소개한다.[99]

1) 화재가 발생했을 때

(1) 건물화재예방

- 자택에 불필요한 가연물(헌옷, 신문폐지, 폐박스 등)을 싸놓지 않는다.
- 인화성 액체(알코올, 휘발유 등)나 인화성 기체(부탄가스)를 함부로 놓지 않는다.
- 카펫의 밑면이나 장롱 뒤편 등의 보이지 않는 곳에 전선을 늘어뜨리지 않는다.
- 어린이의 손이 닿거나 쉽게 사용 가능한 곳에 라이터나 성냥갑을 두지 않는다.
- 가스불 위에 요리를 올려놓고, 내버려둔 채 주방을 장시간 비우지 않는다.
- 집에서는 담배를 피우지 않는다. 담배를 피운다면 담배를 피우다 깜박 졸 수

---

99) http://www.nega.go.kr

있는 침대나 이불 주위에서는 피우지 말고, 될 수 있으면 큰 재떨이를 사용한다.

(2) 고층아파트

- 이웃으로 통하는 발코니 비상문 또는 비상 칸막이벽이 있는지 확인하고, 통행을 막지 않도록 가구를 놓지 않는다.
- 피난계단이 연기에 오염되는 경우를 대비하여 연기를 피해 공기를 마실 수 있는 발코니 창문을 염두에 둔다.
- 발코니를 확장하여 창문의 개방이 어려운 주상복합 고층아파트에서는 현관문을 통하여 연기의 확산이 예상되므로 연기 침투를 막을 수 있는 안전구역(밀폐 가능한 작은방 등)이 필요하다.

(3) 고층건물(사무실)

- 대피훈련을 정기적으로 참여하여 화재시 탈출 가능한 통로를 숙지한다.
- 지정된 장소에서만 담배를 피운다.
- 담뱃불은 꼭 끄고, 확인 후 버린다.
- 전기기구가 제대로 작동되지 않거나 이상한 냄새가 나면 즉시, 전기를 차단하고 전문가를 불러 점검을 받는다.
- 전기코드가 부분적으로 끊어지거나 피복이 벗겨졌으면 교체한다.
- 바닥이나 벽으로 연장한 전선은 파손되지 않도록 보호하고, 전기 용량에 맞는 전선을 사용한다.
- 전열기는 벽이나 탈 수 있는 물품 주위에 두지 않는다.
- 전기기구 관리 담당자를 반드시 지정하여 퇴근할 때에는 사용하지 않는 전기기구의 코드를 뽑도록 하고 매일 전기기구를 확인하도록 한다.
- 비상구에는 빈 박스, 쓰레기 등 탈 수 있는 물건을 두지 않는다.

(4) 다중이용업소(레스토랑, 노래방, PC방 등) 이용할 때

- 이용 전에 출입구 이외에 비상구가 있는가를 확인하고, 또한 비상구가 개방되어 안전하게 지상으로 연결되는지 확인한다.
- 미로형의 통로로 건축이 된 건물은 유사시 대피에 어려움이 많기 때문에 이에 대비한다.

(5) 지하층 건물 이용 때

● 지하층 출입구가 1개소인 건물은 유사시 대피에 어려움이 많으므로 항상 배비를 하여야 한다.

(6) 전기화재 예방

① **단락(합선) 때**

– 퓨즈나 과전류 차단기는 반드시 정격용량 제품을 사용한다.
– 용량에 적합한 규격 전선을 사용하고, 노후 되었거나 손상된 전선은 새 전선으로 교체한다.
– 스위치, 분전함 등의 내부를 정기적으로 점검하여 전기가 통할 수 있는 물질이나 가연성 물질 등을 제거한다.
– 천장 등 보이지 않는 장소에 시설된 전선에 대해서도 수시로 점검하여 이상 유무를 확인한다.
– 배선은 가능한 보호관을 사용하고 열이나 외부 충격 등에 노출되지 않도록 한다.
– 못이나 스테이플러(종이찍개)로 전선을 고정하지 않도록 한다.
– 바닥이나 문틀을 통과하는 전선이 손상되지 않도록 배관 등으로 보호한다.

② **누전 때**

– 건물이나 대용량 전기기구에는 회로를 분류하여 회로별로 누전차단기를 설치한다.
– 배선의 피복손상 여부를 수시로 확인한다.
– 전선이 금속체나 젖은 구조물에 직접 접촉되지 않도록 배선해야 한다.

③ **전기 스파크 때**

– 각종 전기기기는 사용 후에 반드시 플러그를 뽑아 둔다.
– 정전이 되면 플러그를 뽑거나 스위치를 끈다.
– 배전반 내의 먼지, 금속가루 등 분진을 제거한다.
– 밀가루, 톱밥, 섬유 먼지 등 가연성 분진이 많이 발생하는 장소에서는 수시로 청소를 하여 분진이 쌓이지 않도록 한다.
– 분전함 등 전기시설 부근에는 가구, 위험물, 기타 가연물은 두지 않는다.

④ **과부하 때**

– 한 콘센트에 여러 개의 플러그를 꽂아 사용하는 문어발식 사용을 금한다.
– 전기기기의 전기용량 및 전압에 적합한 규격전선을 사용한다.

⑤ **과열 때**

– 사용한 전기기구는 반드시 플러그를 뽑아 놓고 외출한다.
– 전기장판 등 발열체를 장시간 전원을 켠 상태로 사용하는 것은 위험하다.
– 전열기 등의 자동 온도조절기의 고장 여부를 수시로 확인한다.
– 고열이 발생하는 백열전구는 열이 잘 발산될 수 있도록 하고 가연물을 가까이 두지 않도록 한다.
– 전선과 전선, 단자와 전선 등 접속부위는 단단히 조여서 느슨하지 않도록 해야 한다.

2) 화재 발생 후

(1) 화재 때 대피방법

- 불을 발견하면 '불이야' 하고 큰소리로 외쳐서 다른 사람에게 알린다.
- 화재경보 비상벨을 누른다.
- 엘리베이터는 절대 이용하지 않도록 하며 계단을 이용한다.
- 아래층으로 대피할 수 없는 때에는 옥상으로 대피한다.
- 낮은 자세로 안내원의 안내를 따라 대피한다.
- 불길 속을 통과할 때에는 물에 적신 담요나 수건 등으로 몸과 얼굴을 감싼다.
- 방문을 열기 전에 문을 손등으로 대어보거나, 손잡이를 만져본다.
  – 손잡이를 만져 보았을 때 뜨겁지 않으면 문을 조심스럽게 열고 밖으로 나간다.
  – 손잡이가 뜨거우면 문을 열지 말고 다른 길을 찾는다.
- 대피한 경우에는 바람이 불어오는 쪽에서 구조를 기다린다.
- 밖으로 나온 뒤에는 절대 안으로 들어가지 않는다.
  – 다른 출구가 없으면 구조대원이 구해줄 때까지 기다린다.
  – 연기가 방안에 들어오지 못하도록 문틈을 옷이나 이불로 막는다(물을 적시면 더욱 좋다).

- 연기가 많을 때 주의사항
  - 연기 층 아래에는 맑은 공기층이 있다.
  - 연기가 많은 곳에서는 팔과 무릎으로 기어서 이동하되 배를 바닥에 대고 가지 않도록 한다.
  - 한 손으로는 코와 입을 젖은 수건 등으로 막아 연기가 폐에 들어가지 않도록 한다.
- 옷에 불이 붙었을 때에는 두 손으로 눈과 입을 가리고 바닥에서 뒹군다.

(2) 화재 신고 방법

- 침착하게 전화 119번을 누른다.
- 불이 난 것을 말한다.
- 화재의 내용을 침착하게 화재발생장소, 주요건축물, 화재의 종류 등을 상세하게 설명한다(우리 집 주방에 불이 났어요. 2층 집입니다).
- 주소를 알려 줍니다(○○구 ○○동 ○○○번지예요 / ○○초등학교 뒤쪽이에요).
- 소방서에서 알았다고 할 때까지 전화를 끊지 않는다.
- 공중전화는 빨간색 긴급통화 버튼을 누르면 돈을 넣지 않아도 긴급신고(119, 112 등) 통화를 할 수 있다.
- 휴대전화는 사용제한된 전화나 개통이 안 된 전화도 긴급신고가 가능하다.
- 장난전화를 하지 않는다.

(3) 지하철 화재 발생 때

- 노약자·장애인석 옆에 있는 비상버튼을 눌러 승무원과 연락한다.
- 여유가 있다면 객차마다 2개씩 비치된 소화기를 이용하여 불을 끈다.
- 출입문이 열리지 않으면 비상용 망치를 이용하여 유리창을 깨고, 망치가 없으면 소화기로 유리창을 깬다.

(4) 지하상가 화재 발생 때

- 화재가 발생하면 먼저 화재경보기를 누르고, 소방서에 신고한다.
- 지하상가 구조상 방향감각을 상실할 수 있으니 절대 침착하고 혼란에 휩쓸리지 않도록 한다.
- 대부분 양방향과 측면에 비상구가 있으니 우왕좌왕하지 말고 한 방향을 택하

여 대피한다.

- 화재가 발생한 반대쪽, 공기가 유입되는 방향으로 대피한다.
- 연기·열기가 급속하게 확산할 수 있으니 재빨리 피난한다.

(5) 고층건물 화재 발생 때

- 화재가 발생하면 먼저 화재경보기를 누르고, 소방서에 바로 신고한다.
- 화재가 발생한 사무실에서 탈출할 때에는 문을 반드시 닫고 나와야 하며 탈출하면서 열린 문이 있으면 모두 닫는다.
- 연기가 가득한 장소를 지날 때에는 최대한 낮은 자세로 대피한다.
- 닫힌 문을 열 때에는 손등으로 문의 온도를 확인하고 뜨거우면 절대로 열지 말고 다른 비상통로를 이용한다.
- 건물 밖으로 빠져나오면 건물에서 떨어진 안전한 장소로 이동하여 모든 인원이 탈출하였는지 확인한다.
- 대피하지 못한 사람이 있을 때는 즉시, 소방대원에게 인원수와 마지막으로 확인된 위치를 알려주어야 한다.
- 탈출한 경우에는 절대로 다시 화재 건물로 들어가지 않는다.
- 건물 밖으로 대피하지 못하면 밖으로 통하는 창문이 있는 방으로 들어가서 구조를 기다린다.
- 방안으로 연기가 들어오지 못하도록 문틈을 커튼 등으로 막고, 주위에 물이 있으면 옷에 물을 적셔 입과 코를 막고 호흡을 한다.
- 전화가 있다면 119로 전화하여 자신의 위치를 정확하게 알린다.
- 엘리베이터는 절대 이용하지 않는다.
- 동료를 반드시 지정해 둔다.

7. 화재 발생현황

1년 중 화재가 많이 발생하는 것은 겨울철인 12월부터 다음해 2월까지이며 2월 이후에는 4월까지는 산불이 많이 발생한다. 화재는 불의 사용도가 높고 취급의 부주의로 가장 많이 발생한다.

1) 원인별

원인별로는 전기(42.3%), 가스(18.1%), 담배(17.8%), 방화(8.3%), 유류(5.2%) 등의 순으로 전기에 의한 화재가 가장 많이 발생한다.

2) 장소별

장소별로는 주택(35.6%), 차량(14.7%), 작업장(11.0%), 음식점(10.7%), 점포 (6.1%) 등의 주택에서 많이 발생한다.

3) 시간별

시간별로는 00~02(13.4%), 14~16(10.7%), 02~04(9.8%), 18~20(9.2%), 04~06(8.6%) 등으로 자정시간인 심야에 많이 발생한다.

8. 화재시 대비책

1) 일반적 대비사항

① 가정 화재시 전기 스위치 등을 끄고 119에 신속히 신고한다.
② 발화초기 모래나 물, 소화기 등으로 최단 시간 내 진화한다.
③ 진화가 불가능할 때는 즉시 밖으로 피신하고 119에 신고한다.
④ 고층 건물에서 엘리베이터 사용을 중지하고, 비상계단을 이용한다.
⑤ 가장 주의해야 할 점은 유독가스로 인한 질식사를 명심하도록 한다.

2) 화재시 방안에 고립되어 있을 경우

① 함부로 문을 열지 말고 연기나 화기가 느껴질 경우 즉시 문을 닫아야 한다.
② 크게 소리를 지르거나 물건을 밖으로 던지면서 갇혀있다는 사실을 알린다.
③ 구조대가 올 때까지 연기가 들어오는 곳을 담요나 시트, 수건 등으로 막는다.
④ 연기가 많이 차면 바닥에 바짝 엎드려 가능한 짧게 숨을 쉰다.
⑤ 타월이나 손수건이 있으면 물을 축여 마스크를 한다.
⑥ 담요나 수건으로 다리나 손과 같이 노출된 부분을 잘 싸둔다.
⑦ 화재발견 즉시 모두에게 큰소리로 알리고 단독으로 소화작업을 하지 않는다.

⑧ 비상벨, 육성, 경보기 등으로 신속히 알려 주위 사람이 대피하도록 한다.

3) 화재시 행동요령

① 고층건물 등에서 화재가 발생하였을 경우 피난유도자의 유도에 따른다.
② 평소 피난통로의 확보와 피난 유도훈련을 철저히 한다.
③ 건물 내부는 두 개 이상의 비상구를 설치 유사시 충분히 활용할 수 있도록 한다.
④ 연기속에서는 젖은 수건 등으로 마스크를 하고 자세를 낮추고 대피한다.
⑤ 일단 대피하면 물건 등을 찾으러 들어가지 않는다.

4) 소화기 사용법

① 먼저 소화기의 안전핀을 뽑는다.
② 바람을 등지고 호스를 불이 난 쪽으로 향한다.
③ 손잡이(레버)를 힘껏 움켜쥐면서 압축한다.
④ 빗자루로 쓸듯이 불에 뿌리면서 나간다.

5) 화재발생시 대처요령

① 화재발생시 제일 먼저 화재가 발생한 곳으로부터 즉시 몸을 피한다.
② 옷에 불이 붙은 경우에는 모포 등으로 몸 전체를 감싸 소화한다.
③ 몸에 불이 붙으면 그 자리에서 소화를 해야지 뛰지 않는다.
④ 화재 발생시에는 우선 노약자, 어린이 등을 밖으로 내보낸다.
⑤ 화재로 인한 인명피해는 유독가스 흡입이 원인이므로 즉시 대피한다.
⑥ 손수건이나 타월에 물을 축여 마스크를 한다.
⑦ 119에 전화를 할 때는 일단 탈출한 후 전화를 한다.
⑧ 가스밸브를 잠그고 전기를 차단한 후 진화작업을 한다.
⑨ 불 난 곳의 반대방향의 피난구와 비상구를 이용한다.
⑩ 화장실 등 막다른 장소로 대피하지 않는다.
⑪ 엘리베이터를 이용하지 않는다.
⑫ 귀중품을 가지고 나오려고 시간을 지체하는 것은 위험하다.
⑬ 피난자가 많을 경우 질서를 지키면서 대피한다.

⑭ 고립된 경우 각종 수단과 방법을 동원하여 자기존재를 알려야 한다.

6) 피난유도 및 대피요령

① 만약의 경우를 생각하여 화재시 가정에서는 피난계획을 세워둡시다.
② 고층건물, 호텔, 여관 등 숙박시는 사전에 피난계단 및 피난기구 등을 확인한다.
③ 신속, 침착하게 비상구, 피난시설을 이용, 안전한 곳으로 대피 및 유도한다.
④ 문을 닫으면서 대피하여 화재와 연기의 확산을 지연시킨다.
⑤ 피난시 승강기를 이용하지 않는다.
⑥ 자세는 낮게 물에 적신 수건 등으로 입과 코를 막고 숨을 짧게 쉬고 피난한다.
⑦ 대피가 어렵다고 판단되면 구조대가 도착할 때까지 기다려야 한다.

7) 건물 내에 갇혔을 때

① 일단 실내에 고립되면 불기가 없는 창밖으로 큰 소리를 지르던가, 물건을 던지거나 옷가지 등을 흔들어서 자기 위치를 알려야 한다.
② 당황하지 말고 연기가 문틈 등으로 새어들어 오면 담요, 시트 등에 물에 적셔 틈을 막는다.
③ 연기가 새어들어 오면 낮은 자세로 엎드려 손수건, 타월 등에 물을 적셔 입과 코를 막고 가능한 짧게 숨을 쉰다.
④ 실내에 물이 있으면 불에 타기 쉬운 이부자리 등 물건에 물을 뿌려 주고 커튼, 옷 등을 제거한다.
⑤ 두꺼운 천이나 담요 등을 물에 적셔 화상을 입기 쉬운 다리, 손, 얼굴 등 노출부분을 감싸 둔다.
⑥ 위급한 상태일지라도 최선을 다하여 구조를 기다려야 하며 창밖으로 뛰어내리거나 불길이 있는 곳의 창문을 열어서는 안된다.

8) 소화기 관리법

소화기는 분말 소화기, 이산화탄소 소화기, 하론 소화기 등 모두 소화약제를 사용하며 분말가루가 응고되거나 가스의 누설 등으로 사용 불능상태가 초래되지 않도록 관리를 철저히 하여야 한다.
① 소화기는 보기 쉬운 곳의 통행에 지장이 없는 장소에 비치한다.
② 습기나 직사광선은 피하는 곳이 좋다.
③ 분말 소화기는 주기적으로 약제를 흔들어 주어야 좋다.
④ 분말 소화기는 가압식의 경우 가압가스가 새는 일이 없도록 확인한다.
⑤ 수시 점검하고 특히 용기의 부식을 방지하여야 한다.
⑥ 축압식 분말소화기는 압력게이지를 살펴보고 이상여부를 판단한다.

제**9**장

체포 · 호신술

제1절 체포 · 호신술의 의의

1. 체포 · 호신술의 중요성

현대사회는 산업화, 정보화, 국제화의 물결을 따라 물질적 풍요와 더불어 인간 생활의 편리성을 가져왔지만 도덕적, 정신적 양심의 결핍으로 인한 안전사회의 생활이 비인간적인 현상으로 강력범죄가 증가하고 있다.

이러한 현상은 안전한 생활을 영위해야 할 권리를 타의적으로 잃어버리게 할뿐만 아니라 사회의 불안전한 생활이 뒤따르게 되므로 고객의 생명과 재산을 보호해야 할 민간경비원의 의무와 역할이 그 어느 때보다 중요하게 대두되고 있다.[100]

2. 체포술 및 호신술

1) 체포술

체포란 사람의 신체를 직접적으로 구속하여 그 신체활동의 자유를 박탈하는 것을 말하며, 피의자의 신병 확보를 목적으로 행해지는 단시간의 신체구금을 말하기도 하며, '죄인을 붙듦' 또는 '죄인의 신체를 붙들거나 구속할 목적으로 제압하는 행위' 등으로 표현된다.

범법자들이 이용하고 있는 격투기 또는 흉기 등의 사용행위를 제압할 수 있는 것을 체포술이라 하고, 체포호신술은 상대가 손, 발 또는 흉기로 공격 해 오는 것, 그 힘을 역이용하여 제압하고 연행하게 되어 있다.[101]

---

100) "Edward F.Sullivan 저,(1998), 김의환 역(2006), 경찰체포호신술, 서울: 대한미디어"를 요약 및 재정리함

민간경비원은 체포술의 기법들을 몸에 새겨두어야 하며 만일 체포술의 부족으로 직무수행에 지장을 초래하게 된다면 경비원으로서 그 자격에 문제가 될 수 있다. 그렇기 때문에 민간경비원은 직무수행에 있어서 정당하게 집행할 수 있도록 체포술을 반복, 훈련하여 숙달될 수 있도록 지속적으로 연습해야 할 것이며, 체포술의 미흡으로 인하여 문제를 야기시켜서는 안 된다.

2) 호신술

호신술은 일상생활 가운데 뒤따르는 외부의 여러 가지 위해로부터 자기의 몸을 보호하기 위한 수단이며, 격투기를 수련하는 과정에서 습득한 기술과 인체의 해부학적인 근거에 입각하여 가장 쉽고, 합리적인 방법으로 자기의 몸을 보호하고 나아가서는 상대를 제압하는 방법을 말한다.[102]

자기방어 또는 호신술이라는 용어는 일상적인 폭력형태에 대하여 법이 허용하는 범위 내에서 정당한 힘 또는 무력을 사용을 이끌어 내어 범죄자들과 대항할 때 행사되는 대응책이라 보면 된다.

호신술은 눈과 손이 일치해야 함은 물론, 신체의 자연스러운 움직임에 두고 연습을 통해 향상되도록 해야 한다. 또한 호신술은 자신과 다른 사람을 보호할 수 있어야 하며, 여러 사항에 따라 대응할 수 있도록 신체적 준비가 되어 있어야 한다.

호신술의 종류를 살펴보면 호신술은 특성상 크게 두 가지로 구분할 수 있다.

소극적 호신술은 상대가 공격해 왔을 때, 그 공격에 대하여 순간적으로 피하는 것이며, 적극적 호신술은 상대의 공격을 반격하여 공격자를 완전히 제압하는 기술이다. 평소에 익힌 호신술은 체격, 체력, 나이 또는 신체적인 한계와는 상관없이 사용할 수 있어야 하며, 호신술은 신체의 자연스런 움직임에 바탕을 두어야 한다.

---

101) 김재현(1997), 체포술, 경찰종합학교, p. 8
102) 대한체육과학대학교(1992), 유도지도법, 서울: 도서출판 한일, pp. 428-437

<표 9-1> 호신술의 기본 내용

1. 한쪽손목을 잡혔을 때	2. 두 손목을 잡혔을 때
3. 목을 조를 때	4. 머리를 잡혔을 때
5. 멱살을 잡혔을 때	6. 앞 허리띠를 잡혔을 때
7. 뒤 허리띠를 잡혔을 때	8. 뒤에서 껴안았을 때
9. 잡아끌려고 할 때	10. 앞에서 껴안았을 때
11. 두 사람이 공격할 때	12. 발로 공격해 올 때
13. 흉기(칼)로 공격해 올 때	14. 권총으로 위협해 올 때
15. 몽둥이로 공격할 때	16. 기타 여러 상황에 따른 적절한 대처

제2절 체포 · 호신술의 기본원리

1. 체포술의 체계적 실용방안

민간경비원의 업무 중 체포술 강화를 위한 단계적 준비로써

첫째, 정신적 준비이다. 경비원은 고객을 위해 모든 도움을 주는 구조자임에 대한 자긍심을 가져야 한다. 따라서 경비원 신분에 대한 책임의식과 봉사 의식을 가지는 정신적 준비가 되어 있어야 한다.

둘째, 신체적 준비이다. 경비원은 직무를 원만히 수행하기 위하여 직업의 특성상, 체력적인 준비가 되어 있어야 한다. 우선적으로 자기 자신의 몸을 지키는 호신술로 체력을 육성해야 하며, 아울러 인체의 역학적 특성을 이해하고 그 토대위에 호신술을 익혀 어떠한 상황에서도 늘 자신감 있는 조건에서 안전하게 범인을 체포할 수 있도록 강인한 정신적, 신체적인 체력준비가 되어 있어야 한다.

셋째, 안전능력 준비이다. 경비원은 직무의 특성상, 고객에게 도움을 주는 구조자로서, 자신의 몸을 지키는 안전 능력을 배양해야 하며, 어떠한 상황에 처해지더라도 1차적인 신체의 안전법, 예를 들면, 낙법, 무기사용법, 수영(인명구조능력)심폐소생술 등에 대한 대처방법들을 익혀 안전사고가 발생하지 않도록 안전에 대한 능력이 사전에 준비되어 있어야 한다.

넷째, 무도능력 준비이다. 자기 자신의 몸을 지키는 신체적 준비, 안전능력 준비와 더불어 경비원의 적극적인 호신술로써의 무도에 대한 능력이 갖추어져야 한

다. 즉, 경찰은 무도의 유단자 수준 능력보유가 필요하며, 무도의 반복연습은 경비원들에게 필수적으로 갖추어야 할 준비요건이라 하겠다.

다섯째, 체포술 준비이다. 경비원은 고객을 보호하며, 고객을 위해 모든 도움을 주는 구조자이기 때문에 어떤 상황에서라도 어디든지 가야 한다. 이와 더불어 범인을 체포해야 하는 절대절명의 과업을 수행해야 함으로 체포술의 능력을 지속적으로 쌓아가야 한다. 이러한 능력은 한번 익히는 것으로는 부족하기 때문에 지속적인 반복연습 과정이 필히 요구된다.

1) 체포술의 준비

경비원은 국민을 보호하며 도움을 주는 봉사자, 구조자이기 때문에 경비원이 되고자 하는 사람은 '정신적 준비'가 우선적이어야 하며 '신체적 안전능력의 준비'가 되어 있어야 한다.

2) 체포술에 있어서 신속성의 원리

체포는 자신의 몸을 지키면서 그리고 가능하면, 쌍방이 부상없이 체포하는 일을 수행해야 하기 때문에 체포술의 원리는 기본적으로 호신술의 입장에서 출발하여야 한다.

〈표 9-2〉 신속성의 원리

단 계	과 정
1단계	신속한 접근(quick approach)
2단계	신속한 판단(quick judgement)
3단계	신속한 접촉(quick contact)
4단계	신속한 제압(quick control)

체포의 원리는 '신속성의 원리'에 기인한다. 이 '신속성의 원리'는 이와 같이 체포술에 있어서 '신속성 원리'의 단계적 과정은 때로는 시간적, 공간적으로 제한받을 수 있기 때문에 상황의 판단이 중요하다.

경비원은 합법적으로 꼭 필요하다고 확신하는 경우에 한하여 힘/무력 사용을 하게 된다. 이때의 힘/무력은 정당한 것이며, 체포를 하는 경우와 신체적으로 자신을 보호해야 하는 경우에도 힘/무력의 사용은 정당하다. 그리고 경비원이 업무 수행 중, 살해당할 위험이나 중상을 당할 위험에 처할 경우에 있어서, 정상적으로 상대를 죽음에 이르게 하거나 중상을 입히는 것은 법적으로 정당성을 인정받을 수 있게 된다.

3) 체포술의 5단계

경비원은 언제나 힘/무력(force)을 정당하게 사용할 준비가 되어 있어야 한다. 힘과 무력의 수준을 결정할 때 필요한 상황이면 힘/무력의 강도가 높아지지만, 상황이 안전하다고 판단되면, 힘/무력의 정도를 낮출 준비가 되어 있어야 하고 낮추는 것이 좋다.

경비원의 업무수행에 있어서 실제상황이 전개되었을 때, 다음과 같은 5단계 과정을 거치게 된다.

〈표 9-3〉 체포술의 5단계

단계	과정	무기/비무기(무장/비무장)
1단계	현장출동(존재)	비무기(비무장)
2단계	언어화	비무기(비무장)
3단계	맨손기술	비무기(비무장)
4단계	충격무기	무기(무장)
5단계	소형화기	무기(무장)

(1) 제1단계: 존재

체포술의 제1단계는 사고현장에 직면한 경비원이 무기를 갖지 않은 비무장된 존재이지만 경비원 신분 그 자체로 상황을 통제할 수 있는 수준이다.

경비원이란 신분 자체만으로도 자신을 보호할 수 있을 뿐만 아니라, 사고 현장에 직면했을 경우에 경비원의 신분, 즉 신체적 존재 그 자체만으로도 상황의 안정을 위해 유효한 것이다.

(2) 제2단계: 언어화

체포술의 두 번째 단계는 경비원이 무기를 갖지 않는 비무장된 상태로 사고현장에 출동하여 상황에 적절하게 대처하기 위해서는 경비원으로서 어떤 말(언어 표현력, 말재주, 몸짓 등)을 사용할 것인가?

현장에서 경비원의 육체적 출현과 더불어 적절한 말로써(몸짓으로써) 지시하는 것은 상황통제를 확립, 재획득하는데 큰 효과가 있다. 이러한 비폭력적 몸짓의 수단을 사용하면, 큰 소요가 일어났다는 호출을 받아도 원만하게 해결할 수 있는 장점이 있을 것이다. 현장에 출동한 경비원은 그 상황에 따라 어떤 말(언어화, 몸짓, 언어 표현력, 비폭력적 몸짓)을 행사할 것인가에 따라서 상황에 따른 적절한 말의 표현, 비폭력적 표현을 하도록 늘 노력해야 한다.

(3) 제3단계: 맨손기술

체포술의 세 번째 단계는 1, 2단계와 마찬가지로 경비원이 무기를 갖지 않는 비무장 상태로 상황을 통제할 수 있는 단계이다.

경비원은 무력을 사용하지 않고 범인을 말로써 설득시켜야 한다. 상황에 따라 고객 및 일반인들에게 절적한 예우를 갖추어야 한다(때에 따라서 예우를 갖출 필요가 없는 경우도 있다). 상황을 안정시키는 것이 경비원의 목적이라는 것을 기억하고 있으면 모든 문제가 원만히 해결될 것이다.

몸짓도 역시 중요하다는 것을 잊지 말아야 한다. 폭력의 가능성이 있는 상황을 처음 접했을 때, 경비원은 비공격적이면서도 자신을 보호해 줄 수 있는 자세를 갖출 수 있도록 배워야 한다. 맨손으로 방어하는 비공격적 몸짓도 유익한 정보가 됨을 기억해야 한다. 그렇기 때문에 경비원은 맨손으로 하는 호신술의 반복, 연습 과정을 통하여 완전하게 익혀야 하며, 정당하게 사용할 시에는 주저함 없이 능숙하게 기술을 발휘할 수 있어야 한다.

(4) 제4단계: 충격무기

체포술의 네 번째 단계는 경비원이 무기를 소지한 상태로 상황을 통제하려는 단계이다. 충격무기는 '야단봉'이라 불리어지는 '단봉'이다. 경비원은 소지하고 다니는 어떠한 충격무기에 대해 충분한 지식을 가지고 있어야 한다. 범인을 체포하기 위해 제압할 시, 경비원이 충격무기를 사용해야 하는 표적 부위는 인체의 비치명적인 부위(발목, 무릎, 손목 또는 팔꿈치 등)를 대상으로 해야 함을 명심하여야 한다.

(5) 제5단계: 소형화기

체포술의 다섯 번째 단계는 경비원이 무기를 소지한 최고수준으로 무장된 상태로 상황을 통제하려는 단계이다.

소형화기는 가스총 등으로 신체에 휴대 또는 소지할 수 있는 무기를 말한다. 특히 이러한 무기의 휴대는 법이 정하고 있는 만큼, 우선적으로 안전에 유의하는 것이 필요요건이며, 충분히 훈련을 받은 다음 정당하게 사용해야 할 것이다.

상황이 전개되었을 때 체포술의 다섯 가지 단계 중, 어느 수준의 단계로 상황을 통제할 것인가를 결정하는 것은 경비원으로서 중요한 판단이다. 만약 상황이 약할 경우, 체포술의 낮은 단계 (1, 2, 3단계)를 적용하여 상황을 통제해야 함에도 불구하고 경비원의 판단 미흡으로, 무장된 높은 단계(4, 5단계)를 적용하여 발포까지 하였다면, 이것은 오히려 역효과가 날 것이라는 점을 명심해야 한다.

4) 체포술의 실제

경비원의 직무수행에 있어서 경비원은 자신의 몸을 안전하게 지키는 안전법을 익히는 것이 우선되어야 한다. 이 안전법에는 수영, 인명구조능력, 낙법뿐만 아니라 체력육성법, 무도, 호신술 등을 포함한다.

〈표 9-4〉 체포술의 준비국면과 실제국면의 교육내용

국면	교육내용
준비국면	1) 정신적 준비: 경찰의 임무와 역할 2) 신체적 준비: 체력육성법, 인체 기계의 특성 3) 안전 능력준비: 안전법=수영(수상안전능력), 인명구조능력, 　　　　　　　　심폐소생술, 낙법, 무기사용법 4) 무도능력준비: 무도 유단자(2~3단이상)

실제국면	1) 체포술의 자세와 접근방법 2) 목표물 제거 3) 방어법: 원형방어, 십자방어 4) 공격법: 가격법, 중심점, 관절 꺾기, 무릎치기, 치명적인 부위 　　　　공격법, 위협(공격) 당하는 사람 구조하기 등 5) 연행법 6) 무기사용법 및 보관법 7) 범인 체포실습: 저항없는 경우, 저항있는 경우, 무기소지한 범인 　　　　저항없는 경우, 무기소지한 범인 저항있는 경우 8) 가상훈련 9) 실정훈련 10) 발표회

5) 보고서 작성

어떤 보고서를 작성하든지 '누가, 무엇을, 언제, 어디서, 왜, 어떻게'라는 6하원칙에 대한 답을 반드시 포함하고 있어야 한다.

〈표 9-5〉 보고서 작성

단계	내용
1단계	누가(who)
2단계	언제(when)
3단계	어디서(where)
4단계	무엇을(what)
5단계	왜 (why)
6단계	어떻게(how)

보고서 작성시 6단계의 내용이 필히 기록되어야 한다. 또한 폭력과 정당방어 전술의 차이점을 입증하기 위해서는 반드시 적절한 서술 방식을 사용해야 하며, 상황에 따라 현장출동시 소형 녹음기를 휴대함으로써 보고서 작성시 도움이 될 것이며, 시제는 과거시제로 일관성 있게 작성해야 한다.

제3절 체포 · 호신술 실무

1. 방어전술

1) 접근과 자세

일반적으로 비무장 범인의 경우, 범인의 키만큼 거리를 두어야 한다.

〈안정적인 자세〉　〈권투선수의 자세〉　〈심문시 올바른 자세〉　〈방어와 공격이 용이한 자세〉

경비원의 위치가 안정적이면서, 동시에 외관상으로 어색하지 않아야 한다. 왼발로 한 발짝 나가고 체중을 양쪽 다리에 똑같이 둬야 한다.

2) 표적에서의 탈피 Ⅰ

'표적에서의 탈피'란 공격의 진로에서 비켜난다는 뜻이다. 즉 공격자가 경비원 쪽으로 전진해 오면 옆으로 비켜서 범인의 움직임을 피할 수 있어야 한다.

〈무기로 정면 직선 공격시 표적에서의 탈피하기〉

범인의 공격을 계속될 것이다. 당신을 지원대가 올 때까지 균형을 잃지 않고 대응해야 할 것이다. 또한 쉽게 공격하지 못하도록 적당한 거리를 유지해야 하며, 범인의 공격을 성공적으로 피하기 위해 범인이 통제될 때까지 계속 움직여야 한다.

3) 표적에서의 탈피 II

범인이 휘두르는 펀치 또는 얼굴을 향한 칼 무기 공격에 이용할 수 있는 방어동작과 비스듬한 걸음을 걷되, 공격자를 마주보며 안쪽에서 마무리를 하면 된다.

경비원이 기억할 수 있는 유일한 동작이거나, 복도처럼 제한된 지역에서 취할 수 있는 동작이라면, 아마도 당신은 칼에 찔리지는 않을 것이다. 이때 경비원의 무게 중심은 양발 5:5로 두어야 하며, 뒷꿈치를 약간 들어서 공격자의 움직임에 따라 민첩하게 움직여야 한다.

〈주먹공격에 대한 방어 자세〉

4) 원형방어

경비원이 표적으로부터 벗어나는 기술을 완벽히 연습했다면, 자신을 보호하기 위해 많은 것을 한 것이다.

손을 올린 상태에서는 범인에게 방어, 구타, 닻 그리고 수갑 채우기를 시작할 수 있다. 경비원의 가장 빠른 본능적 반사작용이 당신의 머리와 눈에 있기 때문에 이것이 아주 쉬운 기술이라는 것을 알게 될 것이다.

팔을 몸 중심선을 지나는 회전동작으로 올려서 바닥과 직각인 상태에서 멈춰야 한다. 이 원형 동작은 팔의 힘을 강화시켜서 주먹을 막을 수 있다. 이때 범인의 행동을 통제할 수 있도록 손바닥을 편 채 유지한다.

〈원형 방어〉

왼손으로 공격해 온다면, 왼발을 왼쪽으로 회전이동하면서, 왼팔을 들어 옆 막기로 방어한다. 이때 무게 중심을 약간 낮추면서 방어하고, 동시에 오른손은 범인의 공격 팔을 감싸 제압하던지, 아니면 범인의 왼쪽 옆구리 부위를 가격하여 제압할 태세가 되어야 한다.

〈공격에 대한 원형 방어의 실제〉

경비원은 양쪽을 모두 연습해야 하며 가능하다면 동작을 거울을 통해 보는 것도 필요하다. 이와 같은 방어의 연속동작은 실제 범인과 대응했을 때 경비원에게는 보다 유리하게 하고 범인에게는 보다 불리하게 만들 것이다.

모든 사람들이 상황이 심각해졌다고 판단되면 우선적으로 자신을 방어하려 할 것이다. 어느 능숙한 경비원이건 간에 우리가 흔히 말하는 방어상처에 대한 무서운 경험이 있을 것이다.

2. 손바닥 공격

1) 바탕 손 펀치

손바닥의 밑 부위(바탕손)를 이용하는 방법이 있다. 손바닥을 펴고 부드러운 근육조직이나 머리와 흉골 같이 뼈가 돌출되어 있는 부위를 가격하는 것이다.

'손을 이용한 공격법'은 방어시에도 항상 기억해야 한다. 이것은 범인을 움켜잡고 상대의 행동을 저지시키는데 용이하다. 또 한 가지 장점은 바탕 손을 이용해 범인에게 가격할 수 있다는 점이다.

언제나 때리는 것만이 능사가 아니다. 범인이 도망가지 않도록 제압하는 것이 필요하다. 바탕손 펀칭의 두 가지 형태는 가장 인기 있는 것이다. 하지만 두 가지 주의 사항이 수반된다.

첫째, 공격훈련시 번갈아 가며 훈련하라. 경비원의 주된 목적은 범인을 붙잡고 저지시키는 것이다.

둘째, 펀치, 킥, 또는 공격 어느 하나만을 이용하진 않을 것이다. 그러므로 경비원은 범인을 저지시키기 위해 복합적이고 다각도적인 공격 형태를 계획해야만 한다.

 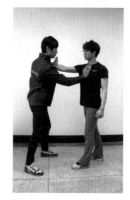

〈손바닥(바탕손)으로 강타하기〉

3. 균형 깨뜨리기

범인이 움직이는 방향으로 상대를 잡아끈다면, 범인의 균형을 무너뜨릴 수 있다. 왜냐하면 몸의 중심이 갑자기 바뀌게 되면 신체적으로 준비가 되지 않기 때문이다.

〈균형 깨뜨리기의 4 방향과 실제〉　　〈균형 깨뜨리기의 모 방향과 실제〉

유도의 8방(方) 기울이기: 정 4방향 – 앞, 뒤, 왼, 오른쪽
　　　　　　　　　　　　정모 방향 – 앞오른모, 뒤오른모, 앞왼모, 뒤왼모

　균형을 무너뜨리는 또 다른 방법은 발을 걸어 넘어뜨리는 것이다.

　범인을 쓰러뜨리는 것이 꼭 필요한 것은 아니지만, 제압해야 하기 때문에 균형을 깨뜨리는 동작이 필요하다. 균형을 깨뜨리고, 상대방을 쓰러뜨리는 일련 과정의 마지막 단계는 수갑을 채우는 것이다.

4. 손목꺾기

　손목을 꺾기 위해선 우선적으로 손을 잡아야만 한다. 상대의 손바닥을 손으로 감싸고, 두 개의 엄지를 교차시켜서 관절을 위로 꺾어야 한다.

〈손목 꺾기의 연속 동작〉

손목꺾기는 가장 강력한 기술이므로 빠른 스피드로 정확히 행해진다면, 범인의 무기를 버리게 하거나 무릎을 꿇게 하고 손목이 삐는 고통을 안겨줄 것이다. 범인을 잡아채는 방법을 이해하는 데 매우 중요하다.

손목, 옷깃, 어깨, 팔꿈치 등을 생각해 보고, 경비원이 무기를 든 상대와 만났을 때에 어떻게 동작을 변화시켜야 하는지도 알아둬야 한다.

〈손목꺾기의 실제〉

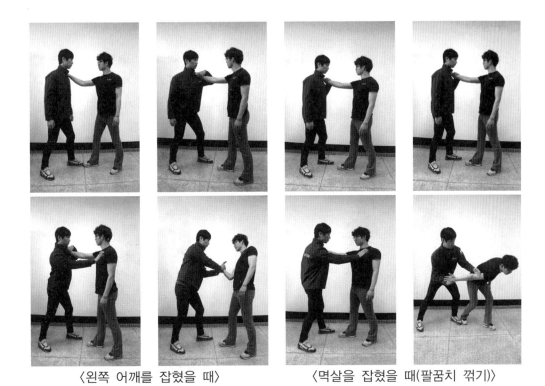

〈왼쪽 어깨를 잡혔을 때〉　　　　〈멱살을 잡혔을 때(팔꿈치 꺾기)〉

손목꺾기 기술을 시도할 때 함께 해주어야 할 동작들로 펀치, 발차기, 손동작 등 다른 방법을 통해 범인을 교란시켜야 한다. 다시 말해 이 같은 상황에서 다음 동작들을 반드시 행해야 한다. 1. 잡기(붙잡기), 2. 교란시키기(공격) 3. 방어하기 등을 사용하여 범인을 제압하도록 한다.

멱살을 잡혔을 때는 1. 멱살 잡은 범인의 손을 붙잡으면서(잡기), 2. 손바닥으로 범인의 가슴 부위를 가격하고(교란시키기), 3. 손목을 꺾는다.

5. 팔꿈치 꺾기

팔꿈치 꺾기 기술은 손목 팔꿈치를 두 손으로 꽉 잡는 것으로 시작한다. 손목꺾기와 팔꿈치 꺾기 기술들은 수갑을 채울 수 있는 최적의 상태를 만들어 준다. 왜냐하면 상대의 한쪽 손을 통제할 수 있으며, 다른 손은 등 뒤로 오게 할 수 있기 때문이다.

6. 무릎치기

가끔 상대가 경비원의 손을 잡았거나 무기를 뺏으려 할 때, 양손을 쓸 수 없는 경우가 있다. 그러한 상황에서는 손목 꺾기나 팔꿈치 펴기(꺾기)의 효과를 내기 위해서 상대를 발로 차야한다. 1단계- 붙잡기, 2단계- 교란시키기, 3단계- 방어하기

〈발차기〉

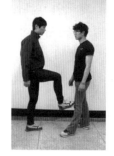

〈앞차기〉

이 밖에도 신발 앞부분, 신발 뒷부분, 발끝이나 발날(옆쪽) 또는 발뒤꿈치로 가격할 수 있다. 어떻게든 딱딱한 목표로 삼으면 된다.

7. 치명적인 인체부위

어떤 유형이든 목표를 달성하기 위해서는 신체의 치명적인 부위들을 숙지하고 있어야 한다. 그다지 강한 힘이 필요치 않은 상황에서 신체의 치명적인 부위를 가격하는 것은 금물이다.

이것은 비무장 방어하기와 관련된 것임을 기억해야 한다. 상대방을 공격할 때 보통 몸통을 기준으로 상체부위에는 손바닥이나 주먹, 팔꿈치, 무릎부위로 가격할 수 있고, 하체에는 발차기와 후리기가 가능하다.

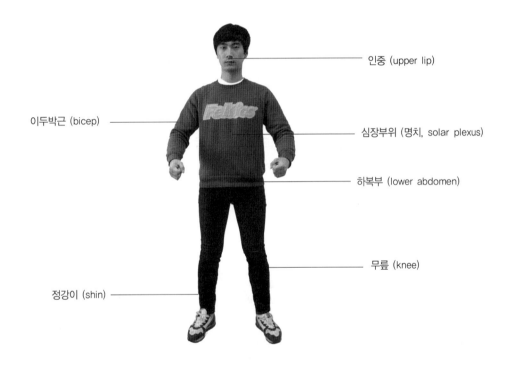

인중 (upper lip)

이두박근 (bicep)

심장부위 (명치, solar plexus)

하복부 (lower abdomen)

무릎 (knee)

정강이 (shin)

〈치명적인 인체부위〉

※ 과격한 힘을 요하지 않는 이상, 흉기로 머리를 때리지 않아야 한다.

8. 범인 연행시 팔꿈치 꺾기와 손목 꺾기

이것은 단순한 접근과 검문자세의 연장이다. 검문 자세에서 손으로 범인의 팔꿈치와 손목을 잡아 상대를 막아야 한다.

〈검문/심문 자세-제압연행〉

범인을 제압한 상황에서 범인은 비협조적으로 몸을 뒤로 뺀다. 그러면 범인은 팔꿈치와 손목에 압박을 가하고, 제압을 하기 위해 그를 아래쪽으로 향하도록 한다.

〈경호 연행 자세-팔꿈치 펴기(꺾기)〉

만약 범인이 경비원을 뒤로 밀어낸다면 그의 팔꿈치를 당겨 팔을 꺾고, 거위의 목처럼 손목을 아래로 꺾으면 된다.

〈손목꺾어 연행〉

다시 범인을 땅으로 밀치고(땅바닥으로 향하도록 한 후) 제압을 하기 위해 팔을 두로 비틀어야 한다. 손목을 꺾어 연행하는 동작을 보여 준다.

9. 공격당하는 사람 구조하기

공격을 당하고 있는 사람을 도울 때는 주로 심판처럼 중간에 끼어드는 것을 생각할 수 있다. 그러나 경비원은 범인 뒤로 접근해야 한다.

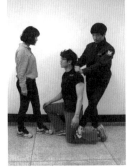 

공격당하는 사람 구조하기 1
〈범인 뒤에서 제압〉

공격당하는 사람 구조하기 2
〈제압의 실제〉

공격당하는 사람 구조하기 3
〈범인의 뒤에서 제압하기〉

제**10**장

장비 사용법

제1절 장비사용의 의의

1. 장비의 개념

경비원은 경비업법 제4조 제1항의 규정에 의해 경비업의 허가를 받은 법인(경비업자)이 채용한 고용인으로써 경비업법 제2조 제3호의 규정에 따라 일반경비원과 특수경비원으로 구분되며 다음의 업무를 수행하는 사람을 말한다.

경비업의 종류(경비업법 제2조 제1호 각목)

가. 시설경비업무 : 경비를 필요로 하는 시설 및 장소에서의 도난·화재 그 밖의 혼잡 등으로 인한 위험발생을 방지하는 업무

나. 호송경비업무 : 운반중에 있는 현금·유가증권·귀금속·상품 그 밖의 물건에 대하여 도난·화재 등 위험발생을 방지하는 업무

다. 신변보호업무 : 사람의 생명이나 신체에 대한 위해의 발생을 방지하고 그 신변을 보호하는 업무

라. 기계경비업무 : 경비대상시설에 설치한 기기에 의하여 감지·송신된 정보를 그 경비대상시설외의 장소에 설치한 관제시설의 기기로 수신하여 도난·화재 등 위험발생을 방지하는 업무

마. 특수경비업무 : 공항(항공기 포함) 등 대통령령이 정하는 국가중요시설의 경비 및 도난·화재 그 밖의 위험발생을 방지하는 업무

바. 혼잡·교통유도경비업무: 도로에 접속한 공사현장 및 사람과 차량의 통행에 위험이 있는 장소 또는 도로를 점유하는 행사장 등에서 교통사고나 그 밖의 혼잡 등으로 인한 위험발생을 방지하는 업무

경비원은 시설경비업무(경비를 필요로 하는 시설 및 장소(경비 대상시설)에서의 도난, 화재, 그 밖의 혼잡 등으로 인한 위험발생을 방지하는 업무), 호송경비업무(운반 중인 현금, 유가증권, 귀금속, 상품, 그 밖의 물건에 대하여 도난, 화재 등 위험발생 방지 업무), 신변보호업무(사람의 생명이나 신체에 대한 위해의 발생을 방지하고 그 신변을 보호하는 업무), 기계경비업무(경비대상시설에 설치한 기기에 의하여 감지, 송신된 정보를 그 경비 대상시설 외의 장소에 설치한 관제시설의 기기로 수신하여 도난, 화재 등 위험발생을 방지하는 업무)를 수행하며, 특수경비원은 특수경비업무 (공항(항공기 포함)등 대통령령이 정하는 국가중요시설의 경비 및 도난, 화재 그 밖의 위험발생을 방지하는 업무)를 수행한다(경비업법 제2조 제1호).

경비원은 각종 경비업무 수행 중 일정한 장비를 휴대하여 위해 또는 위난으로부터 경비를 원활하게 수행할 수 있도록 대비하고 훈련하여 숙지해야 한다.

경비업무를 수행하는 현장에는 언제나 경비대상에 대한 위험이나 위난 등이 도사리고 있기 마련이므로 경비원은 긴장된 마음과 자세로 경비업무를 수행해야 하며 경비업무를 수행함에는 여러 가지 위험이 따를 수 있기 때문에 장비의 휴대 사용은 경비대상에 대한 보호와 자신의 안위 등을 위해 아주 중요하다고 할 수 있다.

경비원은 두 분류로 나뉘는데 일반경비원과 특수경비원으로 구분하며, 이중 특수경비원은 경비업무 중 특수경비업무를 수행하는 사람들로 그들은 공항 및 국가중요시설 등을 경비하면서 무기 등을 휴대 근무하게 된다.

그러나 일반경비업무를 수행하는 경비원은 특수경비업무를 제외한 시설경비, 호송경비, 신변보호, 기계경비 등의 업무를 수행하기 때문에 무기를 제외한 필요 장비를 휴대 근무하게 된다.

2. 장비사용의 유형 및 법적 근거

법에 의한 휴대장비의 종류는 경적, 단봉, 분사기 등으로 되어 있는데 휴대장비는 직무수행 중으로 엄격히 제한되어 있다. 경비업법 제15조의2(경비원의 의무) 제1항은 "경비원은 직무를 수행함에 있어 타인에게 위력을 과시하거나 물리력을 행사하는 등 경비업무의 범위를 벗어난 행위를 하여서는 아니된다"고 규정하고 있고, 제2항은 "누구든지 경비원으로 하여금 경비업무의 범위를 벗어난 행위를 하게 하여서는 아니된다"고 규정하고 있다.

경비원이 장비를 휴대 사용하려면 법에 정한 규정을 따라 그 범위 내에서 사용하여야 한다. 사용범위를 벗어난 사용은 위법행위로 보호받지 못한다.

장비사용의 법적 근거는 경비업법 제16조의2(경비원의 장비 등)에 "경비업자가 경비원으로 하여금 분사기를 휴대하여 직무를 수행하게 하는 경우에는 총포·도검·화약류 등의 안전관리에 관한 법률에 의하여 미리 분사기의 소지 허가를 받아야 한다"고 규정하고 있고, 경비업법 시행규칙 제20조(경비원의 휴대장비)의 규정에 따라 휴대하게 되는데 법은 "경비원이 휴대하는 장구의 종류는 경적, 단봉, 분사기, 안전방패, 무전기 및 그 밖에 경비 업무 수행에 필요한 것으로서 공격적인 용도로 제작되지 아니하는 장비를 휴대할 수 있으며, 안전모 및 방검복 등 안전장비를 착용할 수 있다"고 명시하고 있다.

경비원 휴대장비의 구체적인 기준(경비업법 시행규칙 제20조제2항)

장비	장비기준
1. 경적	금속이나 플라스틱 재질의 호루라기
2. 단봉	금속(합금 포함)이나 플라스틱 재질의 전장 700㎜ 이하의 호신용 봉
3. 분사기	「총포·도검·화약류 등의 안전관리에 관한 법률」에 따른 분사기
4. 안전방패	플라스틱 재질의 폭 500㎜ 이하, 길이 1,000㎜이하의 방패로 경찰공무원이 사용하는 안전방패와 색상 및 디자인이 명확히 구분되어야 함
5. 무전기	무전기 송신 시 실시간으로 수신이 가능한 것
6. 안전모	안면을 가리지 아니하면서, 머리를 보호하는 장비로 경찰공무원이 사용하는 방석모와 색상 및 디자인이 명확히 구분되어야 함
7. 방검복	경찰공무원이 사용하는 방검복과 색상 및 디자인이 명확히 구분되어야 함

제2절 분사기

1. 분사기의 이해

1) 개념

(1) 의의

분사기는 사람의 활동을 일시적으로 곤란하게 하는 최루 또는 질식 작용제를 내장된 압축가스의 힘으로 분사, 상대를 제압하는 기기로 보통 가스총(gas gun) 또는 가스분사기로도 불리나 법에는 분사기로 규정하고 있다.

이후 교재에서는 가스분사기 또는 분사기로 명명하고자 한다.

가스분사기는 상대에게 위해를 가하려는 자의 생명은 해치지 않고 일시적으로 그 행동을 마비시키거나 위기에서 상대를 위협, 위험으로부터 벗어날 수 있어 개인 호신용으로는 물론 방범분야에 근무하는 경찰관, 청원경찰, 일반경비업무에 종사하는 사람들과 개인의 신변보호를 책임지는 경호업무 종사자까지 다양한 사람들이 휴대 사용하고 있다.

그러나 분사기의 사용은 남용되거나 잘못 사용하면 사람에게 피해를 주고, 범죄에 악용될 소지도 있는 등 사회질서에 심대한 위해가 될 수 있어 휴대 및 사용이 엄격히 법에 의해 규제되고 있다.

(2) 의미

우리사회에서 '가스총'이라고 하면 누구나 쉽게 '아~ 호신용 총'이라고 말한다. 그렇다면 왜 알기 쉽게 '가스총'이라고 하지 '분사기'라는 용어를 사용하게 되었을까?

우선 「총포·도검·화약류 등의 안전에 관한 법률」 제1조 목적에서는 '이법은 총포·도검·화약류·분사기·전자충격기·석궁으로 인한 위험과 재해를 미리 방지함으로써 공공의 안전을 유지하는데 이바지함을 목적으로 한다.'라고 규정하고, 우리가 보통으로 생각하는 '가스총'을 '분사기'라는 용어로 사용하고 있으며, 동법 제2조 제4항에서는 '이 법에서 분사기라 함은 사람의 활동을 일시적으로 곤란하게 하는 최루 또는 질식 등의 작용제를 분사할 수 있는 기기로서 대통령이 정하는 것을 말한다.'라고 정의 하였고, 동법 시행령 제3조 제1항에서는 '법 제2조 제1항의 규정에 의한 총포는 다음 각 호의 총과 포 및 총포의 부품을 말한다.'라고 규정하면서 산탄총, 강선총, 공기총, 가스총 등으로 규정하여 가스총을 총의 일부로 규정하였다.

즉 '가스총'은 물체(탄두)를 압축가스의 힘에 의하여 발사하는 것이며, 분사기는 내장된 압축가스의 힘으로 분사하는 것으로 규정하고 있다.

따라서 '가스총'은 금속성 탄알 등을 발사할 수 있는 총으로 규정하고 있으며, 그 원리에 있어 분사기와는 다른 개념으로 정의하고 있다. 액체나 분말을 분사하는 별도의 방범용 장치로서 '분사기'의 개념을 도입, 상호 중복을 피하려는 것이다.

(3) 분사기의 작동원리

분사기는 약제통 내부에 최루 또는 질식 작용제(분말 또는 액체의 식물성 물질로서 불연성인 물질)를 내장하고 그 물질과 함께 약제통 내부에 액화질소 또는 액화 프레온가스를 강제로 압입하여 노즐을 통하여 분출되는 힘의 분사(噴射)원리를 응용하여 제조된 기기를 말한다.

(4) 사용범위의 확대 및 중요성

산업경제와 과학문명이 발달하고 특히 사회는 도시화, 밀집화, 핵가족 중심으로 급속히 변화되면서 강절도, 성폭행, 유괴. 납치, 폭력 등 각종 위해범죄가 증대되고 이에 대비한 분사기의 사용범위도 일반경비에서 호송, 신변보호, 개인호신에 이르기까지 무한 확대 증가되고 있는 실정이다.

우리나라는 국가경찰제도를 운용하고 있으나 자치경찰제도가 병행되게 되면 방범용으로서의 분사기의 사용은 더욱 확대될 전망이다.

경비업이나 개인신변보호에 대한 제도가 가장 발달된 나라는 미국이다. 미국은 지방분권적 자치적 경찰제도를 취하고 있어 경찰력이 미치지 못하는 사경비의 부문에는 민간인 자치에 의한 경비제도가 발달되었다.

미국 경비업의 역사는 19세기 중엽 서부 개척시대의 금괴운송을 위한 철도경비로부터 1, 2차 세계대전을 치르면서 고도로 발달된 전자공학, 기술혁신 그리고 국민들의 경비개념에 대한 새로운 인식의 변화, 직업의 전문화 등으로 사경비업이 발전 성장하게 되었고, 자연스럽게 사경비에 동원된 경비원들의 휴대무기에 대한 관심도 높아지게 되었다.

미국은 원래 무기휴대가 자연스러운 나라로 경비에 있어서도 살상용무기(권총, 소총 등)을 휴대 경비를 했으나 사회경제가 발달하고 인명이 중시되면서 살상용

무기보다는 생명에는 지장을 주지 않으면서 위해로부터 일터와 자신을 보호하고 범죄로부터 방호할 수 있는 즉, 인명을 해치지 않으면서도 효과적으로 임무를 수행할 수 있는 기기의 개발에 노력하여 분사기, 호신용단봉, 전자충격기 등 개인 호신이나 경비 등 임무수행 중 활용할 수 있는 장비를 개발하게 된 것이다.

우리나라도 국가산업이 발달하고 경비업무의 수요가 증가함으로써 경찰력만으로는 발생하는 각종 범죄에 대응, 감당할 수 없게 되었고, 부족한 경찰력을 보충, 사회 안정과 산업시설의 보호를 위해 1962년 세계에 유례가 없는 청원경찰법이 제정되면서 청원경찰제도가 생기게 되었고, 청원경찰은 경찰의 임무 중 경비, 방범 등 많은 부분을 이양 받아 산업시설, 국가 중요기관, 기업체, 신문사, 방송국, 항공사, 금융기관, 정유 및 석유비축시설, 방위산업체 같은 중요시설물에 이르기까지 경비. 방범업무를 담당하고 있고, 청원경찰에 대하여는 시설주의 요청에 의하여 무기를 지급 휴대하도록 하였으나 지금은 특수경비지역이 아닌 곳에서는 거의 분사기 등 경 장비를 휴대 근무하도록 하고 있다.

사경비 분야인 경비업은 1960년대 미 8군 부대경비를 위해 한국인 근로자들이 고용되어 실시하면서 시작되었으나 우리나라에서 민간경비분야로 시작된 것은 1976년 용역경비업법이 제정되면서 법에 의해 일반경비가 실시되게 되었고, 1978. 9. 21일 사단법인 한국 용역경비업회가 설립되었으며, 현재는 경비업무의 건전한 발전과 경비원의 자질향상 및 교육훈련 등을 위하여 한국경비업회가 설립되어 존재하고 있다.

경비업법에 의해 처음 시행한 1976년에는 9개의 사경비업체에 5천여 명의 경비원이 있었으나, 1985년에는 경비원의 수가 일만 명을 넘었고, 1997년에는 1,000여개 업체에 5만6천여 명, 2014년 4,287개의 민간경비업체에 150,543명의 경비원들이 경비업무를 수행하고 있다.

이와 같이 기하급수적으로 증가하는 경비인력에 지급되는 장비 특히 경비업무 수행 중에 휴대하는 필수장비로 분사기가 보급되고 있어 이에 대한 안전사고 예방과 사용상의 위험에 대한 교육 및 감독이 필요하고, 특히 사용자인 경비원들의 분사기의 성능, 사용방법 및 안전수칙의 숙지가 절대적으로 요구되고 있다.

분사기는 인명을 살상하는 치명적인 무기는 아닐지라도 사용방법의 미숙, 안전수칙의 해태로 인하여 자신은 물론, 주변에 대한 피해, 실제 위험의 도래에 대한 대처의 미숙 등으로 인해, 휴대 사용의 가치가 없어지는 결과가 발생할 수 있어 이러한 사고방지를 위하여 사용방법 및 안전수칙의 숙지가 필요하다 할 것이다.

(5) 경비업체의 범위

경비업이란 일반 민간인이 경영하는 사경비업을 일컫는 것으로 일정한 업무를 도급받아 행하는 영업으로 이를 영위하는 사람은 상법상의 의제상인이라고 할 수 있다.

따라서 경비업체는 법인으로 제한하며 이에 대한 규율은 경비업법에 특별한 규정이 없는 한 민법상의 법인에 관한 규정을 준용한다.

경비업은 경비를 필요로 하는 시설 및 장소에서의 도난, 화재 그 밖의 혼잡 등으로 인한 위험발생이 우려되는 시설의 경비업무, 운반 중에 있는 현금, 보석, 중요물품 등 도난 등에 대한 위해발생을 방지하는 호송경비업무, 사람의 생명, 신체에 대한 신변보호업무, 경비대상시설에 설치한 기기에 의하여 감지. 송신된 정보를 그 경비대상 시설 외의 장소에 설치한 관제시설의 기기로 수신하여 도난, 화재 등 위험발생을 방지하는 기계경비업무 및 공항 등 대통령령에 정해진 국가 중요시설의 경비 및 도난, 화재 그 밖의 위험발생을 방지하는 특수경비업무의 일부 또는 전부를 도급받아 행하는 영업행위로 이러한 경비업무를 총체적으로 수행하는 것은 직접 현장에서 임무를 수행하는 경비원이 하게 된다.

경비업무도 일반경비와 특수경비로 구분되는데, 일반경비에 종사하는 사람은 시설경비, 호송경비, 신변보호, 기계경비업무 등을 수행하게 하며, 특수경비에 종사하는 사람은 공항, 국가 중요시설 등 대통령령으로 정해진 특수시설에서 권총, 소총 등 살상무기를 휴대 근무한다. 그러나 대부분의 일반경비업무 종사자들은 분사기, 호신용단봉, 전자충격기 등을 휴대 경비업무를 수행한다.

2) 분사기의 등장 및 발전과정

(1) 등장

분사기가 우리나라에 처음 등장하게 된 것은 1986년 아시안게임과 1988년 올림픽개최에 따른 경비업무의 필요성이 대두되면서 시작되었는데, 이 시기 우리는 적절한 경비업무를 수행할 아무런 수단도 없어 그 임무수행을 위한 필요성에서 등장한 것이 현재의 분사기이다.

사실 분사기의 상용화는 휴대형소화기에서 착안되었다고 하는데, 외국에서 사용되는 휴대형 소화기를 제작하여 판매하였는데 생각보다 판매가 부진하여 고심 끝에 휴대형 소화기의 작동원리에 최루작용제 분말을 혼합하여 방범용으로 생산하여 시판하였고, 이것이 의외로 수요가 많아 상용화에 성공하였다.

(2) 법률화

분사기 수요의 증가로 상용화에 성공하게 되자, 소상공인을 중심으로 가내공업 형태로 분사기 제조업체가 우후죽순처럼 난립하게 되었고, 판매업자들이 전국을 대상으로 판매지를 넓혀 나가며 고가로 판매이익을 챙겼으나 품질보장이 없었기 때문에 조잡한 물품으로 인한 피해는 고스란히 소비자에게 돌아가게 되었다. 그러나 법률적으로 아무런 제재수단이 없었음으로 법률화가 필요하게 되었고, 이러한 문제를 해결하기 위하여 1989년 12월 30일 「총포·도검·화약류 등 단속법」을 개정하여 각 규정 속에 분사기를 삽입, 법제화하게 되었다.

(3) 분사기의 발전

법의 개정으로 법제화된 분사기에 대한 제조업체는 4개 업체로 출발하였으며, 이중 3개사는 약제통 내부에 압축가스를 내장하고 바늘구멍을 통해 그 압축가스와 폭발 힘을 이용, 분말최루약제를 분사하는 형태로서 현재 모양의 총포와는 거리가 먼 'ㄱ'자형 모양의 크고 무거운 형태의 분말식분사기를 제조하였으며, 1개사는 같은 'ㄱ'자 모양에 액체최루약제와 프레온가스를 압입하여 분사하는 방식의 액체식분사기를 제조하였다.

이때의 분사기는 거의 단발 분사형태로 이루어졌으나 여러 번 분사할 수 있는 제품의 수요가 제기되면서 분사기의 모양이 총포형태와 비슷하며, 가벼우면서도 작은 2발 또는 다 연발 형태로 발전하게 되었다.

이후, 분사기 제조업체는 10여개사로 증가하였으며, 각 금융기관의 경비용, 경비업체의 경비원용 등으로 수요가 확대되어 품질이 개량된 제품이 쏟아져 출시하게 되었으며, 1996년경에는 38구경 리벌버 권총형태의 5연발식 분사기가 등장하였다.

이 경우에 가스탄에 화약을 장착하여 총성과 함께 화약의 폭발 힘으로 액체최루약제를 순식간에 분사하는 최신 모델까지 개발되어 분사기의 대중화시대를 선도하게 되었다.

다만, 이 형태의 경우 경찰용 권총과 매우 흡사하여 경찰업무에 방해가 되며, 악의로 개조하면 인명살상의 위험이 제기됨에 따라 2005년 11월 1일 이후 권총형태의 화약장착형 탄창 리벌버식 분사기는 제조금지조치(기존 제조분의 판매는 허용되고, 약제품 등 소모품의 공급은 지속)되었다.

3) 분사기소지의 법적근거

(1) 가스총과 분사기

위에서 설명한 대로 분사기는 우리가 흔히 부르는 권총형의 분사기가 있고, 휴대가 간편하게 만들어진 휴대형 분사기도 있다. 「총포·도검·화약류 등의 안전에 관한 법률」, 「경찰관 직무집행법」, 「경비업법시행령」 등 법에는 분사기라는 명칭으로 구분되어 적시되고 있다.

이와 같이 우리가 흔히 가스총이라고 하는 것은 분사기의 일종으로 말하고 있으나, 수렵용 공기총 중에 발사추진체가 압축공기의 힘이 아닌 가스압력의 힘으로 발사되는 종류가 있는데 이것은 그냥 공기총이라고 할 뿐이다.

일반적으로 가스총이라고 하는 것은 호신용 혹은 경비용으로 휴대하는 분사기를 지칭하는 경우가 많다. 즉 호신용 혹은 경비용, 방범용, 치안용 등 분사기는 형식이 권총형 등으로 되어있고, 매운 성분의 가스가 분사된다 하여 가스총으로 부르고 있으나, 「총포·도검·화약류 등의 안전에 관한 법률」 등에서 분사기가 분류 등재된 지 20여 년이 지난 지금은 법률용어대로 분사기라고 부르면 무리가 없고 정확하다. 그러나 가스총이라 해도 일반적으로 통용되는 것은 전과 다름이 없다. 일반적으로 권총형은 총이라 하고, 직선형(원통형) 휴대용은 분사기라고 부르기도 한다.

(2) 법적 근거

① 소지허가

분사기와 전자충격기 등을 소지하고자 하는 사람은 「총포·도검·화약류 등의 안전관리에 관한 법률」 제12조의 규정에 의하여 관할 경찰서장의 소지허가를 받아야 구입하여 소지하고 사용할 수 있다(다만 20세 이상자만 소지사용이 허용된다).

㉠ 「총포·도검·화약류 등의 안전관리에 관한 법률」 제12조 제1항 및 동법

시행령 제14조 제1항 제8호 : 개인에 대한 소지허가 규정

ⓛ 「총포·도검·화약류 등의 안전관리에 관한 법률」 제12조 제2항 및 동법 시행령 제14조 제1항 제10호의 나, 경비용 : 법인(각 금융기관 및 경비업체 포함)과 국가기관, 지방자치단체 및 공공기관에 대한 소지허가규정

② 휴대 및 사용

㉠ 「경찰관직무집행법」 제10조의 3(분사기의 사용 등) : 범인의 체포, 도주의 방지 및 불법집회·시위로 인한 자신이나 다른 사람의 생명·신체와 재산 및 공공시설 안전에 대한 현저한 위해의 발생 억제를 위해 경찰관이 분사기 사용

ⓛ 경비업법 제16조 2(경비원의 장비 등) : 경비업자가 경비원으로 하여금 분사기를 휴대하여 직무를 수행하게 하는 경우에는 법에 의거 미리 분사기소지의 허가를 받아야 한다.

ⓒ 경비업법 시행규칙 제20조(경비원의 휴대장비)경비원은 근무 중 경적, 단봉, 분사기, 안전방패, 무전기 및 그 밖에 경비 업무 수행에 필요한 것, 공격적인 용도로 제작되지 아니하는 장비를 휴대할 수 있으며, 안전모 및 방검복 등 안전장비를 착용할 수 있음

ⓔ 청원경찰법시행령 제15조(분사기휴대) : 청원주는 「총포·도검·화약류 등의 안전관리에 관한 법률」에 따른 분사기의 소지허가를 받아 청원경찰로 하여금 그 분사기를 휴대하여 직무를 수행하게 할 수 있다.

ⓜ 「경비업법」 제14조 제8항 및 동법 시행령 제20조 제5항(권총 및 소총휴대) : 특수경비원은 근무 중 무기휴대

③ 벌칙

「총포·도검·화약류 등의 안전에 관한 법률」 제71조 제1호(소지규정위반) : 5년 이하 징역 또는 일천만원 이하의 벌금

④ 소지의 결격사유

「총포·도검·화약류 등의 안전에 관한 법률」 제13조(총포·도검·화약류·분사기·전자충격기·석궁 소지자의 결격사유)

㉠ 20세 미만인 사람, 다만 대한체육회장이나 특별시/광역시 또는 도의 체육회장이 추천한 선수 또는 후보자가 사격경기용 총을 소지하고자 하는 경우에는 그러하지 아니하다.

ⓛ 심신상실자, 마약·대마·향정신성의약품 또는 알콜중독자 그 밖의 이에 준하는 정신장애자

- 양쪽 눈의 시력이 각각 0.5 이하에 해당하는 사람(교정시력포함)
- 색약자로서 단색식별이 불가능한 사람
- 양팔 또는 양손의 손가락을 전혀 쓸 수 없는 사람
- 양팔 모두 팔꿈치 관절이상을 잃은 사람
- 머리, 척추, 다리 등 그 밖의 신체장애로 인하여 독립적 활동을 할 수 없는 사람은 결격사유에 해당함

ⓒ 「총포·도검·화약류 등의 안전관리에 관한 법률」을 위반하여 벌금 이상의 형의 선고를 받거나 다른 법의 규정을 위반하여 금고 이상의 형의 선고를 받고 그 집행이 끝나거나 집행을 받지 아니하기로 확정된 후 3년이 지나지 아니한 사람

ⓔ 「총포·도검·화약류 등의 안전에 관한 법률」을 위반하여 금고이상의 형의 집행유예를 받고 그 집행유예기간이 끝난 날로부터 1년이 지나지 아니한 사람

ⓜ 「총포·도검·화약류 등의 안전에 관한 법률」 제45조(제조업자 등에 대한 행정처분), 제46조(소지허가 받은 사람 등에 대한 행정처분) 제1항(결격사유해당자 및 명령위반자, 도난분실자, 용도 외의 사용자)의 규정에 의한 허가취소를 받고 1년이 지나지 아니한 사람

ⓗ 다른 사람의 생명, 재산 또는 공공의 안전을 해칠 염려가 있다고 인정되는 경우

ⓢ 법에 의한 구조와 기능이 규칙의 정한 기준에 적합하지 아니한 경우

4) 분사기의 분류 및 성능

(1) 분류

분사기는총포·도검·화약류 등의 안전에 관한 법률상 총포형 분사기, 막대형 분사기, 만년필 형분사기, 기타 휴대형 분사기로 분류되는데 이는 형태(모양)에 따른 분류라고 볼 수 있다. 또한 분사기구조 및 성능에 따라 분말식분사기와 액체식 분사기로 분류된다.

분말식분사기는 총포형 분사기, 막대형 분사기의 2종으로 분류되고, 액체식분사기는 총포형 분사기, 막대형 분사기, 만년필형 분사기, 기타 휴대형 분사기의 4종으로 분류된다.

(2) 형식에 따른 분류

① 리벌버형 분사기

실탄발사방식의 분사기로 화약에 의해 폭발, 탄피 내의 최루액이 분출되는 분사기로 총소리가 나는 5~6연발이 있는데 대개 5연발의 분사기가 많고, 한발을 발사하면 작게 깨진 유리조각 100개 정도가 상대방 얼굴을 가격하는 것 같은 효과가 있으며, 일명 파편발사형 분사기라고도 한다.

효과적인 유효사거리는 3~5m(가장 효과가 큰 거리는 2~3m)로 이는 상대방의 얼굴에 쏘았을 때 약재의 90% 이상이 얼굴에 명중해서 상대방이 전혀 눈을 뜨지 못하고 앞의 물체도 못 볼 정도로 상대를 전신 무력화시키는 것이다. 특히 유리조각 100개를 상대방얼굴에 던지는 파편발사식이어서 상대방이 피하는 게 불가능하다.

38구경 권총과 같이 생겨서 진짜 총으로 오인, 겨누는 것만으로도 위압감을 주며 얼굴에 발사시 약 10~20분 동안 눈을 전혀 뜨지 못하게 하는 역할을 한다.

② 권총형 분사기

현재 외근경찰관들과 경비업무를 담당하는 사람들이 휴대하는 분사기로 방사방법은 다양하나 4연발이 가능하며, 유효사거리는 3~7m이나 이 역시 가까이(2~3m)에서 쏠수록 효과가 있으며, 중량은 680g, 전장 20cm, 알루미늄으로 되어 있고 범인검거 및 범죄진압 등 직무수행시 사용한다(리벌버형과 권총형 모두 호신용, 경비용, 치안용으로 널리 이용되고 있다).

③ 기타 휴대형 분사기

㉠ 원통형

원통형분사기는 휴대가 간편하도록 제조된 원터치방식의 분사기로 다량의 가스 살포가 가능하며 간편한 기계적 원리로 되어있고, 정확한 조준력과 리필 탱크사용으로 약제교환이 간편하다.

ⓛ 만년필형

만년필형 또는 볼펜형 분사기도 간편한 기계적 원리로 원터치방식이며 정확한 조준력과 상의포켓에 꽂고 다닐 수 있고 거부감 없이 사용이 가능하여 금융기관 등에서의 사용이 좋다

- 휴대용분사기(SG형)은 총 중량 480g, 가스량 CO_2 12.4g, 14.0g, 약제 100g, 전장 245mm, 280mm, 방사거리 5~8m, 방사시간 약 5초, 충전시간 약 15초, 지름 50mm, 구경 4mm
- 휴대용분사봉(SS2형)은 총 중량 400g, 가스량 CO_2 14.0g, 12.4g 등으로 되어 있음

ⓒ 막대형분사기

액체 및 분말 약제로 생산되며 부피가 커서 소지하는데 약간의 제한이 있으나 분말 주사기의 경우 경비용으로 많이 사용되고 있다.

이 외에도 주로 스프레이식으로 휴대에 간편하여 립스틱 형, 핸드폰 형, 기타 화장품 형 등 다양한 종류로 생산되고 있다.

(3) 약제에 의한 분류

① 분말식 분사기

약제통 내부에 분말을 넣어 압축되어 있는 가스의 압력으로 분말을 외부로 분출시킬 수 있도록 만들어진 것으로 아래와 같은 장단점이 있다.

ⓛ 장점

- 분사되는 약제의 양이 액체식에 비해 많고, 반경이 넓고 멀리 분사된다.
- 분사되는 약제의 매운 성분이 액체식에 비해 더 강력하다.
- 분사되는 약제의 유효기간이 액체식에 비해 월등히 길어 경제적이다.
- 다수의 범인을 제압하는데 더 효과적이다(특히 막대형의 경우).
- 확실하게 한발씩 발사할 수 있다.
- 추위와 더위에 민감하지 않아 사계절 사용이 가능하다.

ⓒ 단점

- 모양을 권총형이나 소형, 경량화 등 다양화하기 어렵다.
- 단발 또는 2발을 발사할 수 있으며, 그 이상 발사 횟수를 늘리기 어렵다.

- 분사시 바람의 영향을 많이 받는다.

② 액체식 분사기

약제통 내부에 고액체로 되어 있는 작용제를 넣어서 강압되어 있는 냉매(압축가스)를 통해 작용제를 외부로 분출시킬 수 있도록 만들어진 것으로 아래와 같은 장·단점이 있다.

㉠ 장점

- 권총모양 등 형태를 다양화 할 수 있고, 경량화 시킬 수 있다.
- 짧게 여러번 나누어서 단발부터 6~7회 이상까지 분사할 수 있다.
- 탄창 리벌버 화약식의 경우 1발씩 나누어 5발까지 발사할 수 있으며, 총성이 발생하므로 방범효과가 뛰어나다.
- 바람의 영향을 많이 받지 않는다.

㉡ 단점

- 분말식에 비해 약제량이 적으며 매운 성분이 약하다.
- 약제의 유효기간이 짧아 비경제적이다.
- 점사식분사로 한발씩 분사할 경우 분사거리가 짧아진다.
- 일단 한번이라도 분사하고 나면 약제의 잔량을 측정할 수 없어 다음번에 분사하고자 할 때 분사가 되지 않는 경우도 있으며, 약제의 성분이 유성(油性)이기 때문에 분사노즐이 완벽하게 고압축된 압력을 막지 못하여 약제가 누출되어 소지시 맵고 역겨운 냄새가 날 수 있다.
- 언제든지 사용할 수 있게 하기 위하여 약제통을 지속적으로 교환하여야 하므로 유지비가 많이 든다.
- 추위와 더위 등 온도변화에 민감하여 약제통 내부의 압력이 수축 또는 팽창하여 추울 때는 분사효과가 현저히 떨어지고, 더울 때는 압력팽창으로 자연 분사되는 경우가 있다.

〈표 10-1〉 분말 및 액체식 분사기의 비교

구분	분말분사기	액체분사기	비고
약제효과	강함	약함	
약제량	많음	적음	
유효거리	길다(5~7m)	짧다(3~5m)	
분사범위	넓음	좁음	
소형화	어려움	가능	
경량화	어려움	가능	
연발분사	제한적	가능	
경제성	경제적(20~24개월)	비경제적(15~18개월)	약제 유효기간
바람영향	매우큼	적음	

(4) 소지목적에 따른 분류

① **호신용 분사기** : 치한의 습격이나 각종 범죄 등의 위험으로부터 자신을 보호하기 위한 목적으로 소지하는 분사기로 호신용분사기는 소형으로 휴대가 간편하면서, 사용이 용이하도록 만들어졌으며, 액체분사기가 주로 많이 쓰이고 있는데 립스틱형, 핸드폰형, 화장품형 등 그 종류 또한 매우 다양하다.

② **경비용 분사기** : 경비를 목적으로 소지하는 분사기로 경비용분사기는 호신용분사기와 달리 약제량이 많고 다수의 범인 제압에 용이하며, 약제의 유효기간이 비교적 길어 경제적이며, 대표적으로 막대형 분사기를 들 수 있다.

③ **치안용 분사기** : 주로 경찰 등에서 민생치안과 데모진압을 위해 사용되는 분사기로 이 분사기에는 호신용이나 경비용 등 일반분사기 약제로는 사용이 금지되어 있는 최루작용제를 내장하여 사용할 수 있고, 특히 범인검거나 범죄진압 등은 물론 경찰업무 수행상 다량의 약제를 분사할 수 있도록 경찰장비로 제조허가를 받을 수 있다.

2. 분사기 사용법

1) 의의

(1) 사용법 숙지의 필요성

경비원은 항상 범죄를 감시하는 입장에 있다. 이런 면에서 언제든지 현행범인과 마주칠 수 있으며 유사시 자신의 생명, 신체를 보호해야 하고, 보호수단 중의 하나가 호신용 장구인 분사기이다. 그러나 정작 분사기를 사용하고자 할 때에는 분사기에 대한 올바른 사용법을 몰라 당황하거나 제대로 사용하지 못하고 속수무책으로 당하는 경우가 있다. 특히 경비원의 많은 수가 연령이 높은 사람들이기 때문에 인지능력이나 대처방법이 둔해 오히려 해를 당할 우려가 많다. 이런 측면에서 분사기에 대한 올바른 사용법 등을 사전에 숙지할 필요가 있다.

(2) 분사기별 특성

분말식분사기는 앞에서 언급한 바와 같은 장점으로 인하여 경비원용으로 많이 사용되고 있고, 액체식분사기의 경우 일반인이 호신목적으로 많이 사용하고 있다.

우선 액체식으로 지금은 제조 금지된 리벌버형(액체식)과 액체식 분사형, 분말식 분사형의 제품군에 대한 특징은 아래 표와 같다.

<표 10-2> 분사기별 특성

구분	리벌버형	액체식 분사형	분말식 분사형
주요사용처	일반용	일반용	경비용
분사거리	3~5m	3~5m	5~7m
분사물질의 형태	액상	액상	분말(가루)
분사방식	화약폭발	압축가스	압축가스
총성여부	있음	없음	없음

2) 분사기의 형태별 특징

(1) 리벌버형

리벌버형은 경찰에서 사용하는 권총과 유사하여 제조가 중지되었다. 다만, 기존에 제조된 제품은 판매와 사용이 가능하다.

리벌버형은 경찰에서 사용하는 38구경 권총과 마찬가지로 리벌버 형태이고 화약의 폭발로 인하여 탄피 내에 들어있는 최루액을 발사하는 방식으로 분사기의 효과를 나타낸다. 보통 5연발이 주를 이루고 있으며, 일부 제품에서는 6연발의 형태를 가진 분사형도 있다.

리벌버형의 장점은 안타깝게도 이 제품을 생산중지케 한 이유이다. 즉 경찰에서 사용하는 총과 유사하여 제압 상대방에게 강력한 효과를 나타낼 뿐만 아니라 일반인 또는 경찰도 진짜 총기로 인식하여 오해의 소지가 있다는 것이다.

하지만, 이러한 제품 유형을 일반인뿐만 아니라 경비원도 많이 소지하고 있으므로 위에서 설명한 장점 등을 살릴 수 있어 좋을 것이나, 경찰에서 선량한 시민과 조우할 경우에는 반드시 분사기임을 인식시켜 문제의 소지를 없애야 할 것이다.

리벌버형의 주요 특징은 1발씩 같은 형태로 연발발사가 가능하다는 점이다. 즉 방아쇠 조작만으로 모든 것을 종결시킬 수 있으므로 효과적이고, 예비탄을 소지하고 있다면 연발로 사용한 후 신속하게 교환을 하고 재사용이 가능하다는 특징이 있다.

그러나 화약을 사용하는 관계로 너무 근접해서 사용할 경우 상대방에게 치명상을 입힐 수 있으므로 주의해야 하며, 사거리가 통상적으로 3~5m에 불과하므로 너무 멀리서 사용할 경우 효과가 없으며 정확히 발사를 해야 효과를 볼 수 있다는 면도 사용시 유의해야 한다(2~3m 거리에서 사용시 최대의 효과 발휘).

(2) 액체식분사형

액체식분사형은 압축가스를 이용하고 스프레이의 작동원리에 의한다. 효과부분에 있어서는 리벌버형과 유사하나 총성 등이 발생하지 않는 점과 화약을 이용하지 않는 점, 리벌버형 탄창을 이용하지 않는 점에서 차이가 있다. 그 외의 효과부분은 별다른 차이가 없는데, 발사되는 물질이 액체의 형태를 띠고 있기 때문이다.

(3) 분말식분사형

분말식분사형은 경량화하기 어렵고, 계속적인 발사방식을 채택하기 어렵다. 그러나 발사거리가 5~7m로 액체식보다 멀리 나가며, 약제량이 많기 때문에 다량의 상대방을 제압하기 적당하다. 또한, 분말을 사용하기 때문에 액체식보다 유효기간이 길어 관리측면에서 유리하다. 이러한 측면으로 인하여 경비원용으로 많이 사용하고 있다.

다만, 분말을 사용하기 때문에 바람의 영향을 받을 수 있다는 점이 단점으로 지적 될 수 있으므로 사용시 바람을 등지고 사용하는 등 적정한 방식을 취해야 할 것이다.

3) 분사기 사용원칙

경비업무 수행 중 현행범인을 제압하기 위해 분사기를 사용할 때는
첫째, 경비업무 목적으로 사용해야 하며
둘째, 최소한도내에서 방어 목적으로 사용해야 하고
셋째, 무엇보다도 중요한 것은 적법한 범위 내에서 사용해야 한다.[103]

(1) 경비업무 목적으로 사용

경비업무 수행 중 소지하는 분사기는 경비용이며, 경비업법에 의해 정해진 업무를 수행하고 있는 것이다. 목전의 위험에 대한 부득이한 대처 방법으로 분사기를 사용하였다면 경비업무 목적에 부합한다고 할 수 있다. 그러나 이권다툼이나 주민과의 갈등 등에 대하여 위협 또는 불안감 조성으로 위력을 과시하거나 남용 등의 물리력을 행사한다면 사용목적에 부합한다고 할 수 없다.

(2) 최소한도 내에서 방어목적으로 사용

분사기 소지의 근본 목적은 방어를 위한 것이다. 순찰 중 거동수상자를 발견하였더라도 신분확인 등의 절차가 필요하다. 신분확인 등 거동행위에 대한 확인 중 기습공격을 해 올 때, 방어를 위해 꼭 필요한 최소한도 내에서 사용해야 한다.

---

103) 한국경호경비학회(2011), 앞의 책, p.273.

(3) 적법한 범위 내에서 사용

분사기의 사용은 반드시 현행범인 체포나 정당방위 등 적법한 범위 내에서 사용해야 한다.

4) 분사기 사용

(1) 평상시관리

분사기는 항상 "언제든지 사용할 수 있게 하라"는 원칙에 따라 관리되어야 한다. 즉, 유효기간이 지났는지, 기기작동은 제대로 하는지, 지속적으로 관리를 해야 한다는 것이다. 통상적으로 유효기간은 약제통에 음각으로 표시된 것이 대부분이므로 이것을 참고하여 관리하고, 특히, 구입시 유효기간을 반드시 확인할 필요가 있다. 또한, 예비약제 등을 구비하여 유사시에 대비하면 효과적이다.

경비원은 근무 중 현행범과 조우했을 때 신속 과감하게 분사기를 사용, 범인을 체포해야 한다. 분사기 등 휴대장비를 적절히 사용하기 위해서는 평소 사용법을 잘 숙지해야 유사시 당황하지 않고 사용할 수 있다. 지속적인 반복연습을 통해 사용법을 숙지하여 효과적으로 분사기를 사용할 수 있는 능력을 갖추어야 한다.

① 분사기의 휴대

분사기를 휴대할 때는 반드시 소지허가증과 함께 소지해야 하며, 휴대방법은 일반적으로 허리휴대와 어깨휴대의 방법이 있다.

- ㉠ 허리휴대법 : 가장 보편적인 방법으로 갑작스런 범인의 출현 등에 즉각 대응이 가능하여 일반적으로 근무 중 많이 활용하는 방법이다.
- ㉡ 어깨휴대법 : 호송이나 신변보호 등 비노출 경비업무 수행 중 주로 사용하는 방법으로 분사기 소지여부의 노출방지의 효과가 있다.

② 액체식분사기 사용방법(리벌버형의 경우)

- ㉠ 안전장치를 몸 바깥쪽으로 완전히 밀어 실린더를 개방, 약제의 장전
- ㉡ 안전장치 해제(off에서 on으로 위치 변경)
- ㉢ 목표물을 향해 신속 정확하게 조준, 방아쇠를 당겨 과감하게 분사
- ㉣ 제압여부 확인, 다음 약제발사 여부를 신속히 판단

ⓜ 주의사항

- 가급적 바람을 등지고 사용
- 실린더가 왼쪽으로 회전하므로 최초 분사 약제는 1시 방향의 약제
- 권총과 유사하고 총성이 있으므로 반드시 분사기라고 분명하게 경고
- 안전장치는 내 몸 쪽으로 당기면 안전, 몸 밖으로 밀면 분사위치가 되나, 제품의 차이가 있을 수 있으므로 반드시 사용법 숙지)

③ 분말식분사기 사용방법

ㄱ 약제를 장전하거나 분리시 약제통을 회전시킨다.
ㄴ 안전장치의 해제
ㄷ 목표물을 신속정확하게 조준, 과감하게 분사

ㄹ 주의사항

- 분말은 바람의 영향이 크므로 반드시 바람을 등지고 사용
- 분말에 자신이 피해를 입지 않도록 각별한 주의 필요
- 분말식분사기는 안전장치 작동이 상~하로 된다. 즉 안전장치를 아래로 놓으면 안전, 위로 올리면 분사위치가 되나, 역시 제품에 차이가 있을 수 있으므로 사용법의 철저한 숙지 필요)

④ 조준방법

ㄱ 신속히 분사기를 꺼내 일어선 자세로 분사기를 파지(손으로 쥐고) 후 목표물을 향하는데, 손은 한손 또는 두 손으로 편리하게 파지 후 목표물을 향한다.
ㄴ 파지한 손은 자신의 신체로부터 가급적 멀리 이격(약제피해의 최소화)
ㄷ 조준시 너무 높거나 너무 낮을 경우 정확한 조준이 어렵다.
ㄹ 가늠자와 가늠쇠를 범인 안면부와 일치시키며 조준점은 범인의 인중이 되어야 한다.

⑤ 분사기 파지방법 : 파지는 한손 파지와 두 손 파지방법이 있으며 두 손 파지는 다시 감싸서 파지하는 방법과 받쳐 파지하는 방법이 있고, 가급적 두 손으로 파지하는 것이 안정적이라 할 수 있다.

⑥ **사후조치**

㉠ 신속히 역습에 대비 : 첫째, 분사기의 명중여부 확인 후 제2발 발사 준비, 둘째, 명중시 범인의 제압 및 주변도움을 받을 수 있을 때는 즉시 도움 요청, 셋째, 제압이 불가능한 경우 신속하게 그 자리를 피해야 한다.

㉡ 제압한 범인은 즉시 경찰에 인계 : 직접 인계 또는 112연락(112연락이 가장 신속하고 정확한 방법), 현장의 보존으로 경찰의 수사에 혼선을 주는 일이 없이 적극 협조, 자신이 피의자로 오인 받는 일이 없도록 주의, 피해품이나 증거물 확보도 중요하다.

㉢ 인명구조 : 부상자 발생시 즉시 119 등에 연락 구조요청, 응급처치를 해야 한다.

(2) 사용시 : 사용시는 다음의 원칙에 충실하게 사용하여야 한다.

① **안전장치 해제 등 준수**

위에서 설명한 바와 같이 각 분사기의 형태별 사용법이 상이하다. 안전스위치가 있는 것이 있고 없는 것이 있으며, 분말 또는 액체가 발사될 수도 있고, 특정한 상황에서 사용하였을 경우 상대방에게 치명상을 입힐 수도 있기 때문이다.

분사기를 사용할 때에는 대부분의 경우 먼저 안전장치를 풀고 사용하여야 한다. 범인과 조우시 등에는 당황하게 되어 안전장치가 잠긴 상태에서 방아쇠를 당기게 되는 경우가 흔히 발생한다. 이럴 경우 오히려 자신이 피습을 당하게 되므로 사용시에는 침착하게 안전장치를 풀고 사용하여야 한다.

② **침착하고 당당한 태도의 견지**

사용시 상대방에게 위축되지 않아야 한다. 분사기를 소지하고 있으며, 소지하고 있는 분사기를 상대방에게 언제든지 사용가능한 상태라는 것을 자신 있게 말로서, 행동으로서 상대방에게 보여주어야 한다. 왜냐하면, 상대방이 사용자에게 허튼짓을 할 경우 사용하겠다는 의사를 분명히 밝혀야하고, 실제로 사용을 하여야 하기 때문이다.

이때에 자신감이 결여되었다는 것은 떨리고 자신감이 결여된 목소리, 손떨림 등으로 표현될 수 있으며, 이렇게 될 경우 오히려 상대방이 자신감을 갖고 역습을 준비한다. 실제로 역습을 당하게 될 경우 분사기 사용자는 목적한 바를 이루지 못하고 심지어는 분사기를 탈취당하여 자신이 분사기의 효과를 볼 수도 있으며 제2의 범죄로 이어질 가능성이 농후하다.

항상 역습에 대비를 하여야 한다. 왜냐하면, 실질적으로 분사기 사용이 상대방에게 일시적으로 제압을 할 수는 있지만 총기 등 무기와 같이 상대방에게 장기적으로 움직이지 못하게 하거나 심지어 사망에 이르게 하지는 않기 때문에 상대방은 이점을 역이용하여 가벼운 상처 등을 감수하고 역습하여 체포 등의 더 큰 불이익을 피해 빠져나가려 노력하기 때문이다.

③ 적당한 거리의 유지

분사기를 사용하기 위해서는 적정한 위치를 반드시 선점해야 한다. 너무 가깝거나 너무 멀어서도 안 되고, 바람의 방향도 적절하게 이용하여야 한다. 적정한 위치는 소지하고 있는 분사기별로 다를 수 있으므로 자신이 소지하고 있는 분사기의 성능 등을 숙지하고 평상시 훈련을 통하여 실질적 성능을 체득하여야 한다.

④ 신속 · 정확한 사용

분사기를 사용하고자 하였다면 신속 · 정확하게 조준하여 사용하여야 한다. 즉, 사용하겠다고 고지를 하였는데도 불구하고 상대방이 전혀 반응이 없거나 오히려 공격을 할 때에는 즉시 정확하게 분사하여 사용하여야 한다. 그리고 사용 전 너무 빨리 분사기를 빼어들지 말아야 한다. 왜냐하면, 너무 빨리 빼어들 경우 상대방은 분사기 사용자가 가지고 있는 분사기의 형태 및 성능을 분석할 수 있다. 어느 정도 분사기에 대한 지식을 가지고 있는 상대방이라고 하면 분사기의 형태만으로도 유효사거리, 약재의 형태, 심지어 제조사까지 파악할 수 있기 때문이다.

⑤ 민첩한 대응태세

분사기를 사용하였다면 민첩하게 행동해야 한다. 즉, 현행범인의 경우 즉시 체포를 하던지, 자신이 감당할 수 없다면 그 자리를 피해야 하던지 해야 한다. 분사기는 일시적인 상대방의 제압인 만큼 즉시 행동에 나서지 않으면 역습의 우려가 있다.

⑥ 충약 및 정비

사용한 후 민첩한 행동을 취한 후에는 보충할 수 있는 탄이나 약통이 있는 경우 보충하여야 한다. 왜냐하면, 제2의 상대방을 만나면 다시 사용할 수 있게 하여야 하기 때문이다.

또한 사용이 완전히 끝난 뒤에는 비누를 묻힌 걸레 등으로 기기를 닦아 냄새나 약제를 없애고 잔약이 노즐을 막고 있지는 않는지 등을 살펴보고 제거해야 다시 사용할 수 있다. 손질이 끝난 뒤에는 안전장치를 해제한 후 휴대하는 등 정비가 필요하다.[104]

(3) 사용방법 및 주의사항

분사기는 무기로 분류할 수는 없으나 사용시 사회 안전상 중대한 위해 발생의 우려가 있으므로 총기, 즉 무기에 준하여 안전하게 사용관리, 주의하여 취급해야 한다.

① 분사기는 분사목적물 즉 범인 및 초기 발화물체 등에 유효거리에서 조준, 안전장치를 아래(on위치)로 풀어준 후 방아쇠를 당기거나 손잡이를 시계방향으로 반 바퀴 돌리면 약제통 안에 든 분말가스가 분출, 목적을 달성할 수 있다.

② 분사기는 호신용일 경우 방어의 목적으로만 사용하여야 하며, 법인 등이 경비목적으로 소지하는 경우에는 방범용으로 방어할 목적으로만 사용하여야 한다.

③ 분사기의 분사거리는 총포·도검·화약류 등의 안전관리에 관한 법률 시행규칙 별표 제16의2의 제2항에 아래와 같이 제한되어 있다.

㉠ 분말식분사기 : 검사항목 제6호 : 유효거리 3~7m일 것

㉡ 액체식분사기 : 검사항목 제5호 : 유효거리 3~5m일 것

즉, 무조건 멀리 발사된다는 것은 불법제조품이고 특히 효과는 가까울수록 (2~3m) 크다. 너무 멀리 사용시 전혀 효과가 없을 수도 있다.

④ 약제의 유효기간

총포·도검·화약류 등의 안전에 관한 법률상 약제의 유효기간에 대한 규정이나 설명은 없으나 약제의 유효기간 설정은 분사기 제조업자가 소비자에게 그 제품의 사용기간을 표시(제시)함으로서 꼭 사용해야 할 때 불발로 인하여 사용자가 역으로 피해를 볼지도 모르는 상황을 위해 알려주는 것이다.

분사기의 약제는 제조한 후 오래두면 분말약제의 경우 분말이 약제통 내부에서 응고될 수 있고, 액체약제의 경우에는 액체가 약제통 내부에서 증발 또는 분사노즐에 말라붙어서 분사되지 않는 경우가 있을 수 있다.

---

104) 이상원 외 (2006), 일반경비, 서울: 경찰공제회, pp. 331-333.

대체로 분말약제는 유효기간이 제조일로부터 약 20~24개월, 액체는 약 15~18 개월 정도로 추정하고 있다.

구입시는 반드시 유효기간을 확인하고 주기적으로 약제(통)를 교체하여 유사시 사용할 때 분사가 제대로 되어 효과를 발휘할 수 있도록 성능유지를 위해 관리를 잘 해야 할 것이다. 가장 효과적인 방법은 기재된 유효기간에 관계없이 대개 6개월마다 약제를 교체해주는 것이 100% 효과가 있는 가장 좋은 상태의 분사기라고 할 수 있다.

⑤ **분사되는 약제가 상대에게 정확하게 분사되어야 효과가 있게 된다.**

예를 들면, 분사기에서 나가는 약제는 한번에 가스량이 엄청나게 나가기 때문에 정확하게 상대방에게 분사가 되면 얼굴에 가스샤워를 해주는 격이라서 효과가 아주 좋다고 볼 수 있다.

그러나, 모든 것은 사용자의 사용방법 또는 마음자세 등에 따라서 효과를 보지 못하고 오히려 역습을 당할 우려도 있다. 즉, 위급 시에 상대에게 겁을 먹거나 또는 두려움, 공포심 등으로 얼굴에 정확하게 조준하지 못하고 엉뚱한 곳에 발사를 한다거나, 너무 멀리서 발사하거나, 도망가는 뒤통수에 발사를 하거나, 상대가 총구를 피해버리면 아무 효과가 없게 된다.

분사기는 사용자가 침착하지 않고 불안한 상태에서 사용하면 실수하기 쉽고 상대가 오히려 쉽게 피해버리는 경우가 발생할 수 있다.

⑥ **분사기의 사용요령**

㉠ 발사연습을 자주 해본다. 사람얼굴만한 종이에 눈, 코, 입, 귀 등을 그려 넣은 후 적정한 거리(2~3m 거리)에서 발사하는 연습을 해두면 실제상황에서 훨씬 효과적인 사용이 가능할 것이다.

㉡ 사무실이나 방안 같은 실내에서 한번 발사하면 안개처럼 가스가 자욱하게 떠있기 때문에 실내에서는 엄청난 효과를 준다.

㉢ 약제의 유효기간에 상관없이 6개월마다 가스탄 또는 가스를 교체해주면 100% 발사가 되고 상대방이 완전히 움직이지도 도망가지도 못하는 좋은 상태로 사용할 수 있다.

㉣ 38구경권총 같은 리벌버형 분사기는 유효사거리가 가까울수록(2~3m) 좋으나 너무 가까울 경우 상대에게 상처를 줄 수 있어 주의해야 하며, 한 번에 엄청나게 나가는 분사식은 3~4m 정도로 위급시 최대한 가까이에서 상대에

게 발사를 하면 효과가 좋다. 가까울수록 좋을 뿐만 아니라 분사입구를 얼굴에 바짝 들이대고 쏘면 효과는 더욱 좋다.

화약에 의한 리벌버형의 경우는 너무 가까이에서 발사시 얼굴에 화상을 입힐 수 있으므로 주의해야 한다. 겁을 먹거나 공포심, 두려움은 절대로 안 되며 유효사거리의 반경을 넘은 6~8m 의 거리에서는 별로 효과가 없다.

ⓜ 상대방의 얼굴에 분사기를 들이대면서 욕을 하거나 상대가 반격할 기회를 주어서는 안 된다. 오히려, 흉기를 사용 역습할 수도 있으므로 상대를 안심시키고 상대가 방심한 틈을 이용하여 순식간(0.1초)에 번개처럼 분사기를 얼굴을 향해 발사를 해야 한다.

ⓗ 사용시는 바람을 등지고 사용하면 효과가 매우 높다. 연속 사용시는 방아쇠를 계속 당기고, 필요에 따라 여러 번 나누어서 당기면 구분해서 발사가 가능하다.

(4) 분사기의 관리

① 분사기를 구입하는 기관, 단체의 경비책임자는 관리카드를 작성비치하고 정, 부 책임자를 지정, 관리를 철저히 해야 한다.

② 관할경찰서 등 점검기관의 요구가 있을 때에는 분사기를 제시하고 관리상태의 점검을 받아야 한다.

③ 취급자는 분사기에 대한 제원, 취급요령, 안전수칙 등을 철저히 숙지 준수하여야 한다(가스통은 사용 후 총포상에서 재충전을 의뢰할 수 있고, 약제가 묻은 부분은 비눗물로 깨끗이 씻어 주는 등).

④ 분사기의 파손, 균열, 기타 하자가 발생하였을 시는 절대 사용을 금하며 반환, 교환 등의 조치를 해야 한다.

⑤ 분사기를 사용한 후에는 즉시 관할경찰서(지구대 또는 파출소)에 신고하여야 하며 분사기 구입 시에는 구입신청서를 복사하여 관할 경찰서에 신고하여야 한다.

⑥ 분사기를 사용한 후에는 깨끗한 헝겊으로 약제를 닦은 후 보관하며, 작동을 원활히 하기 위하여 병기기름을 작동부위에 바르면 사용 시 효과가 높다.

(5) 안전수칙 및 준수사항

① 사고의 원인은 세심한 주의를 하지 않는데 있으며, 사고의 발생은 거의 순

간적으로 일어나 돌이킬 수 없는 치명적인 결과를 발생한다.

㉠ 분사기를 휴대할 때는 소지허가증을 함께 소지하여야 한다(개인 호신용)

㉡ 사용하지 않을 때는 안전장치를 잠그고 튼튼한 격납고나 시정장치가 있는 케비넷 등에 넣어 보관해야 한다(도난방지 및 타인이 사용할 수 없도록 보관).

㉢ 분사기는 허가받은 용도에 맞게 사용하여야 하며 정당한 사유가 있는 경우 외에는 휴대, 운반, 사용해서는 안 된다.

㉣ 분사기는 남에게 절대 빌려주거나 허락 없이 남의 분사기에 손을 대서도 안 된다.

㉤ 장시간 직사광선 및 고온(섭씨 40도 이상)은 피해야 한다.

㉥ 분사기는 분해하지 않으며, 사용하지 않는 빈 통은 격납고(관리책임자 등)에 반납해야 한다.

㉦ 음주 후의 취급은 절대 금하며, 총구를 사람에게 향해서는 안 된다.

㉧ 함부로 기기를 변조 또는 개조해서는 안 된다.

㉨ 약제의 유효기간을 수시 확인해야 하며, 성능이 좋은 상태에서 사용할 수 있도록 약제(통)을 규정보다 좀 더 빠르게 교체 충전 보관한다.

제3절 단봉

1. 개요

1) 봉술의 개념 및 정의

(1) 봉술은 경비원의 호신장비로 우리나라의 봉술은 세계 여러 나라의 다양한 봉술보다 안전하고 다양하게 수련할 수 있도록 고안한 소프트 봉으로 수련한다.

(2) 단봉은 현재 무도경찰, 보안, 경호, 경비 담당의 실무자와 일반인, 경호경비 및 보안업체에서 호신도로 사용하고 있다.

(3) 경비원이 휴대할 수 있는 장비 중 단봉은 휴대가 간편한 휴대장비로, 단봉 사용시에는 상대방이 무기를 소지하여 맨몸으로 대적하기 어려울 때 사용할 수 있다.

2) 단봉 수련의 목적

(1) 타인과 자신에 대한 동시 공격 및 방어기술과 다른 조와 팀을 이룬 방어기술은 과거 도를 목적으로 한 전통적인 무도와는 다소 차이를 두고 있다.

(2) 과거와 달리 현대는 공격수단이 단순히 손과 발을 이용하는 수단이 아닌 도검·총포류 등 위해 장비를 이용한 공격수단으로 이에 따른 특별한 방어 및 공격기술이 요구되고 있어 매우 심도 있는 연구가 필요한 무술이다.

(3) 봉술은 다른 무술과 달리 단 몇 시간의 수련에도 간단히 실전에 투입할 수 있는 호신기술을 익힐 수 있다는 것이 장점이다.

봉술의 수련체계는 실전에서 자신을 포함하여 여러 형태의 호신기법이 동원되어야 하는 특징과 환경에 대한 위해 수단 및 수준 등에 의하여 기초부터 고도의 기술수련 과정이 있어 기술적 요소를 기초로 체계적인 수련을 통해 효과적으로 호신 할 수 있도록 정립해 만들어 놓은 것이 봉술이다. 다만, 짧은 시간에 배워 효과적인 공격과 방어 수단으로는 기술이 한정되어 있으므로 지속적인 수련을 통해 효과적인 공방의 기술을 습득해야 한다.

2. 기본훈련

기본훈련은 경비원이 가장 쉽게 수련할 수 있는 동작으로 방향성 연습이 있다. 위에서 아래로 내려치기, 우에서 좌로 사선치기, 좌에서 우로 수평치기 등 기본적인 방향연습을 통해 단봉을 자연스럽게 사용할 수 있도록 한다.

1) 단봉 착용 및 파지법

단봉은 혁대의 좌측 허리 고리에 찬다. 단봉을 뺄 때는 머리와 상체를 오른쪽으로 돌려 45도 아래의 왼쪽 허리의 단봉을 보며 오른손으로 왼쪽 허리의 단봉을 잡아 뺀다. 오른손으로 잡은 단봉은 단봉의 손잡이 위쪽 턱이 진 부분을 엄지와 검지로 하여 나머지 손가락 셋을 아래로 주먹을 꽉 쥔 모습으로 힘주어 잡는다.

2) 단봉 수련자세

(1) 차렷
① 전방 15도 앞을 응시하며 부동자세를 취한다.
② 손은 바지 옆선에 위치하며 발의 모양은 45도를 유지 한다.

(2) 뽑아봉 : 발봉
① 오른발을 앞으로 내민다.
② 봉을 잡아 뽑는다. 이때 봉의 끝은 명치끝에 둔다.

(3) 정면 머리치고 정면 머리 막기
① 단봉을 머리 중앙으로 들어 올려 수직으로 내려친다. 이때 봉은 머리 위에서 멈춰 선다. 이때 봉의 위치는 자신의 이마 위에 위치한다.
② 내려친 봉은 다시 돌아와 자신의 머리 위 15도 위에서 수평으로 막아선다. 머리치기 훈련은 상대가 치는 훈련에 방어 훈련을 하는 것이다(기본적으로 단봉으로 머리를 치는 훈련은 상대가 머리를 공격 할 때 머리를 막는 훈련을 하기 위한 동작이다).

(4) 어깨치기와 막기
① 단봉을 머리 왼쪽 어깨 위에 사선으로 둔다.
② 상대의 좌 어깨를 45도 우에서 좌로 내려친다.
③ 내려친 봉은 다시 머리 왼쪽 어깨 위에 사선으로 둔다.
④ 상대의 우 어깨를 45도 좌에서 우로 내려친다.

3) 기본동작

기본동작은 경비원이 단봉을 사용하는 동작을 배우기 쉽게 형으로 만들어 놓은 것으로 머리치기, 손목치기, 허리치기, 다리치기, 치름 동작이 있다.
① 봉을 뽑아 상대의 정면 머리를 위에서 아래로 내려치는 동작
② 봉을 뽑아 상대의 손목을 수직 위에서 아래로 내려치는 동작
③ 봉을 뽑아 상대의 허리를 오른쪽 위에서 좌로 허리 중심부까지 사선으로(우에서 좌로)내려치는 동작

④ 단봉을 뽑아 상대의 다리 정강이를 왼쪽 위에서 우로 내려치는 동작
⑤ 단봉을 뽑아 상대의 명치를 찌르는 동작

4) 기본타법 방어법

① 휘타 : 상대의 몸을 겨냥하여 봉을 크게 휘두르며 제압하고 방어하는 방법
② 국타 : 상대의 몸을 겨냥하여 봉을 짧게 끊어 치며 제압하고 방어하는 방법
③ 회타 : 상대의 몸을 겨냥하여 봉을 회전시켜 제압하고 방어하는 방법
④ 압타 : 상대의 몸을 겨냥하여 봉으로 상대를 누르듯 제압하고 방어하는 방법

제11장

직업윤리 및 인권보호

제1절 직업윤리

1. 직업

1) 의의

직업(職業)이란 "사회에서 생활하는 사람들이 재능과 능력에 따라 업에 종사하며, 정신적·육체적 에너지의 소모에 따른 대가로서 경제적 급부를 받아 생활을 지속해 나가는 활동양식"을 말한다.

2) 직업의 의미분석

인간은 누구나 사회생활을 영위하는 한 사회적 역할을 분담하지 않을 수 없고, 그러한 점에서 직업을 갖지 않을 수 없다. 따라서 직업생활은 사회생활의 기초이며 골격이라 할 수 있다. 직업은 개인을 사회의 구성원으로 만드는 필수적인 자격요건이기도 하다.

3) 직업의 목적

직업은 생계유지를 위한 수단인 동시에, 사회공동생활에 참여하는 통로이며, 자아실현을 도모하고 인격의 성장을 이룩하는 광장이요, 도장이다.

4) 플라톤의 직업윤리의 원리

(1) 덕(德)

플라톤(Platon)은 덕(德)을 군인이 군인답고, 목수가 목수다울 때에 생겨난다고 하였다. 다시 말해서, 그는 사람들이 각자 자기의 맡은 바 직분에 따라 최선을 다하여 노동하는 것을 바로 덕으로 파악하였다.

(2) 덕(德)적 요인

① 정서적 요인

정서적 적응과 안정을 바탕으로 좋은 기질을 단련시키는 것을 말한다.

② 의지적 요인

가치관과 도덕성을 함양하는 것으로, 이는 공직자의 윤리관과 밀접한 관련이 있는 것으로, 공직자는 자신을 인식하고 목표를 지향하는 자기신념으로서 지조, 정의감, 봉사와 희생정신을 갖추어야 하는 바, 이는 공직자의 의지에 의해서 좌우된다는 것이다.

2. 동·서양의 직업윤리

1) 동·서양이 강조하는 직업윤리

동양과 서양에서는 직업정신으로 장인정신, 정명정신, 소명의식, 청백리 정신을 강조한다. 이들은 공통적으로 직업의 귀천을 떠나 자신이 맡은 직업에 긍지와 자부심을 갖고 근면성과 성실성으로 임할 것을 강조하고 있다.

2) 서양의 직업윤리

(1) 직업 소명설의 의의

① 그리스도교 문화권의 직업 윤리설로서 '직업은 신의 부름에 응하는 것'이라고 본다. 직업은 신으로부터의 소명에 의한 것이므로 직업은 천직이며 노동은 신성한 것이다.

② 자기의 직업에 충실하게 임하는 것이 신의 부름에 임하는 것이므로 신명(身命)을 다해야 한다고 하였다.

(2) 칼뱅의 직업 소명설

① 세속적 직업을 신의 소명으로 인식

- 인간의 모든 행위는 신의 영광을 드러내기 위한 활동으로 보았다.
- 세속(世俗)의 직업은 신이 부여한 신성한 소명이기 때문에 자기 직업에 충실하다고 하는 것은 인간이 절대자인 신의 영광을 드러내는 최선의 의무라고 하였다. "직업은 내가 선택한 것이 아니라 하느님이 선택한 것이다"

② 금욕적(禁慾的) 생활 윤리의 강조

인간이 자기 직업에 충실한 것은 신의 영광을 드러내는 일이고, 근면과 절약이야말로 하느님의 뜻에 합당한 크리스트교의 원리라고 함으로써, 끊임없는 자기 억제와 금욕적인 생활 태도를 강조하였다.

③ 사유재산제도의 이념적인 기반 제공

- 근면과 절약에 의해 얻어지는 이윤과 재산은 신의 영광을 증대시킨 결과이다.
- 부(富)는 근면과 절약을 행한 바로 그 사람에게 신이 내리는 은총이자 정당한 대가이기 때문에 신성하기 이를 데 없는 것이다.
- 직업에 충실한 결과 얻어진 재산은 어느 누구도 넘겨다 볼 수 없는 '바로 그 사람의 것'이라는 생각을 낳게 함으로써, 사유재산 사상의 윤리적 기반을 제공하였다.

(3) 베버의 금욕적 직업 윤리

① 금욕적 프로테스탄티즘의 이념, 즉 노동을 신에 대한 봉사로 파악하여 신의 은총을 위해 끊임없이 노동하며, 게으름이나 태만, 쾌락이나 자기만의 이익 추구를 배격하고 박애주의적 목적으로 이윤을 사용하는 태도를 '금욕적 직업윤리'라고 하였다.

② 이러한 베버의 금욕적 직업윤리는 근대적 시민사회의 윤리이며, 합리적·자주적 윤리로서, 특히 우리나라와 같이 부와 기술의 축적을 통해 자본주의를 급속하게 발전시켜야만 하는 현실에서는 가장 절실히 요청되는 직업윤리라고 할 수 있다.

3) 동양의 직업윤리

(1) 유교문화(儒敎文化)

① 직업의 가치에 대한 차별

유교적 문화권에서는 직업의 가치에 대하여 차별을 두었다. 즉 사농공상(士農工商)에 의하여 양반계층은 노동을 하지 않고, 경제 중에서도 농업이 중시되었으며, 상업과 공업이 천시되었다.

② 실학사상의 대두

조선후기 실학사상가들이 등장하면서 양반도 노동을 할 것을 주장하였고, 상업을 중시하자는 주장이 제기되기도 하였다.

③ 신 유교윤리의 발전

신 유교윤리는 유교의 정신이 동아시아의 자본주의 정신으로 발전한 것으로 서구의 청교도 윤리에 버금가는 사상이다.
- 신 유교윤리에서는 개인의 개성과 자율보다는 조직의 화합, 협동정신, 희생정신, 책임감, 개인의 수양과 기강, 교육을 중시한다.
- 정부의 리더쉽, 역사, 문화, 정통과 교육에 높은 가치를 부여한다.
- 동양문화권의 배경 아래서 동아시아의 경제발전에 공헌하였다.

(2) 불교문화(佛敎文化)

불교사상중 선종에서는 '하루 일하지 않으면 먹지 말라'는 규칙이 있었다.

3. 우리의 전통적 직업관과 병폐

(1) 우리의 전통적 직업관
- ① **상부상조 정신강조** : 두레라는 공동체를 구성하여 상부상조의 정신을 강조하였다.
- ② **근면성·성실성 강조** : 자신의 일에 정성을 다하는 근면성과 성실성을 강조하였다.

③ **청백리 정신 강조** : 청렴하고 결백한 윤리의식을 가진 청백리 정신을 강조하였다.

(2) 우리 전통적 직업관의 병폐

① 전 근대적인 관존민비(官尊民卑) 의식
② 직업에 대한 차별의식
③ 비합리적인 업무처리
④ 정밀성과 절제의식의 결여
⑤ 소명의식의 결여

제2절 직장인의 매너

1. 바람직한 조직활동

1) 조직활동이란

조직의 활동은 어떻게 이루어지고 있으며, 또한 조직활동이 추구하는 목적은 무엇인지에 대해 명확히 알아둘 필요가 있다.

(1) 통합과 자기통제를 추구하는 활동이다.

조직활동을 통해 개개인의 욕구와 조직의 기대를 일치시키며 자기통제에 의한 자아실현을 지속적으로 추구한다.

(2) 삶의 보람을 찾는 활동이다.

'조직은 조직구성원의 삶의 보람을 찾는 곳이다'라고 할 수 있다. 하루 24시간 중 가장 중요한 시간을 보내는 직장에서 삶의 보람을 찾는다는 것은 가장 중요한 과제이다.[105]

(3) 목표추구의 활동이다.

목표가 없는 곳에 행동도 없다는 말과 같이 조직활동이란 일의 분할과 일의 통합을 추구하는 목표지향적인 활동이다.

---

105) 오성환(2008), 직장예절, 서울: 형설, p. 283

(4) 분담직무의 종합활동이다.

조직은 직무와 인간의 편성체이다. 각자가 분담하고 있는 직무와 직무의 연계, 인간과 인간과의 유대관계가 잘 이루어질 때 조직활동은 활발하게 이루어진다.

2) 공동체의식과 팀워크

팀워크란 개인의 이해보다는 팀 전체의 이해나 능률을 먼저 생각하는 사람에 의해 이루어지는 것이다. 팀워크는 조직구성원이 자발적으로 생각하고 행동한다는 의미가 포함되어 있다. 인간의 각자의 욕구에 따라 행동하고자 하므로 그대로 맡기면 상호간에 이익의 대립이 생기고 분쟁, 불만이 생기게 된다.

조직 내의 개개인은 이와 같은 공동체의식과 팀워크 정신을 갖고 다음의 사항을 실천해야 한다.

- 공통의 목표달성에 자발적으로 참여한다.
- 동료의 업무를 잘 인식해 협조 · 협력한다.
- 항상 상대방과 상호신뢰를 구축한다.
- 바람직한 인간관계를 유지한다.
- 상호간 커뮤니케이션을 소중히 한다.
- 조직과 부서가 처한 상황변화를 이해하고 부응하는 행동을 한다. 조직 내에서 팀워크 발휘에 동참하려면 다음과 같은 팀워크의 저해요인을 소화시켜야 한다.
- 조직에 대한 이해의 부족
- 질투나 시기로 인한 분쟁
- 이기주의
- 그릇된 인정
- 자아의식의 과잉
- 사고방식의 차이에 대한 무시

3) 한국인의 팀워크 인식

한국인 개개인은 똑똑하고 유능하지만 여럿이 모이면 무기력하고 무능해진다고 한다. 다시 말해서 한국인은 팀워크 의식이 부족하고 자신의 이해나 의견을 조직의 이해와 의견을 위해 조화시킬 줄 모른다는 의미로 볼 수 있다. 과연 우리에게는 특유의 팀워크 의식이 없을까? 예로부터 한국인에게는 사회적 또는 경제적으로 불우하면서도 박약하지 않고 또 불안하지도 않으면서 즐겁게 살 수 있었던 한국적인 전통과 특유의 팀워크 의식이 있었다. 직장인은 우리민족의 전통문화를 토대로 팀워크 의식을 배양하고 공생하는 조직문화를 창달해야 할 것이다.

(1) 두레

농업용수인 물보 막기, 수재에 대비해 방축 쌓기, 길 고치기 등의 공공작업 뿐만 아니라 집짓기, 지붕 갈아주기, 모심기, 풀뽑기, 벼베기, 실뽑기 등을 두레라는 이름의 공동작업으로 하였다. 그리고 혼상(婚喪) 등 애경사시 서로 돕는 일은 우리나라에서만 볼 수 있는 자랑거리이다.

(2) 향약

권선징악(勸善懲惡: 착한 행실은 장려하고 나쁜 행실은 징계)을 내용으로 마련된 시골동네의 규약인 향약이 있었다. 좋은 일은 서로 권하고, 과실은 서로 다스리며, 예의를 권장하고, 어려움은 서로 돕는다는 도덕·법률·자선이 혼연일체가 된 공동체헌장이 마을단위로 공동체의식을 연결하고 있었다.

2. 직장생활

1) 직장이란

학교와 직장의 차이에 있어서 우선적으로 꼽을 수 있는 것이 목적의 차이이다. 학교에서는 주로 지식의 습득과 인격의 향상이 목적이었다. 직장에서도 물론 그런 것을 익히기도 한다. 그러나 주된 목적은 일을 함으로써 회사에 공헌하는 것이다.

사람과의 관계에서도 커다란 차이가 있다. 학교에서는 동년배와 동급생끼리의 인간관계가 주종을 이루었기 때문에 서로간에 마음도 이해하기도 쉽고 단순하였다. 그러나 직장에서는 연령층도 가지각색이다. 직장에서는 팀워크가 중시된다. 그러므로 자기 마음대로 일을 하거나 함부로 결근하게 되면 다른 사람에게 상당한 폐를 끼치게 된다.

직장이 주는 여러 사항과 개념을 정리해 보면 다음과 같다.

(1) 일하는 장소이다

- 직장은 일하는 곳이고 신성한 장소이다.
- 직장과 가정은 구분되어야 한다.

(2) 집단생활을 하는 사회집단이다

- 사람은 사회적 동물이고, 사회활동의 첫 출발이 직장이다.
- 직장은 대인관계에서 사교장이다.

(3) 생활의 장(場)이다

- 하루 중 가장 많은 시간을 보내는 곳이 직장이므로, 직장이 곧 생활이다.
- 직장과 가정은 서로 보완되어야 한다.

(4) 克己(자기를 극복)하는 수련장(修鍊場)과 같다

- 싸움 중에서 가장 힘든 싸움이 자기와의 싸움이다.
- 직장은 자기수련의 도장이다.

(5) 직장은 배우는 학교이다

- 학력의 수명은 짧아지고 인간의 수명은 길어졌다.
- 공부는 일생 동안 하는 것이다.
- 직장은 강의실이고 학교보다 재미가 있다.

(6) 봉사하는 곳이다

- 사회봉사는 인간의 기본적 욕구의 하나이다.
- 좋은 상품으로 사회에 기여하고 직장동료 간의 협조로 사회에 봉사한다.
- 고객과 주민에게 친절과 봉사하는 곳이다.

(7) 창조하는 곳이다

- 직장이란 하나의 예술작품이다.
- 창의력을 사려 직장생활을 예술활동으로 승화시킨다.

2) 직장생활의 원칙

(1) 상대방의 입장을 존중한다.

나보다는 상대방의 입장을 더 존중하고 이해하며, 주위 사람들에게 폐가 되지 않도록 행동하는 것이 직장생활의 제1원칙이다.

(2) 약속은 반드시 지킨다.

회사에 근무하는 것은 일종의 계약이므로 회사의 규칙을 지키는 것도 약속이다. 아무리 사소한 일이라도 약속을 하였다면 그것은 중요한 일이다. 무엇이든지 "염려 마십시오 또는 잘 알겠습니다"라고 하기 전에, 그 약속을 지킬 수 있는가를 미리 생각해야 한다. 약속한 것은 꼭 실행하는 태도, 이것이 바로 직장생활의 제2원칙이다.

(3) 능률을 생각한다.

직장은 생산성을 제고시키는 사회이다. 아무리 일이 어렵고 일을 꼼꼼하게 한다고 해도 시간은 정해져 있다. 하나도 제대로 매듭을 짓지 못한다면 직장인으로서는 부적격이다. 회사는 할 수 없는 일을 당신에게 요구하지 않으며 그 일에 소요되는 시간쯤은 미리 계산하고 있다.

3) 직장인의 마음가짐

직장에는 직장에서만 사용되는 언어와 예절이 있다. 직장인의 예절은 개개인이 지켜야 할 교양이고 자신의 인격이라고 볼 수 있다. 직장에서의 예절을 바르게 알고 행동한다면 주위로부터 사랑받는 직장인이 될 수 있다.

(1) 좋은 서비스
- 직장인으로서 책임의식을 갖고 고객에게 편의를 제공한다.
- 좋은 서비스 이미지를 위해 자기개발을 꾸준히 한다.
- 고객이 만족하지 않는 서비스는 패배임을 알고 항상 개선한다.

(2) 투철한 사명감
- 투철한 사명감을 갖고 맡은 바 임무에 최선을 다한다.

- 원만한 업무수행을 위해 폭넓은 지식을 습득하고 활용한다.
- 나의 직장이 곧 평생직장이라는 천직의식을 갖는다.

(3) 직장의 대표자

- 나는 우리 직장을 대표한다는 자부심과 긍지를 갖는다.
- 공인의식을 갖고 공과 사를 구분하여 업무를 처리한다.
- 대외적으로 회사의 이미지와 신용을 대표하는 역할을 한다.

(4) 친절의 생활화

- 밝은 표정, 맑은 미소, 명랑한 음성으로 상대방에게 호감을 주도록 한다.
- 친절을 생활화한다.
- 언제나 상대방의 입장에서 생각하고 업무를 신속히 처리한다.
- 바른 마음에서 바른 행동이 나온다는 것을 명심한다.

(5) 산뜻하고 맵시있게

- 언제나 마음의 여유를 갖는다.
- 세련된 용모, 복장, 매너로 고객을 편하게 대한다.

(6) 고객응대 명심사항

- 고객의 입장에서 생각하라.
- 고객의 마음에 들도록 노력하라.
- 고객을 공평하게 대하라.
- 투철한 서비스 정신으로 무장하라.
- 모든 것을 긍정적으로 생각하라.
- 공사를 구분하라.
- 원만한 성격을 가져라
- 자신감을 가져라.
- 인내심을 가지고 참아라.
- 부단히 반성하고 개선하라.

4) 직장인의 바람직한 태도

(1) 정직하고 성실한 태도

어떠한 종류의 직업에 종사하는 경우든, 정직하고 성실한 태도로 일하는 사람들이 국가와 사회에 이바지하는 바가 크다. 그리고 '자아의 성장'으로 말하더라도 정직하고 성실한 태도가 좋은 결과를 가져올 확률이 높다.

(2) 능동적이고 적극적인 태도

자진해서 일할 때는 그 일이 즐거워서 건강에 도움이 되지만, 마지못하여 억지로 할 때는 그 일이 괴로워서 건강을 해치게 된다.

(3) 공적인 영역과 사적인 영역을 구별하는 태도

사적인 영역은 개인의 이기나 사심이 개재되어 있어 인간관계의 공평성을 해치고 이 불공평성은 조직 내의 위화감을 조성한다.

(4) 창의적인 태도

① **의의** : 이것은 무엇이든 좀 더 낫게 만들고 남보다는 좀 더 잘해 보고자 하는 마음의 표현으로서 자기발전을 가지고 오는 동시에 사회와 국가에 이바지한다.

② **저해요인** : 창의성과 적극성의 발휘를 저하하는 가장 큰 요인은 권위적인 풍토이다.

(5) 원만한 대인관계 형성

여러 사람들과의 관계가 원만한 사람들은 그것만으로도 직장생활이 즐겁고 그렇지 못한 사람은 직장에 있는 시간이 긴장과 갈등으로 가득 차게 된다. 그러므로 직장에서의 원만한 대인관계에서 나오는 인화가 중요하며, 이 인화는 협동을 유발하고 종국적으로 일의 능률과 생산성을 높일 것이다.

(6) 예절

원만한 인간관계와 밀접하게 연결되어 있는 것이 예절이다. 예절은 삶의 모든 현장에서 두루 중요한 구실을 하거나 성공적인 직장생활을 위해서도 매우 중요하다.

5) 출근할 때 · 근무할 때 · 퇴근할 때 지켜야 할 매너106)

(1) 출근할 때

- 명랑한 표정으로 친근감 있는 인사를 주고 받는다.
- 되도록 일찍 출근을 한다.
- 코트나 우산은 지정된 장소에 깨끗이 정돈한다.
- 사무실에 들어오기 전에 몸단장을 깨끗이 하고 경건한 마음으로 들어선다.
- 지각을 하였을 때는 상사에게 솔직하게 인사하고 사과한다.
- 출근시에는 명랑한 어조로 "안녕하십니까" 또는 "안녕하십니까? 일찍 오셨네요"라고 인사한다.

(2) 근무할 때

① 동작은 다른 사람의 일에 방해가 되지 않도록 한다.

- 앉을 때는 의자를 당기고, 일어설 때는 책상 밑에 밀어 넣는다.
- 대화는 되도록 간략하게 낮은 소리로 한다.
- 계산을 하는 사람에게 말을 걸 때는 끝나는 것을 기다린다.
- 사무실, 회의실, 화장실은 반드시 노크한다.
- 책상과 눈의 거리는 30cm를 유지하고 등은 반드시 편다.
- 책상에 앉아서 턱을 고여서는 안 된다.

② 근무 중에는 함부로 자리를 뜨지 않도록 한다.

- 자리를 뜰 때는 업무에 지장이 없도록 신경을 쓴다.
- 행선지, 용건, 예정시간 등을 상사나 동료에게 알린다(메모, 전언).
- 외출할 때는 상사의 허가를 얻는다.
- 부재시에 예상되는 용건은 사전에 수단을 강구해 둔다.

③ 비품은 소중하게 다룬다.

- 뚜껑이나 케이스가 있는 것은 사용 후 반드시 원상태로 둔다.
- 다른 부서에서 빌린 것은 즉시 돌려준다.

---

106) 오성환, 앞의 책, p. 292.

- 공통의 용품은 사용한 후 반드시 정위치에 놓는다.
- 공용품에 개인명을 기입하거나 표시하지 않는다.

④ 휴식시간의 분별을 분명히 한다.

- 차 마시는 시간을 기회로 삼아 지나치게 잡담을 오래하지 않도록 한다.
- 지나친 운동 등으로 업무에 지장을 주는 일이 없도록 한다.
- 화장실에서 긴 이야기를 하지 않는다.
- 업무시간 중에 업무 이외의 독서를 하는 것은 좋지 않다.
- 근무시간 중 또는 방문객이 있을 때 음식은 삼간다.

⑤ 실내에서의 통행은 질서 있게 한다.

- 통로에서는 조용히 한다.
- 방문객이나 상사와 같이 걸을 때는 왼쪽에서 조금 뒤쳐져서 걷는다.
- 안내할 때는 앞서 가야하며 통로변을 조심스럽게 걷는다.
- 실내의 출입은 문을 연 후 방문객이나 상사가 먼저 지나가도록 한다.
- 복도에서 큰 소리로 이야기하거나 서서 이야기하지 않는다.
- 통행 중 상사를 만나면 잠깐 멈추어 가볍게 인사한다. 좁은 통로에서는 비켜서서 길을 터준다.
- 사람을 안내하여 계단을 오를 때는 뒤따르고 내려올 때는 앞선다.
- 계단의 도중에서 방문객이나 상사를 만났을 때는 비켜서서 길을 터준다.

(3) 퇴근할 때

- 시간 전에 미리 짐을 꾸리거나 서둘지 않는다.
- 근무시간 종료와 동시에 자리를 뜨는 것은 좋지 않다.
- 오늘 일의 끝맺음과 내일의 계획을 세운다.
- 책상 위의 서류와 문서를 정돈한다.
- 비품과 서적은 정해진 장소에 갖다 놓는다.
- 근무장소 주위를 간단하게 청소를 한다.
- 문단속, 안전장치, 소등 등을 점검한다.
- 상사보다 먼저 자리를 떠야 할 때는 양해를 얻고 나간다.
- 인사는 큰 소리로 명랑하게 한다.
- 퇴근할 때에는 "먼저 나가겠습니다", "내일 뵙겠습니다"라는 인사가 좋다. 퇴

근하는 사람에게는 "안녕히 가십시오", 주말인 경우에는 "즐거운 주말 되십시오", 저녁약속이 있는 것을 알고 있을 경우에는 "즐거운 저녁시간이 되십시오"라고 인사한다.

6) 정리정돈

사람은 누구나 일을 할 때 쾌적한 환경에서 일을 하고 싶어 하며, 사용하기 편하고 보기에 좋으며 아름다운 것을 추구한다. 그러므로 직장에서 근무하는 중에는 항상 주변을 정리정돈하고 자기의 주위부터 점검하는 자세를 생활화하여야 한다.

정리정돈을 실시함에 있어서 다음의 원칙을 활용하는 것이 바람직하다.

- 먼저 자신의 주변에 정리되지 않은 상태로 있는 것부터 체크한다.
- 퇴근할 때 정리하는 것 이외에 정기적으로 전체적인 정리를 한다.
- 정리할 때마다 불필요한 물건은 버려서 복잡해지지 않도록 한다.
- 공적인 물건과 사적인 물건이 섞이지 않게 한다.
- 종류별, 목적별 활용의 빈도를 구분하여 수납한다.
- 자주 사용하는 물건은 가까이 둔다.

(1) 책상

정보의 정리에 뛰어난 사람이 되기 위해서는 먼저 퇴근할 때 책상 위를 말끔하게 정리하고 다니는 습관부터 기르도록 한다. 책상 위에는 필요 없는 것들을 놓지 말고 깨끗이 한다. 서랍에는 자주 사용하는 명함이나 필기도구를 윗칸부터 정리하여 두면 편리하다.

(2) 옷장

옷장은 개인의 창고가 아니다. 필요 없는 개인용 물건을 많이 넣지 않는다. 카디건이나 스타킹도 최소한으로 한다. 공동으로 사용하는 경우라면 더욱더 그렇다. 귀중품은 옷장에 넣지 말고 따로 보관한다.

3. 업무에 대한 자세

1) 업무에 대한 애정

업무란 업무의 담당자가 업무에 임하는 마음가짐에 따라 하찮은 일도 되며 즐겁고 보람있는 일도 되는 것이다. 기업의 조직에는 보잘 것 없는 일과 의미없는 일이 하나도 없다. 조직구성원은 업무를 통해 기업과 사회에 공헌한다는 자각과 긍지를 지녀야 한다. 개개인이 맡고 있는 업무 하나하나가 매우 중요한 것이다. 각자의 업무를 개선하고 향상시킴으로써 자신이 변화되고 기업이 발전해 사회에 기여하게 된다.

(1) 목표달성 의욕을 지닌다.

업무를 보람되고 알차게 하려면 무엇보다 중요한 것이 업무에 대한 목표를 설정하고 달성의욕을 환기시키는 것이다. 목표의식을 갖고 목표를 설정할 경우에는 다음 세 가지 사항을 명심해야 한다.

- 지금 하고 있는 업무에 착오가 없도록 정확히 하려는 목표
- 지금 하고 있는 업무의 능률을 높이려는 목표
- 지금 하고 있는 업무의 길을 훨씬 더 높이려는 목표

(2) 흥미를 갖고 즐겁게 일한다.

세상에서 진실로 위대한 것 세 가지는 산과 바다와 진지하게 자신의 일에 몰두하고 있는 인간이다. 일을 즐거운 것으로 만들 것인가, 따분하고 보람 없는 일로 만들 것인가는 사람의 마음가짐에 달려 있다. 작은 것에서부터 흥미를 갖고 일 속에서 즐거움을 만끽한다면, 단순히 일을 되풀이한다거나 일에 흥미와 즐거움을 잃게 되는 일은 없을 것이다.

2) 업무의 삼면등가(三面等價) 원칙

조직은 필요한 직능을 구체적으로 분할해 각자가 담당할 직무를 결정한다. 직무란 권한, 책임, 책무로 이루어져 있으며 직무의 수행과정에서 3면(권한, 책임, 책무)은 균형되게 요구된다. 이것을 업무의 '3면등가의 원칙'이라고 한다. 조직 내에서 처한 계층에 따라 입장이 달라질 수 있다. 하부계층일수록 권한보다는 책임과 책무가 많이 부여되므로 업무추진에 있어서 유의해야 될 사항이다.

(1) 권한

할당된 직무수행 과정에서 필요한 결정·지시·행위를 할 수 있는 권리이며, 권리를 행사할 수 있는 지식·기능·개성을 포함한 개인의 능력을 의미한다.

(2) 책임

최선을 다해 자신의 능력을 최대한으로 발휘하고 할당된 임무를 수행해야 하는 개인의 의무를 말한다.

(3) 책무

책임완수에 따른 설명·보고·해명의 의무를 말한다.

3) 자기혁신

(1) 자기특성을 살린다.

최근 기업에서 인재에 대한 시각이 능력중심적 활용으로 변모해 가고 있다. 장기적인 관점에서 지속적으로 성에 따른 차별이 개선되겠지만, 조직 내에서는 남·녀의 구별없이 업무에 임하고 자신의 특성을 살려서 일하는 것이 요구된다. 왜냐하면 여성과 남성에 따라 사물을 보는 방법과 사고방식은 당연히 다르기 때문이다.

(2) 프로의식으로 함양시킨다.

조직 내의 경영자와 관리자는 의욕을 발휘해 주고 업무능력이 완벽하면서 특성을 크게 살린 직원을 일반적으로 선호하고 있다. 평상시 업무에 임할 때는 항상 다음의 사항을 유의해야 할 것이다.

- 안이한 생각은 버릴 것
- 주변 사람에게 의지하려는 마음은 버릴 것
- 자기 생각대로 방법을 바꾸지 말고, 지시한 상사의 동의를 받을 것
- 모든 것에 원가가 있다는 원가의식을 가질 것
- 계획적으로 할 것

(3) 일을 빠르고 바르게 깨끗이 한다.

일을 정해진 시간 내에 정확히 마무리 하는 비즈니스 센스를 몸에 지니고 낭비·불균형·무리한 행동을 최대한으로 추방시킨다. 일을 빠르고, 바르게, 깨끗이 처리한다.

① 일처리 방법

- 매뉴얼을 읽고 암기해 활용할 것
- 상사나 선배로부터 배운 내용은 정리해 둘 것
- 이해가 잘 안 되는 사항은 주저하지 말고 질문할 것
- 일단 일을 실시해 보고 그래도 알 수 없을 때에는 상사나 선배에게 요령과 방법을 물어볼 것

② 프로의식을 활용하는 행동 실천사항

- 프로란 일에 열정을 갖는 사람이다.
- 프로란 자신의 일에 긍지를 갖는 사람이다.
- 프로란 앞을 내다보고 일을 하는 사람이다.
- 프로란 일에 불규칙이 없는 사람이다.
- 프로란 시간보다 목표를 중심으로 일을 하는 사람이다.
- 프로란 높은 목표를 향해 매진하는 사람이다
- 프로란 성과에 책임을 지는 사람이다.
- 프로란 성과에 의해 보수가 정해지는 사람이다.
- 프로란 빈틈없는 사람이다.
- 프로란 자기혁신을 위해 항상 노력하는 사람이다.

4) 일에 임하는 자세

(1) 일을 끝까지 완수한다.

일의 완수란 열의와 인내력으로 자신의 일을 해내는 것을 의미한다. 일에는 하기 싫은 일과 자진해서 하고 싶은 일이 있다. 일을 완수하느냐 못 하느냐 하는 것으로 자신이 조직 내에서 신뢰받는 사람이 되느냐 못 하느냐를 평가받게 된다.

- 己所不欲 勿施於人(論語)
  '내가 하고 싶지 일을 남에게 시키지 말라' 했다.
- 善始者實繁 克終者蓋寡(貞觀政要)
  시작을 잘 하는 자는 실로 많으나, 마무리를 잘 하는 자는 대게 적다.

① 일에 끌려가는 경우

- 주어진 일을 시키는 대로만 한다.
- 시간, 수량의 개념으로 업무에 임한다.
- 문제의식과 개선방향이 없다.
- 조직전체와 자신과의 연계를 생각하지 않는다.

② 일을 끌고 가는 경우

- 목표가 있다.
- 문제의식이 있다.
- 문제해결 능력이 있다.
- 계획이 있다.
- 양보다 질을 중요시 한다.
- 완수한 보람이 있다.

(2) 능동적으로 일을 한다.

일이란 상사의 지시에 의해서 하는 것이다. 지시가 모든 것을 해결할 수도 없으며 상황의 변화도 발생하므로 능동적이고 자발적인 참여가 요구된다. 그러므로 일은 능동적이고 적극적인 태도로 임하였을 때 비로소 기대 이상의 훌륭한 성과를 거둘 수 있게 된다.

① 수동적인 업무자세

- 지시받지 않으면 안 된다.
- 지시받은 내용의 본질을 생각하지 못하고 일을 한다.
- 상황의 변화를 고려하지 않는다.
- 기지와 융통성이 없다.
- 시킨 일 외에는 하지 않는다. 그러므로 일의 업적은 최저한도에 그친다.

② 능동적인 업무자세

- 지시받지 않더라도 한다.
- 상사의 지시와 의도의 진의를 깨닫고 일을 한다.
- 상황의 변화에 따라 임기응변과 적절한 조치를 취한다.
- 기지와 융통성이 있다.

- 창의적인 연구로 기대 이상의 일을 한다.

(3) 일의 수행방법을 창의성 있게 연구한다.

현대는 창의와 진보의 시대이다. 부단히 능력을 개발하고 창의력 발휘를 통한 개선으로 기업의 발전과 자기혁신을 이룩해야 한다.

(4) 양심적으로 일을 한다.

양심적으로 일을 하는 사람은 조직 내에서 신뢰를 받고 높은 평가도 얻을 수 있으나, 양심적으로 일을 하지 않는 사람은 주위 사람에게 신뢰를 얻지 못할 뿐만 아니라 폐를 끼치게 된다.

(5) 결정된 약속과 규정을 지킨다.

결정되어 있는 것을 지키지 않게 되면 상대방에게 예기치 않은 어려움과 생각하지 못한 혼란을 주게 된다. 그런 결과 '상대 못할 사람', '책임감이 없는 사람'으로 인정되어 다른 사람의 신뢰를 얻지 못하게 된다.

□ 직장에서 남들이 좋아하는 동료, 싫어하는 동료[107]

○ 좋아하는 직장동료
- 업무능력이 탁월하고 매사에 솔선수범하는 사람
- 책임감이 강한 사람
- 항상 미소짓는 얼굴, 순진성과 명랑성을 지닌 사람
- 협동정신, 희생정신이 강한 사람
- 마음(배려)을 두루 쓰고 재치 있는 사람
- 비즈니스 매너를 잘 알고 있는 사람
- 애경사에 적극 참여하는 사람

○ 싫어하는 직장동료
- 개인 사정을 우선하는 사람
- 마무리가 없고 멋대로 하는 사람
- 이론만 앞세우고 실천력이 없는 사람

---

107) 위의 책 p. 302.

- 즉시 불평불만을 하는 사람
- 늘 표정이 어두운 사람
- 남을 생각하지 않으며 이기적인 사람
- 동료 험담을 일삼고 약점을 노리는 사람
- 협동심이 없고 매사에 냉소적인 사람

4. 직장 내 커뮤니케이션

1) 보고와 지시

(1) 보고하는 요령

- 모든 업무는 보고가 끝남으로써 마무리된다.
- 보고의 지연은 업무성과를 떨어뜨린다.
- 업무의 보고는 지시자에게 해야 한다.
- 업무수행시 중간보고를 잊지 않도록 한다.
- 급할 때는 결론, 이유, 경과의 순서로 보고한다.
- 수행된 사실과 의견을 구분하여 보고한다.
- 2건 이상의 보고는 내용을 나누어서 보고한다.
- 명쾌한 말씨로 확실하게 보고한다.

(2) 지시받는 요령

① 이름이 불릴 때

- "예"하고 명랑하게 대답한다.
- 메모지와 필기도구를 지참한다.

② 업무 중이나 바쁠 때 불리면

- 먼저 "예"하고 명랑하게 대답한다.
- 사유를 말하고 기다려 줄 것을 부탁한다.
- 무슨 용건인가를 물어 본다.

③ 일의 지시를 받는 태도

- 일의 목적과 처리방법에 주의한다.

- 지시 도중에 의견이나 질문을 피하고 끝까지 잘 듣는다.
- 필요하면 메모를 한다.
- 지시내용을 잘 듣고 나서 복창하고 확인한다.

④ 의견이나 질문이 있을 때

- 의견과 질문은 지시가 끝난 후 말하여 지시를 정확하게 이해한다.
- 무리하다고 생각되면 그 이유를 말하고 지시를 기다린다.

⑤ 동시에 2명 이상의 상사로부터 지시를 받을 때

- 자신의 직무권한으로 보아 받아들여도 좋은지 어떤지를 스스로 판단한다.
- 상사 또는 선배에게 자문을 구한다.

2) 상황대응 의사소통

(1) 전언을 받아서 처리할 때

- 전언내용을 기록한 다음 복창하여 확인한다.
- 전언을 받았을 때는 육하원칙에 의거하여 내용을 명확히 하고 방문객으로부터 명함을 받아둔다.

(2) 자신의 의견을 다른 사람에게 부탁할 때

- 의견의 내용에 대하여 깊이 있게 이해하고 상대방에게 설명한다.
- 상대방이 나에 대하여 호감을 갖도록 한다.
- 상대방으로부터 나의 의견과 행동에 대해서 찬성을 얻는다.

(3) 능숙하게 거절할 때

- 상대방의 명분을 배려하는 마음가짐이 요구된다.
- 이유를 확실하게 이야기하고 거절한다.
- 온화한 표현으로 설명한다.
- 화제를 전환시켜 이야기하면서 거절한다.
- 유머와 위트를 가지고 이야기한다.

(4) 충고를 들을 때

- 상대방의 이야기를 .경청한다.

- 맞장구로 신뢰의분위기를 형성한다. "예 그렇습니다"
- 良藥苦於口而利於病 忠言逆於耳而於行 (孔子家語)
  '좋은 약은 입에는 쓰지만 병에는 이롭고, 충고에 말은 귀에는 거슬리지만 행동에는 이롭다.'

(5) 꾸중을 들을 때

- 변명은 하지 않는다.
- 맞장구를 치면서 반응해 준다.
- 잘못된 부분, 행동, 내용, 태도에 대해서 사과한다.

(6) 소문을 들을 때

- 자신의 책임이 있을 때는 소문을 내지 말고 잘못을 인정하며 사과한다.
- 상대방의 입장과 기분을 이해하도록 노력한다.
- 소문은 듣기만 하고 확신시키지 않는다.

제3절 고객응대요령

1. 개념

고객은 그 한사람의 첫인상과 자세를 보고 회사 전체를 평가, 결정하게 된다. 이를 결정적 순간, 진실의 순간(Moments of truth)이라 하며 이 순간 순간의 느낌이 회사의 운명까지 결정짓게 된다.

- 얀 칼슨(SAS항공사 사장) -

어느 시대, 어느 사회에서나 사람과 사람 사이에는 상호관계에 따라 지켜야 할 룰이 있고 이는 두 사람 간 서로의 관계 뿐 아니라 사회적으로 문화와 분위기를 만드는 중요한 잣대의 역할이 되어 왔다. 예절을 풀이해보면 예(禮)는 상대방을 배려하는 따뜻하고 참된 마음가짐을 말하며, 절(節)은 그러한 내면적 정성을 행동으로 태도로 얼마나 잘 표현할 수 있느냐 하는 것인데 그 근간은 인간관계의 기본이라 할 수 있는 '입장 바꿔 생각해 봐'의 원리에서 출발하여야 할 것이다.

또한 앞서 말한 바와 같이 내면적인 자세가 무엇보다도 중요하지만 상대방이 객관적으로 공손함, 산뜻함, 세련됨을 느낄 수 있도록 표현을 통해 잘 나타낼 수 있는가의 문제가 관건인 셈이다. 좋은 습관처럼 언제 어디서나 자신의 인생을 좌우할 수 있도록 나 자신의 이미지와 표현 능력을 다시 한 번 돌아보는 노력이 원만하고 효율적인 사회생활을 위해 필수적인 과정이다.

○ 매너 ------ 표현 습관의 세련됨, 공손함, 산뜻함 정도
○ 예절 ------ 정성스런 마음가짐과 올바른 표현 능력
○ 에티켓 ---- 반드시 지켜줘야 할 상식

1) 예절의 5대 기본정신

(1) 남의 인격을 존중한다(자기에게는 엄하고, 다른 사람에게는 관대함으로써 타인의 인격을 존중한다).
(2) 겸양심이 있어야 한다(남에게 겸손한 태도로 양보하는 마음의 미덕을 갖춘다).
(3) 언어에 과부족이 없어야 한다(지나치게 말을 늘어놓는 것도 실례지만, 할 말을 못하여 우물쭈물하는 것도 옳지 못하다).
(4) 몸가짐과 행동이 단정해야 한다(제아무리 훌륭한 말, 아름다운 마음씨를 지녔다 해도 그 몸가짐이나 행동이 단정하지 못하면 효과가 감소된다).
(5) 남에게 폐(弊)를 끼치지 않는다(다른 사람이 싫어하는 일, 손해를 끼치는 일은 하지 않는다).

2) 용모와 태도[108]

(1) 용모와 자세의 중요성

① 용모와 자세는 첫인상을 좌우하며 눈에 보이는 언어이다.
② 인격의 표현이며 예절의 기본이다.
③ 자세는 자신의 건강과 업무의 능률에 영향을 미친다.

---

[108] 박광훈(2011) "예절 및 인권교육: 경비지도사 기본교육자료", 광주대학교. 참조

(2) 용모 및 복장

① **남자**

- 두발 : 단정하게 손질되었는가?
- 얼굴 : 면도상태는 어떠한가?
- 상의 : 명찰 또는 뱃지는 정위치에 부착되었는가?
- 하의 : 다림질은 잘 되었는가?
- 와이셔츠 : 목깃 및 소매 끝은 깨끗한가? 음식물의 자국은 없는가?
- 넥타이 : 길이와 넥타이핀의 위치는?
- 구두 : 잘 닦여져 있는가?
- 양말 : 구두나 양복색깔에 잘 맞춰졌는가?

② **여자**

- 두발 : 단정하게 손질 되었는가?
- 얼굴 : 너무 진하거나, 요란하지 않는가?
- 손톱 : 짧고 청결하며, 매니큐어는 진하거나 벗겨지지 않았는가?
- 블라우스 : 속이 비치거나, 옷 밖으로 나오지는 않았는가?
- 스타킹 : 올이 빠져 있는지, 피부색과 잘 맞는지?
- 액세서리 : 너무 요란하거나, 생활에 방해가 되지는 않는가?

3) 마음가짐

사람은 서로 모여 관계를 맺으며, 더불어 살아간다. 그러므로 서로 감사하고 도우며, 하나로 뭉치고, 서로 공경과 사랑으로 인격을 존중하고, 서로 정직을 권장하며, 말과 행실을 올바르게 하고, 인간관계를 부드럽고 친절하게 하여 항상 진·선·미를 추구하는 마음을 가지고, 하찮고 쉬운 것부터 하나하나 실천하며, 밝은 사회 건설에 앞장서야 한다.

(1) 부모, 나라, 스승 및 사람들의 은혜에 보답하는 마음가짐
(2) 어른, 선배, 자기가 하는 일 및 자기를 스스로 공경하고 사랑하는 마음가짐
(3) 항상 정직하고 의리가 두터운 마음가짐
(4) 부드럽고 친절을 다하는 마음가짐
(5) 근면성실한 마음가짐

2. 인사요령

인사는 상대방에 대한 마음가짐의 외적 표현으로 상대방에게 마음을 열고 다가가는 적극적인 마음의 표현이다. 또한 인사는 상대와 적이 아니라는 신호이며 존경심과 사랑의 상징이다. 습관화된 인사는 성격을 밝게 해주고, 적극적인 사람으로, 동적인 사람으로, 명랑한 사람으로, 탁 트인 사람으로 만들어 준다.

1) 인사

인사는 많은 예절 중에서도 가장 기본이 되는 표현으로서 평범하고 쉬운 것이지만 습관화되어 있지 않으면 실천에 옮기기가 어려운 것이다. 우리가 알고 있는 사람이든 모르는 사람이든 만나고 헤어질 때의 한마디 인사말은 그 사람에 대한 인상의 좋고 나쁨을 좌우하는 중요한 요소이다. 또한 인사는 상대방을 위하기보다는 나 자신을 위한 것이다. 인사를 잘함으로써 타인에게 호감과 신뢰감을 줄 수 있기에 본인의 이미지를 쇄신하는 하나의 열쇠가 될 수 있다.

(1) 인사의 정의

① 마음에서 우러나오는 만남의 첫걸음
② 첫 만남의 사람들 사이에서 새로운 인간관계가 시작됨을 나타내는 신호
③ 상대방에 대한 존경심과 친절을 나타내는 형식
④ 상대방이 느낄 수 있는 첫 번째 감동

(2) 습관화된 인사

① 그늘진 성격을 밝게 해준다.
② 소극적인 사람을 적극적인 사람으로 만들어 준다.
③ 정적인 사람을 동적인 사람으로 만들어 준다.
④ 우울한 성격의 사람을 명랑한 성격의 사람으로 만들어 준다.
⑤ 꽉 막힌 듯한 사람을 탁 트인 사람으로 만들어 주는 힘을 가진다.

(3) 서비스에서의 인사

① 고객에 대한 관심의 표현으로 고객의 존재를 인정하는 것이다.

② 인사가 없음은 고객의 존재를 인정하지 않는다는 것이며, 고객은 무시당했다고 생각할 수 있다.

2) 인사의 5가지 포인트

(1) 내가 먼저 : 상대방이 나를 알아볼까 또는 내 인사를 받아줄까 등을 생각하지 말고 용기를 내어 먼저 하는 인사

(2) 상대방의 눈을 보며 : 시선은 상대와 같은 눈높이에서 인사

(3) 시간, 장소, 상황에 맞춰서 : 상대방의 배경에 맞추며, 상황에 맞는 인사

(4) 당당하게 : 음정을 다소 높이면서, 듣기 쉽고 밝은 인사. "안녕하십니까?"하고 끝부분을 살짝 올리면서 밝은 음성을 연출

(5) 지속적으로 : 지속적인 대화로 인간관계를 풍부하게 한다.

3) 인사의 종류

(1) 목례 – 15°인사(가벼운 인사)

① 손님이 들어올 때
② 고객의 용건을 접수할 때
③ 악수를 나눌 때
④ 명함을 교환할 때
⑤ 고객과 대화 중 양해를 구할 때

(2) 보통 인사 – 30°인사(보통 인사)

① 고객에 대한 정식 인사
② 맞이할 때
③ 전송할 때

(3) 정중한 인사 – 45°인사

① 감사를 표할 때
② 사과를 할 때
③ 고객을 배웅할 때

4) 인사의 기본자세

(1) 서있는 자세

① 표정 : 밝고 부드러운 표정을 짓는다.

② 시선 : 신념과 사랑에 찬 눈으로 상대의 눈 또는 정면을 향하도록 한다.

③ 고개 : 반듯하게 든다.

④ 턱 : 턱을 내밀지 말고 자연스럽게 당긴다.

⑤ 어깨 : 힘을 뺀다.

⑥ 무릎 : 힘을 주어 붙인다.

⑦ 배 : 힘을 주어 앞으로 내밀지 않도록 한다.

⑧ 등 : 반듯하게 세운다.

⑨ 가슴 : 쭉 편다(전체적으로 천장에서 끌어당기는 느낌이 들도록 선다).

⑩ 입 : 조용히 다문다.

⑪ 손 : 팔은 자연스럽게 늘어뜨리며 양손은 둥글게 쥐어 엄지손톱이 앞을 향하도록 한 후, 바지 재봉선에 가지런히 갖다 댄다(여자는 평상시의 공수를 취한다 - 오른손이 왼손위로 가도록).

⑫ 발 : 발꿈치를 서로 붙이고 양발의 각도는 남자는 약 45°(약 10시 10분),여자는 약 30°(약 11시 5분)정도로 벌린다.

(2) 앉은 자세

① 상반신 자세는 선 자세와 동일하다.

② 손은 허리와 무릎의 중간쯤에 놓는다.

③ 등받이와 등 사이는 주먹 1개 정도의 간격을 두고 앉는다.

④ 남자의 경우 : 양발을 약간 벌리고, 뒤 굽을 무릎보다 앞으로 내놓지 않고 (항상 바로 설 수 있는 자세), 손은 가볍게 쥐어 무릎 중간에 놓는다.

⑤ 여자의 경우 : 무릎을 붙이고, 뒤 굽은 무릎보다 앞으로 내놓지 않으며, 오른손이 왼손으로 오도록 공수를 취하고 스커트 길이가 짧을 때는 스커트 끝을 가리고, 길 때는 허리와 무릎 중간에 가볍게 내려 놓는다.

5) 바른 인사법

(1) 서서하는 인사

① 똑바로 선 상태에서
- 등과 목을 반듯하게 뻗고 턱이 나오지 않도록 하며, 배를 끌어당긴다.

② 허리를 굽히면서
- 상대와 상황에 알맞게 인사말을 한다(안녕하십니까?, 감사합니다, 반갑습니다 등)
- 인사하는 속도 : 15°인사 - 하나, (둘 : 약 1초간 멈춤)하며 숙인다.
  30°인사 - 하나, 둘, (셋 : 약 1초간 멈춤)하며 숙인다.
  45°인사 - 하나, 둘, 셋, (넷 : 약 1초간 멈춤)하며 숙인다.
- 시선 및 각도 : 각 인사법에 따라 1.5 ~ 2.5mm 앞을 본다.

③ 잠깐 멈춘다.
- 상체를 숙이고 약 1초간 멈추면 정중해 보인다(멈추는 순간이 인사의 핵심).

④ 천천히 든다.
- 허리를 숙일 때보다 더 천천히 들어올린다.
- 인사의 속도 : 15°인사 -셋, 넷하며 천천히 일어선다.
  30°인사 -넷, 다섯, 여섯하며 천천히 일어선다.
  45°인사 -다섯, 여섯, 일곱, 여덟하며 천천히 일어선다.

⑤ 똑바로 선다.
- 똑바로 선 후 시선은 상대의 눈을 보며 미소를 띤다.

(2) 앉아서 하는 인사
① 기본 인사자세의 앉은 자세와 동일하게 앉는다.
② 앉은 자세에서 통상 15°인사법을 실행 한다.

(3) 걸을 때 하는 인사
① 2~3m 가까이 서서 상대를 향해 선 후 인사의 기본자세를 취하고 인사한다.
② 상급자 또는 연장자가 지나간 후에 움직인다.

(4) 계단을 오를 때 하는 인사

① 계단에 발을 딛기 전 간단한 예를 표시한다.

② 신속한 걸음으로 계단을 통과한 후, 상대방 앞에서 기본자세를 취하고 인사한다.

6) 악수

(1) 악수예절

① 상사가 먼저 청한다.

② 여성이 먼저 청한다.

(2) 악수의 순서(시선 : 눈 -〉 손 -〉 눈)

① 시선을 마주하고 미소 짓는다.

② 15°정도 허리를 숙이고 상대의 손을 가볍게 잡는다.

③ 대략 3번 정도 잡은 손을 흔든다.

④ 경쾌하고 밝은 목소리로 인사말을 건넨다.

(3) 악수시 주의사항

① 왼쪽 손으로 상대의 손등을 덮어 쥐는 것은 실례이다.

② 윗사람이라고 해서 손을 받치는 일은 원칙에 맞지 않는다.

7) 명함수수요령

① 명함은 아랫사람 또는 손님이 먼저 건네는 것이 예의다.

② 자기의 명함은 명함집에 넣어 윗옷 안주머니에 넣어둔다.

③ 명함을 건넬 때는 오른손으로 명함을 들고 상대방이 글을 읽을 수 있는 방향으로 해서 반드시 어디에 누구라고 밝히면서 건넨다.

④ 받은 명함은 양손으로 받쳐 들고 '상대의 눈 -〉 명함 -〉 상대의 눈'을 보며 받는 즉시 확인을 하면서 인사를 나눈다.

⑤ 아랫사람이 먼저 드릴 때는 두 손으로 '인사드립니다. ~~에 ~~입니다.'라고 한다.

⑥ 윗사람이 먼저 주시면 두 손으로 '감사합니다'하고 받고 '제가 먼저 인사를 드렸어야 하는데 죄송합니다. ~~입니다.' 라고 하며 드린다.

⑦ 동시에 교환할 때는 오른손으로 건네주고 왼손으로 받은 후 다시 오른손으로 받쳐 들고 명함을 보며 인사를 나눈다.

⑧ 상대방의 명함에 낙서를 하거나 책상위에 아무렇게나 놓고 이야기하거나, 명함을 가지고 손장난을 해서는 안된다.

8) 물건주고받기

① 올바른 방향(상대방이 사용하기 쉽고, 바꾸어 잡을 필요가 없는 방향)으로 건넨다.

② 두 손으로 가슴과 벨트 사이의 위치에서 웃는 얼굴로 건넨다.

③ 바닥에 앉아 있는 사람에게는 앉아서, 서있는 사람이나 의자에 앉아 있는 사람에게는 서서 건넨다.

④ 시선 : '상대방의 눈 -> 물건 -> 상대방의 눈' (3정법, Eye Contact)

9) 방향지시 및 위치설명

① 손가락을 모아 손바닥 전체로 가리킨다.

② 손바닥의 기울기는 약간 사선(약 15°)을 유지하며, 상체는 등이 굽지 않도록 하여 약간 구부린다.

③ 팔은 겨드랑이와 주먹하나 들어갈 정도로 벌리고 팔꿈치의 각도로 거리감을 나타낸다.

④ 시선 : 상대방의 눈 -> 가리키는 곳 -> 상대방의 눈(3정법)

⑤ 지시할 때의 행동은 너무 빠르거나 늦지 않도록 하고, 오른쪽 방향은 오른손으로, 왼쪽 방향은 왼손으로 가리킨다.

⑥ 설명을 할 때의 기준은 반드시 상대방으로 한다(고객님의 오른쪽으로~).

10) 안내 및 배웅

① 상대방이 중앙으로 걸을 수 있도록 배려하고, 상급자인 경우 그보다 두세 걸음 정도 앞에서 걸으며 수시로 뒤돌아보며 안내한다.

② 수행할 때는 상급자보다 두세 걸음 뒤에 선다.

348

③ 계단 위에 안내할 경우 여성이라도 앞서가며 안내한다.

④ 배웅은 복도 또는 엘리베이터까지 배웅하며, 인사말을 건넨다(안녕히 가십시오 등).

⑤ 엘리베이터에서는 문이 완전히 닫힐 때까지 그 앞에 서 있는다.

11) 상황별 예절

(1) 엘리베이터 이용

① 안내원이 있을 때 : 상급자가 먼저 타고, 먼저 내린다.

② 안내원이 없을 때 : 하급자가 먼저 타서 엘리베이터를 조작하며, 상급자는 나중에 타고 먼저 내린다.

(2) 계단을 오르내릴 때

① 오를 때 : 남자가 먼저 오른다.

② 내려갈 때 : 여자가 먼저 내려간다.

(3) 대중교통을 이용할 때

① 탈 때 : 여성이 먼저 탄다.

② 내릴 때 : 남성이 먼저 내린다(남성은 여성을 안정하게 보호하여야 함).

(4) 승용차의 좌석순위

① 운전기사가 있는 경우

- 최상석 : 운전사의 대각선 쪽 뒷 좌석

- 두 번째 : 운전사의 뒷 좌석

- 세 번째 : 운전사의 옆 좌석

- 네 번째 : 뒷 좌석의 가운데 자리(세 번째와 네 번째는 유동적임)

② 직접 운전하는 경우

- 상석 : 운전석 옆 자리(운전자의 부인과 함께 타는 경우 운전석 옆자리가 부인석)

(5) 열차의 좌석 순위

① 최상석 : 열차의 진행 방향에서 창쪽 좌석
② 두 번째 : 최상석의 맞은편 좌석
③ 세 번째 : 최상석의 옆 좌석
④ 네 번째 : 세 번째의 맞은편 좌석

(6) 항공기의 좌석 순위

① 최상석 : 창쪽의 좌석
② 3인용 좌석의 경우 : 통로쪽이 두 번째, 가운데가 세 번째

3. 대화요령

1) 대화의 일반원칙

보통 말하는 사람과 듣는 사람과는 서로 50~60cm 사이를 두고 마주보며 편안한 자세를 취하며 상대방의 얼굴을 뚫어지게 쳐다보지 않도록 하고 턱을 괴거나한 눈을 팔지 말아야 하며 연소자가 연장자와 이야기할 때는 어른의 눈을 계속주시하는 것은 예의에 어긋나며 실례가 된다.

(1) 대화의 3원칙

① 정확하게(내용을 정확히)
② 알기 쉽게(전문용어나 외래어 및 유행어나 속어는 지양하고, 간결하게 설명)
③ 기분좋게(음성 및 어조에 주의해서 예의바르고 명랑한 태도로)

(2) 대화할 때 지켜야 할 사항

① 말은 침착하고, 조용하며, 간결하게 한다.
② 말하는 자세를 바르게 한다.
③ 상대방의 눈을 바로 보고 말한다.
④ 혼자 아는 척 해서는 안 된다.
⑤ 남의 비밀이 되는 것, 싫어하는 것은 묻지 않는다.
⑥ 남의 말은 가로채서는 안 된다.

⑦ 말을 하기보다는 듣기를 잘 하여야 한다.

⑧ 풍부한 화제와 화술을 쓰되 거짓이 되지 않게 하여야 한다.

⑨ 외래어 및 어려운 용어는 가급적 삼간다.

⑩ 지나친 농담은 하지 않는다.

2) 언어 및 태도

우리나라는 예로부터 예의를 숭상하고 효도와 우애를 중시하며 동방예의지국이라는 칭송을 받아 왔으며, 그에 대한 긍지와 자부심도 크다. 타인과 대화할 때는 상대에 따라 높임말과 낮춤말, 존칭과 비칭 등의 일정한 격식에 맞는 언어를 사용하여야 예의에 어긋나지 않게 된다.

(1) 말씨

① 겸양어나 존대어를 상대에 알맞게 적절히 사용

② 의뢰형을 사용

③ 긍정형으로 표현

④ 표준어 및 일상용어를 사용

(2) 태도

① 밝고 명랑한 표정

② 상대의 자존심을 존중하면서 상대의 관심, 흥미에 초점을 맞춤

③ 적극적으로 경청(적게 말하고 많이 듣는다)

④ 호소의 내용, 원하는 소리, 감정적인 내용 등은 가슴으로 받아들임

⑤ 상대의 눈을 보며 적절히 반응을 보임

⑥ 설득하거나 교육시키려는 태도는 지양

⑦ 상대의 말을 가로막지 않음

⑧ 비언어적 표현에 주의

4. 전화응대요령

1) 전화응대의 중요성

① 한 번의 전화로 친절, 불친절을 평가받을 수 있다.
② 기업의 이미지를 결정한다.
③ 표정이 보이지 않기 때문에 오해하기 쉽다.

2) 전화응대의 기본자세

① 고객을 맞이하는 마음으로 응대한다.
② 발음을 정확히 한다.
③ 내용은 간단하고 명료하게 한다.
④ 태도는 친절하고 말은 정중하게 한다.
⑤ 자세는 바르게 한다.

3) 전화를 받는 방법

(1) 수화기를 든다.
　① 전화벨이 3번 이상 울리기 전에, 왼손으로 받는다.
　② 오른손으로는 메모 준비를 한다.

(2) 자신을 밝힌다.
　① 고객이 직접 내 앞에 있다고 생각하며 응대한다.
　② 인사말, 소속, 계급, 성명 등

(3) 상대를 확인한다. - 죄송합니다만, 어느 분이십니까?

(4) 인사를 한다. - 안녕하십니까?, 반갑습니다, 항상 신세 많이 지고 있습니다 등

(5) 용건을 확인한다.
　① 중요 용건에 대하여는 복창으로 확인한다.

② 요점을 메모한다.

③ 의문점을 확인한다.

④ 찾는 사람이 없을 경우 양해를 구하고 또는 상황을 간략하게 설명하고 부재 중 메모를 전달한다.

(6) 마지막 인사를 한다.

① 용건에 맞는 인사말을 한다(잘 알겠습니다. 감사합니다 등).

② 내용정리와 함께 요구사항이 더 있는지 확인하고 정중한 마무리로 인사를 한다.

(7) 전화를 끊는다. - 상대방이 끊은 후 수화기를 살짝 내려놓는다.

4) 전화를 거는 방법

(1) 준비

① 시간, 장소, 상황을 생각한다.

② 용건을 사전에 메모한다.

③ 전화번호를 확인한다.

(2) 번호를 누른다. - 왼손으로 전화기를 들고 신호를 확인하며 정확히 번호를 누른다.

(3) 상대방이 응답하면 자신을 밝힌 후(천천히, 확실하게) 상대방을 확인한다.

(4) 인사를 한다.

① 성의있고 명랑하게 인사한다.

② 부재중일 때는 이유를 간단히 묻고 메모를 부탁하거나 다시 하겠다고 약속한다.

(5) 용건을 얘기한다.
① 간결하고 명확하고 알아듣기 쉽게 용건을 말한다.
② 결론부터 얘기하는 것이 효과적일 수 있다.

(6) 요점을 확인한다.

(7) 마무리 인사를 한다. - 정중하고, 내용에 맞게(잘 부탁드리겠습니다. 감사합니다. 안녕히 계십시오 등)

(8) 고객이 끊은 후 수화기를 살짝 내려놓는다.
   ※ **친절한 전화 응대의 3요소(상황에 맞게, 예의 바르게)**
   ① 정확하게
   ② 간단하게
   ③ 정중하게

5) 메모지 작성요령

(1) 메모하는 방법
① 전화에서의 복잡한 용건, 중요사항, 상세한 내용, 숫자 등은 반드시 메모를 한다.
② 상대방에게 전화할 때는 전화를 걸기에 앞서 먼저 요점을 메모해서 통화한다.
③ 전화를 받은 쪽은 전화를 받으면서 메모를 하게 되는데, 누락사항이 없도록 조심한다.
④ 부재중의 사람에게 온 전화일 경우 자리를 지키고 앉은 사람으로서의 당연한 근무행위로써 대리 수화를 하고, 그 용건을 메모하여 뒤에 건네주는 것을 잊지 않는다.
⑤ 전화기를 대하는 올바른 메모는 왼쪽 손으로 수화기를 들고 오른손으로 메모를 하도록 하는 것이다.
⑥ 받은 메모 사항을 정리할 필요성이 있을 때는 통화종료 즉시 기억이 아직 살아있을 동안에 보완, 정리한다. 메모를 적는 요령은 육하원칙에 의해 정

확하고 빠짐없이 메모한다.

⑦ 전화수첩에는 언제나 마음을 써서 통화빈도가 많은 곳, 필요한 곳, 중요한 곳, 급히 전화를 해야 할 때 등을 대비하여 전화번호를 빠짐없이 일람표를 만들어 둔다.

제4절 인간의 권리

1. 인간의 존엄성

인간은 정신적·윤리적 존재로서 그 존엄성이 인정되고 있다. 이러한 인간의 존엄성이 인정되는 이유는 인간이 자기를 둘러싼 세계속에서 스스로의 의식과 행위를 통해 자기를 표현하며 그 결과 자기의 소질과 개성을 형성해 가는 존재이기 때문이다.

1) 의의

인간의 존엄이란 자기를 형성하는 인간 개개인에게 존재하는 정신적·윤리적 실체로서의 인격의 가치를 의미한다.

2) 내용

(1) 인간은 무엇을 위한 수단이 아니라 인간존재 자체가 있는 그대로의 목적이다. "너는 인간성을, 그것이 너 자신의 인격에 있는 것이든 어느 다른 인격에 있는 것이든 항상 목적으로 취급하고 수단으로 취급하지 않도록 행하라."(칸트)

(2) 인간의 인격은 모든 가치를 초월하여 다른 가치적 등가물을 허용하지 않는다(사람을 상품가치로 평가 할 수 없다).

(3) 인간의 인격성은 인간과 인간의 관계가 상호목적으로 존중되는 관계가 있어야 한다는 것이며, 이러한 상호 존중의 원칙은 인간질서의 기본원칙인 동시에 인간행위를 구속하는 최고의 윤리 규범이다.

(4) 단군신화의 홍익인간이나 동학의 사인여천(事人如天)은 인간의 존엄성을 강조한 것이다.

2. 인권(人權)의 성격과 유형

1) 의의

인권은 자연법이든 실정법이든 인간의 존엄성이 법적으로 표현된 것으로, '인간이 인간으로서의 존엄을 유지하기 위하여 당연히 누려야 할 권리'를 말한다.

○ **천부인권 : 실정법상으로 구체화 되기 이전에 자연법적으로 선재(先在)된 권리**

2) 인권의 성격

(1) 생래적 천부적 권리

인권은 인간이기 때문에 당연히 갖는 인간 존엄성의 실정법의 존재여부와 관계없이 보장되는 생래적이고 천부적인 권리이다.

(2) 국가권력의 제한권리

인권은 국가의 절대적 권력행사에 제한을 가하는 인간의 권리이다

(3) 보편적 권리

인권은 인종, 성별, 신앙, 사회적 신분, 빈부 등에 의해 구애받지 아니하고 인간이 인간이라는 사실 그 하나로 누려야 하는 천부적 권리이다.

3) 인권의 유형

인권의 유형은 다양한 바 크게 시민적·정치적 권리, 법적권리, 경제적·사회적·문화적 권리로 나눌 수 있다.

(1) 시민적·정치적 권리

시민적·정치적 권리는 인권 역사에 있어서 가장 오래된 권리의 유형으로 사상과 양심의 자유, 참정권, 의견 표명과 언론의 자유, 집회와 결사의 자유 등이다.

(2) 법적 권리

법적 권리는 인간이 합법적인 절차에 의해서 대우받을 권리를 말하는 것으로 법앞의 평등, 무죄추정을 받을 권리, 인신보호, 사생활보호, 공정한 사법부, 공정

정대한 재판, 소급입법방지, 구금자 처우 등의 권리이다.

(3) 경제적 · 사회적 · 문화적 권리

경제적 · 사회적 · 문화적 권리는 사람이 하나의 생명체로서 살아가려면 기본적인 의식주가 보장되어야 한다는 것을 의미하며 이는 19세기 후반에 국가의 적극적인 조치가 강조되면서 출현 하였다.

∵ 먹고, 자고, 가정을 꾸리고, 건강을 지키고 교육을 받고 일을 하고, 예술과 과학의 업적을 인정받고 사회보장의 혜택을 받을 권리

(4) 차별받지 않을 권리

차별받지 않을 권리는 독립된 영역이라기보다는 사람들이 모든 권리를 평등하게 누릴 수 있는 원칙으로 시민적 · 정치적 권리, 법적권리, 경제적 · 사회적 · 문화적 권리와 보편적 권리를 포함한 모든 권리 영역에 적용될 수 있는 기본권의 원칙이다.

4) 권리의 충돌과 제한

범죄자의 인권과 피해자의 권리, 교도관의 인권과 수형자의 인권에서 권리충돌이 일어난다. 집회시위 과정에서 확성기를 사용할 권리와 소음공해를 당하지 않을 권리의 경우로 같은 예이다. 가장 이상적인 것은 모든 권리가 동시에 보장되는 상생(win-win)의 형태일 것이다.

3. 인권의 역사

1) 자연권, 저항권 인식의 시작

인권의 역사에서 13세기의 「마그나 카르타」와 17세기의 인신보호 명예혁명, 권리장전은 영국에서 일어난 일이지만 오늘날에는 전 세계적으로 그 역사적 가치를 인정받고 있다. 우리나라 헌법 제2장 국민의 권리와 의무는 한국의 권리장전이라 할 수 있다. 존 로크의 자연권 저항권 이론이 나온 것도 바로 이때였다.[109]

---

109) 이상원 외(2006), 일반경비, 경찰공제회, pp. 401-402

2) 인간의 존엄성 인정

근대적 인권을 가장 극적으로 표현한 사건은 18세기말 미국과 프랑스에서 각각 일어났다. 미국 독립혁명과 프랑스 혁명은 인간은 봉건제 전통과 민습으로부터 해방시켜 인간이 다른 권위에 의존하지 않고 스스로 존립할 수 있게 만들어 주었다. 인간이 이 세상에서 가장 존귀하다고 인정 되었다. 개인의 생명과 안전과 존엄이 우선 된다는 것 또한 사람의 생명과 안전과 존엄이 똑같다고 강조되었다.

3) 세계전쟁과 인권유린

제1차 세계대전에는 독가스, 탱크, 세균전이 등장하여 큰 참상을 겪어야 했다. 기술발전이라는 진보가 대량살상이라는 인권유린이 자행되었다. 제2차 세계대전을 전후해서는 동양과 서양에서 엄청난 규모의 인권유린이 벌어 졌다. 한국에서도 창씨개명, 강제징용, 강제징집, 종군위안부와 같은 각종 인권침해가 발생하였다. 유럽에서는 나치 독일에 의해 유태인과 소수민족 수백만명이 조직적으로 말살되었다. 이와 같은 참상에 대한 경험은 역설적으로 현재 인권운동의 시발점이 되었다.

4) 반인도적 범죄 처벌의 제도화

전쟁이 끝난 후 독일에서는 뉘른베르크 전범재판이 일본에서는 동경 전범재판이 열려 독일과 일본의 전쟁 지도자들이 처벌을 받았다 이때 반인도적 범죄라는 개념이 등장하였다. 인권유린은 비록 전쟁 중이라 할지라도 절대 저질러서는 안되는 범죄행위라고 못박은 것이다. 2002년 7월에 발효된 국제형사재판소는 뉘른베르크와 동경 전범재판소의 후계자로서 집단학살과 같은 반인도적 범죄를 단죄할 상설 재판소로 설립되었다. 인권유린 범죄의 처벌을 제도화하는데 반세기가 넘게 걸렸지만 이는 인류의 인권역사에서 크게 한걸음 앞으로 나간 것이다.[110]

5) 국제인권 장전

제2차 세계대전이 끝나고 본격적으로 등장한 인권운동은 유엔의 창설과 밀접한 관계가 있었다. 유엔헌장은 영구적인 세계평화를 위해 '기본적 인권'이 중요함을 인정했던 것이다. 세계인권선언은 오늘날 읽어봐도 생각할 거리가 무궁무진한 인

---

110) 이상원 외(2006), 앞의 책, pp. 402-403

권의 금자탑과 같은 선언이다. 그러나 '선언'이라는 형태로 등장했으므로 국제법으로서 정식 구속력을 갖지 못했다. 그래서 세계인권선언을 법제화하는 작업이 오랫동안 계속되었다. 드디어 1966년 경제적·사회적·문화적 권리에 관한 국제규약(일명 사회권 규약 또는 A규약)과 시민적·정치적 권리에 관한 국제규약(일명 자유권 규약 또는 B규약)이 채택되었고 두 규약 모두 1976년부터 정식 발효되었다. 이 두 규약은 본격적인 국제인권법으로서 한국은 1990년 이들 규약에 가입하였다. 세계인권선언과 두 규약을 합해서 '국제인권장전'이라고 한다.

6) 인권 NGO의 국제연대활동

국제인권규약과 세계인권선언에는 허점이 있다. 특히 이 법을 어겼을 때 제재할 수 있는 방법이 거의 없다고 해도 과언이 아니다. 그래서 전 세계에 흩어져 있는 인권 NGO들이 중심이 되어 각국 정부가 실제로 국제 인권법을 지키는지 감시하자는 움직임이 높아졌다. 국제엠네스티와 같은 단체들은 인권의 이행을 감시하고 새로운 의제를 제기하고 국제사회의경각심을 높이는데 결정적인 역할을 해냈다. 이들은 냉전 당시 자본주의 진영에서 발생한 인권탄압과 동구권에서 발생한 인권탄압을 동시에 고발하고 감시하는데 큰 공로를 세웠다. 중남미와 아시아, 아프리카 그리고 헬싱키협정과 같은 것이 대표적인 사례이다.

이와 함께 공식 통로를 통한 인권 의제도 대폭 늘어났다. 1970년 미국의 카터 행정부는 인권을 외교정책의 제일 중요한 과제로 내세웠다. 국익추구라는 '현실주의(realist)' 사상이 지배하는 외교분야에서도 인권이라는 개념이 들어간 것만 해도 당시로서는 대단히 놀라운 발상이었다. 인권외교는 세계평화와 공존을 위해 높은 도덕적 이상을 추구하는 것이 국익에도 이롭다는 '이상주의(idealist)'를 수용한 것이었다.

7) 국가간 인권

이 인권 외교정책은 여러 가지 부족한 점이 있었음에도 불구하고 이후 전 세계 국가 간 관계에서 인권을 필수적인 고려사항으로 발전시키는데 기여했다. 우리나라도 미얀마나 동티모르의 인권문제에 대해 정부차원에서 의견표명을 하였고 이런 추세는 앞으로도 늘어날 것으로 예상된다. 크게 보자면 대북 포용정책도 이상주의적, 인도주의적 관점에서 이해할 수 있다. 최근 인권은 이처럼 국제질서에서 중요한 요소로 자리하게 되었으며 이는 가장 비인간적이고 반인권적인 전쟁들이 남긴 교훈, 즉 인권은 인류 보편의 문제라는 깨달음에서 온 것이었다.

4. 우리나라에서의 인권보장

1) 국가인권위원회

(1) 설립

1993년 6월 오스트리아 빈에서 열린 국제연합세계인권대회에서 결의된 '국가인권기구 지위에 관한원칙'은 국가인권기구의 지위와 책임을 규정하는 대표적인 준칙이 되었으며, 여기에 참여한 민간단체가 정부에 국가인권기구의 설치를 요청한 뒤 시민단체를 비롯한 각계의 요구에 따라 2001년 11월 26일 출범한 독립기구이다.

(2) 목적

모든 개인이 가지는 불가침의 기본적 인권을 보호하고 그 수준을 향상시킴으로써 인간으로서의 존엄과 가치를 구현하며 궁극적으로는 인권보호신장을 통한 민주사회를 실현하는데 목적이 있다.

(3) 조직

국가인권위원회는 국가기관이지만 실질적인 내용과 형식면에서는 시민사회와 긴밀히 소통해야하는 특수기구이다.

(4) 인권의 정의

국가인권위원회에서 규정한 인권이란 "헌법과 법률에서 보장하거나 대한민국이 가입·비준한 국제인권조약 및 국제관습법에서 인정하는 인간으로서의 존엄과 가치, 자유와 권리를 말한다."[111] 라고 규정하여 성문법뿐만 아니라 관습법으로 인정된 권리도 인권의 개념에 포함시키고 있다.

---

111) 국가인권위원회법 제2조 제1호

색 인

참고문헌

1. 국내 문헌

경찰대학(1997), 「무도교본」.

경찰청(1993), 「실무교양자료-경찰기초체포술」.

_____(2020), 「경찰백서」.

_____(2020), 「경찰통계연보」.

광주지방경찰청(2010), 「호송경비」, 광주: 광주지방경찰청.

김계원(2010), 「경호학」, 인천: 진영사.

김남현·문병혁(2004), 「경찰교통론」, 서울: 경찰공제회.

김두현·김정현(2002), 「민간경비론」, 서울: 백산출판사.

김재규(2010), 「경찰실무Ⅱ-생활안전」, 서울: 경찰승진연구회.

김재현(1997), 「체포술」, 인천 : 경찰종합학교.

김정환·서진석(2009), 「한국경비산업발전사」, 서울: 백산출판사.

김의환(1998), 「1998학년도 2학기 체포술 강의 교안」, 용인대학교.

김태민·신상민(2004), "기계경비 대처요원의 임무수행 실태 및 발전방안", 한국경호경비학회 7.

김태민·이상철(2009), "호송경비업의 발전방안에 관한 연구", 한국공안행정학회 제35호.

김형묵(역)(1995), 「응급처치매뉴얼」, 고려의학.

남병선 외(2011), 「일반경비」, 서울: 한국경비협회.

대한체육과학대학교(1992), 「유도지도법」, 서울: 도서출판한일.

Rossbach, Sarah(1987), 황봉득 역(1995), 「풍수로 보는 인테리어」, 서울: 동도원.

박광훈(2011), 「예절 및 인권교육 : 경비지도사 기본교육자료」, 광주대학교.

박병식·이용박(1996), 「경비법학개론(민간경비총서1)」, 서울: 법률출판사.

박종필(2007), 「경찰실무종합」, 서울: 경찰승진정보.

손봉선(2006), 「범죄수사론Ⅰ」, 서울: 대왕사.

_____(2005), 「범죄수사론Ⅱ」, 서울: 대왕사.

_____(2005), 「경찰외사론」, 서울: 대왕사.

안황권(2009), 「시설경비론」, 인천: 진영사.

양재열(1995), "경호의 기본적 이론에 관한 연구", 연세대학교 행정대학원 석사 학위 논문.

오성환(2008), 「직장예절」, 서울: 형설.

Edward F.Sullivan(1998)(필요하고 정당한 힘)김의환 역, 미간행, 원전: *Necessary and Reasonable Force-The Essential Handbook For Law Enforcement Officers And Security Specialists*, Ilinois: Modern Bu-jutsu,inc.

이강열(2006), 「기계경비론」, 서울: 백산출판사.

이상원 외(2006), 「일반경비」, 서울: 경찰공제회.

이상철·김태민(2004), "한국 민간경비원 교육훈련 프로그램 개선방안에 관한 연구", 한국경호경비학회 8.

이상원(2005), 「범죄예방론」, 서울: 대명출판사.

이윤근(2001), 「민간경비원론」, 서울: 엑스퍼트.

이호용(2009), "효율적 국가대테러조직체계의 구성 등에 관한 연구", 한양법학 제25집.

임준태(2003), 「범죄통제론」, 서울: 좋은세상.

정경선(1998), 「경찰방범론」, 경기: 경찰대학.

정태황(2003), "기계경비시스템의 변화와 시장전망", 한국경호경비학회 6.

조철옥(2009), 「범죄수사학 총론」, 서울: 21세기사.

조충환(2008), 「형사소송법」, 서울: 박문각.

최선우(2024), 「민간경비론」, 인천: 진영사.

_____(2002), 「치안서비스 공동생산론」, 서울: 대왕사.

최성용(2001), 「소방학개론」, 충청: 중앙소방학교.

최응렬(1994), "환경설계를 통한 범죄예방에 관한 연구: 주거침입절도를 중심으로", 동국대학교 박사학위논문.

최정택(2008), 「경호학개론」, 인천: 진영사.

최찬묵(2000), "신변보호의 체계적인 예방작용에 관한 연구", 한국체육대학교 석사학위논문.

치안본부인사교육과(1979), 「경찰무도교범」, 치안본부.

한국경호경비학회(2011), 「일반경비원 신임교육교재」, 부산: 정광출판사.

홍용연(2009), 「경비지도사 - 경비업법」, 서울: 폴리티아.

2. 국외 문헌

Christopher Dobson & Ronald Payne(1982), *The Terrorists*, New York N. Y. Facts on pile, Inc.

Crowe, Timothy(2000), *Crime Prevention Through Environmental Design: Application of Architectural Design and Space Management Concepts*, Boston: Butterworth-Heinemann.

Jeffery, C. Ray(1977), *Crime Prevention Through Environmental Design*, California: Saga Publication, Inc.

Morris Fishbein(1963), *Medical and Health*, Stuttman co., Publishers New York.

Paul, Wilkinson(1987), *Terrorism and the Liberal State*, London Macmillan.

Purpura, Philip P.(2002), *Security and Loss Prevention: An Introduction*, Boston: Elsevier Science.

R.H. Dictionary(1980), *The Random House Dictionary*, Th Random House, Inc.

Newman, Oscar(1973), *Defensible Space: Crime Prevention Through Urban Design*, N.Y.: Macmillan Publishing Company.

3. 인터넷

http://www.police.go.kr/ (사이버경찰청)
http://www.moleg.go.kr/ (법제처)
http://www.nis.go.kr/ (국가정보원)
http://www.kacpr.org/ (대한심폐소생학회)
http://www.int119.com/ (생활응급구조)
http://www.nema.go.kr/ (소방방재청)
http://www.mokpo.go.kr/jaenan/staf1.htm (화재대처방안)
http://news.khan.co.kr
http://joynews.inews24.com
http://news.mk.co.kr
http://news.donga.com

http://news.hankooki.com
http://www.imaeil.com
http://www.nega.go.kr

<저자소개>

고광남
현) 대한민국 항공보안협회 감사
국방대학원 안보과정 졸업
경기대학교 평생교육원 강의
경찰교육원 강의
(사)한국선급 강의

김경태
현) 광주대학교 경찰행정학과 교수
원광대학교 대학원 경찰행정학과 졸업(경찰학박사)
행정고시, 7급·9급 공무원 시험 출제위원
경찰간부·순경공채시험 출제위원
광주지방경찰청 운전면허 행정처분 심의위원
한국공안행정학회 이사

김성조
현) 강남에듀교육이사
전) 한솔인재교육원 부원장
전) 미래에셋 대전지점장

김태민
현) 경남대학교 경호비서학과 교수
한국경호경비학회 이사
한국민간경비학회 연구이사
한국공안행정학회 이사
한국시큐리티지원연구원 이사

이덕희
현) 신경주대학교 태권도.경호탐정학과 교수
동국대학교 법학과 졸업
동국대학교 일반대학원 법학과 형사법 전공
위덕대학교 일반경비원 신임교육과정 주임교수
대구대학교 대학원 법학과 졸업(법학박사)
대구·경북 경비지도사협회 법률자문위원
한국치안행정학회 이사

정보성

현) 광주대학교 경찰행정학과 교수
동국대학교 대학원 경찰행정학과 졸업(경찰학박사)
한국경찰학회, 한국공안행정학회, 한국치안행정학회, 한국민간경비학회, 한국범죄심리학회
이사
순경공채시험 출제위원 및 면접위원
청원경찰 시험출제 및 검토위원

정세종

현) 조선대학교 경찰행정학과 교수
동국대학교 대학원 경찰행정학과 졸업(경찰학 박사)
경찰간부후보생 46기
서울 서초경찰서 강력팀장
경남대학교 경찰행정학과 교수

정연완

현) 아세아항공전문학교 항공보안계열 학부장
용인대학교 대학원 경호학과 졸업(경호학 박사)
한국경호경비학회 이사 / 한국시큐리티연구원 이사
저서: 폭발물테러대응(2019), 경비지도사기출문제집(2019), 항공보안장비론(2020) 외

최선우

현) 광주대학교 경찰행정학과 교수
동국대학교 대학원 경찰행정학과 졸업(법학박사, 경찰학전공)
행정고시 시험출제위원
경찰간부·순경공채시험 출제위원
경비지도사·청원경찰 시험출제 및 검토위원